最新 不動産業界大研究

伊藤 歩［著］

はじめに

「子どもたちが未来に向かって夢を見ることができる。わくわくするような、すばらしい大会にしたい」――。東京五輪開催を7か月後に控えた2020年元旦、安倍晋三首相（当時）が述べた年頭所感の一部です。

このわずか1か月後、新型コロナ禍という未曽有の危機が全世界に襲いかかりました。東京五輪は開催が1年先送りされましたが、2021年1月に再度緊急事態宣言が出され、2021年の開催を危ぶむ声も出ている状況です。

就職戦線も事情が一変しました。2018年10月に経団連が大手企業の会社説明会や採用面接の解禁日を定めた指針の廃止を宣言。2021年春の入社組から適用されましたが、経団連に代わって政府が従来のルールを維持する方針を打ち出しましたので、この本を手に取ってくださっている大学3年生の皆さんも含め、少なくとも2024年3月卒業予定の方たちまで、3月会社説明会解禁、6月選考解禁、10月内定解禁という従来ルールが維持されます。

しかし、飲食業界やホテル業界をはじめ、コロナ前には空前の活況を呈していた業界に身を置く企業のなかには、これまで人手不足に喘いでいた状態から180度変わり、新卒採用どころではなくなっているところもあります。

経団連のルール変更は、空前の売り手市場ゆえに経団連に加盟していない外資系企業などに優秀な学生を先に囲い込まれてしまう、経団連加盟企業の不満を背景にしたものでしたが、コロナが学生と企業の力関係を一変させたことは間違いありません。

２０２１年4月入社組の採用は、すでに計画の遂行段階に入っていた時点でのコロナ襲来でしたので、計画そのものの変更は限定的だったようですが、２０２２年4月入社組の採用からは、アフターコロナ前提で策定された採用計画ですから、コロナの影響が本格化することが予想されます。

生まれた年が数年違っただけで、その後の人生を大きく左右する新卒時の就職事情が変わってしまうという理不尽は、昭和の時代にもあったことではありますが、特にこの15年ほどは振れ幅が大きくなっています。

不動産業界は参入障壁が低い一方で、景気の変動を受けやすく、市況が悪化すると一挙に淘汰が進むということを何度も繰り返してきた業界です。

コロナ前までは不動産市況は絶好調で、五輪終了後も悪化しないという見通しのもと、大規模な開発案件が目白押しでした。コロナ禍でオフィス需要の後退が懸念されるなかでも、今のところオフィスを中核施設とする開発案件が縮小されたり凍結されたりする動きは出ていません。

大手デベロッパー各社のトップも、言葉こそ慎重に選んではいますが、好立地のオフィス需要には絶対的な自信を持っているようです。

マンションも職人の手間賃が高騰、その分が販売価格に転嫁された結果、販売価格が上昇し、供給戸数は減少傾向にありますが、利益はしっかり確保する売り方を徹底していますので、不動産会社の業績にはしっかり貢献しており、不動産会社の経営状態は絶好調ではないにしても、まださほど悪化はしていません。

そもそも時間をかけて一から育てることが前提の新卒採用と、即戦力前提の中途採用とでは、企業側の考え方が異なります。不動産業界における採用方針がどう変わるのか、現段階ではまだあまり明らかになっていません。それでも、5年先、10年先を見据え、各社が新卒・中途ともに採用基準のハードルを上げてくるであろうことは容易に想像がつきます。

産学社は就活生の皆さん向けの業界研究シリーズを1989年から30年以上にわたってお届けしてきました。筆者もリーマンショックの2年前、不動産業界がミニバブルに湧いていた2006年から、14年間にわたって不動産シリーズの執筆機会をいただいてきました。

この間、最前線で活躍する現役の若手の社員の方たちにお話を伺う機会も得てきましたが、皆、目の前の課題を1つ1つ地道に克服することで、会社内での自分の居場所を確保しています。入社時の市況のよしあしは、その後のその人のビジネスマンとしての価値創造にはあまり関係がないのだということを実感します。

企業はその歴史が長ければ長いほど、何度も苦境を克服しているものです。好調なときは、経営者も採用担当者も自信に満ち溢れているので、実はその会社の本質は見えにくくなっているものです。

その意味で、ビジネス環境が一変した今こそ、その企業の価値がわかるタイミングといえます。巡り合わせを嘆いたり、狭き門に怯んだり、自分を見失ったりすることなく、毅然と会社選びに臨んでいただきたいと思います。

「地図に残る仕事」はスーパーゼネコンの大成建設のキャッチコピーですが、不動産の仕事はまさに「地図に残る仕事」です。スケールが大きく、あらゆる法律にも否応なく長け、社会の裏側も見ることになる、独特な魅力を持つ仕事です。この本で不動産業界の魅力をお伝えできることを願っています。

2021年1月

伊藤　歩

不動産業界大研究◉目次

Chapter 1

大規模開発

Chapter 2

物件種類別不動産業界最新事情

Chapter 3

不動産ビジネスのしくみ

Chapter 4

不動産業界のプレーヤー

Chapter 5

不動産業界の仕事研究

Chapter 6

待遇と勤務条件

カバーデザイン：内山絵美（有）釣巻デザイン室
本文デザイン：白石知美（株）システムタンク

Chapter 1

大規模開発

1 八重洲・日本橋

三井、三菱の結節点八重洲のこれから

五輪開催年である2020年を目がけ、ここ数年は日本中で多数の大型開発が進められてきた。新型コロナ禍で五輪開催は延期になったが、多くの開発案件が予定から若干遅れながらも、2020年内に無事竣工している。

それではこれで大型開発は打ち止めかというと、さにあらず。この先も大型開発案件は目白押しだ。

2002年8月の丸ビルの建て替え完了を皮切りに、三菱地所は大・丸・有（大手町、丸の内、有楽町）で老朽化したビルの建て替えを進めてきたが、それもほぼ一段落した。

三井不動産は2004年3月のコレド日本橋を皮切りに、本社を構える日本橋室町の三井本館周辺に日本橋三井タワー、コレド室町1、同2、同3、コレド室町テラス、OVOL日本橋ビルを相次いで竣工させてきた。

総合デベロッパーの頂点に立つ2社の〝縄張り〟の結節点といえる地域が、東京駅の東側、八重洲口一帯である。

この八重洲口一帯では、これからも大型開発が目白押しだ。

左ページの地図は、2021年以降に八重洲・日本橋地区で竣工が予定されている大型案件の現場を示したものだ。

新型コロナの影響でテレワークが一気に普及、オフィス不要論も跋扈するなか、大型開発計画が縮小される動きはまだ出ていない。

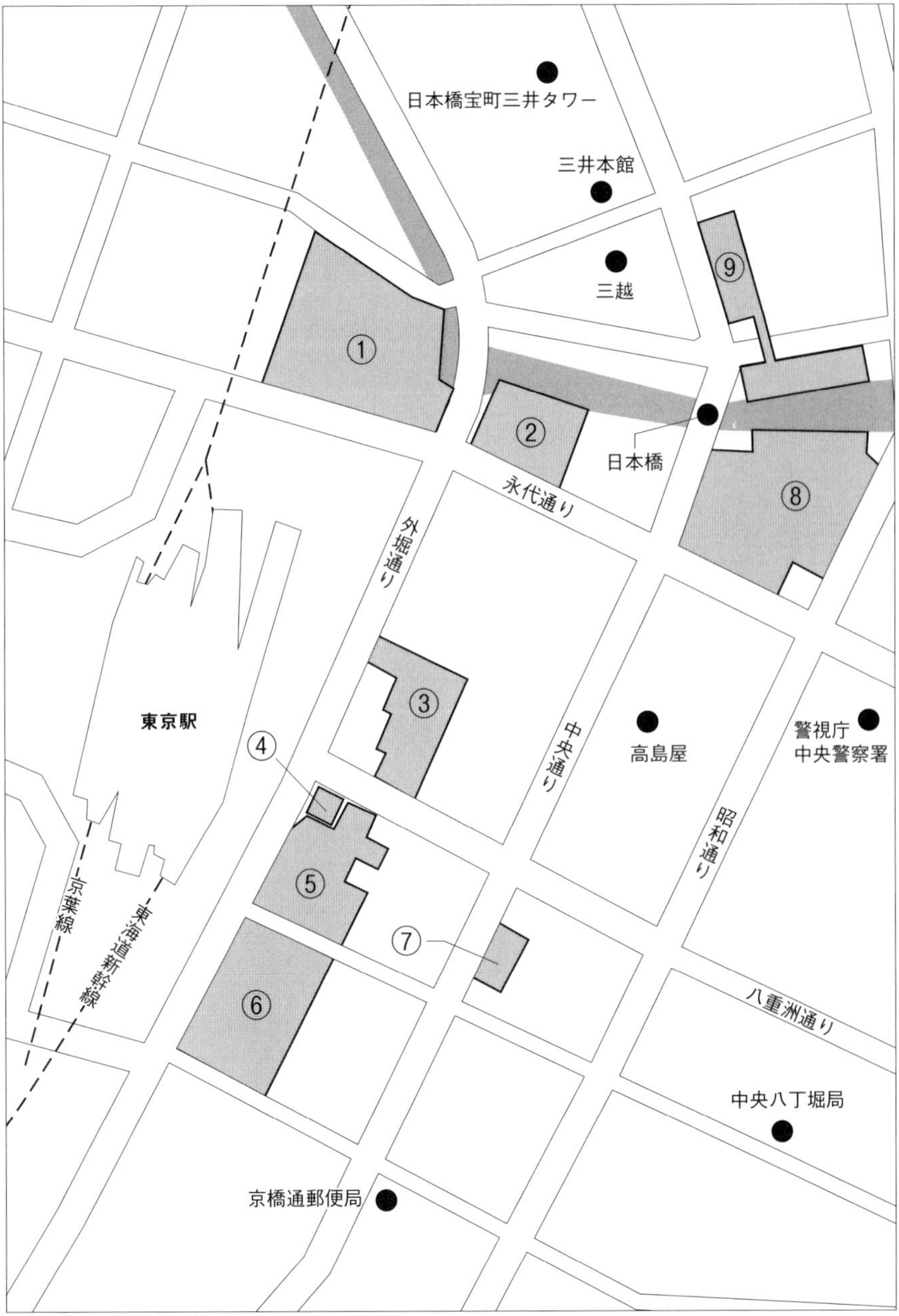
日本橋宝町三井タワー
三井本館
三越
①
②
③
④
⑤
⑥
⑦
⑧
⑨
日本橋
永代通り
外堀通り
東京駅
中央通り
高島屋
警視庁
中央警察署
昭和通り
京葉線
東海道新幹線
八重洲通り
中央八丁堀局
京橋通郵便局

地所のプライドを象徴する常盤橋

まずは地図の①。三菱地所が手がける**常盤橋プロジェクト**である。

東京駅の一番北側の出口である日本橋口を出た正面のこの場所、線路よりも東側なのに、住居表示は八重洲ではなく丸の内。このため、ここの開発は大丸有プロジェクトの一部に位置付けられている。

日本ビル、JXビル、大和呉服橋ビル、朝日生命大手町ビル、JFE商事ビルが建つ、敷地約3万1400㎡を一体開発するもの。

再開発後は高さ212m、37階建ての常盤橋タワー、高さ390m、63階建てのトーチタワー、それに高さ53m、9階建ての東京都下水道局棟、地下4階建ての変電所棟の計4棟のビルが建設される。

下水道局棟と変電所棟は日本ビル内に併設されていたもの。一帯は三菱地所が50年前の東京五輪の際に1000億円を投じて再開発を実施しており、今回は50年ぶりの再々開発となる。

2015年3月の開発計画公表から5年半後の2020年9月、同プロジェクトの名称を「TOKYO TORCH」に決定。2021年6月、常盤橋タワーが竣工する予定で、東京駅周辺では高さ205mのグラントウキョウノースタワーを抜いて、最も高い建物になる。

メインタワーのトーチタワー竣工はそこからさらに6年後の2027年度。現在国内最高の高さを誇るビルは、大阪のあべのハルカス（300m）だが、2023年3月に虎ノ門・麻布台再開発地区にメインタワー（325m）が完成すると、これが国内最高となり、さらにトーチタワーはこれを65m上回って国内最高となる。

内部はオフィス、商業施設に加え、国際会議の開催が可能となるよう、国際級ホテルと2000席の大規模ホールも設置。オフィスサポート機能も充実させ、2万㎡の屋外空間も設ける。

周辺の呉服橋交差点付近の地下通路やJRのガード下の整備も三菱地所の負担で実施する計画で、地域への貢献もアピール。

オフィス不要論が跋扈するなかで、許認可を取り直して床面積を増やしている。高い競争力を持つ自社のオフィスへの自信もさることながら、日本の玄関口である東京駅の目の前で、日本のシンボルを自負するビルを建てる以上、日本を代表する装備のビルを建設するのは三菱地所なのだという自負ゆえということだろう。

外堀通りから東は三井と東建

常盤橋地区に外堀通りを挟んで隣接する**八重洲1丁目北地区**（地図中の②）は、東京建物のプロジェクト。地上45階、地下5階、高さ２３３ｍの超高層ビルの建設が計画されている。

オフィス中心に宿泊施設、商業施設、高度金融人材サポートセンターの入居を予定しており、２０２３年着工、２０３０年竣工予定。街区全体の整備完了は２０３５年。

八重洲1丁目東B地区（地図中の③）は東京建物と都市再生機構のプロジェクト。こちらは地上51階、地下4階、高さ２５０ｍと、北地区を上回る規模で、２０２１年10月着工、２０２５年竣工予定。

そのすぐ南側の**八重洲2丁目北地区**（地図中の⑤）では、三井不動産と住友生命の共同プロジェクトが進行中。ビルは地上45階、高さ２４０ｍ。オフィスビル、商業施設、ホテルに加え、中央区立城東小学校やバスターミナルも誘致する。

住友生命はここに本社ビルを移し、誘致するホテルは日本初上陸のブルガリホテル。竣工予定は２０２２年8月下旬。

この街区の一番北側の、東京駅八重洲口正面の一角（地図中の④）は、現在農機具の**ヤンマーが本社ビルの建て替え**を実施中。新しいビルは地上14階、高さ約70メートル。

さらにその南側の**八重洲2丁目中地区**（地図中の⑥）は、三井不動産、鹿島、ヒューリックの共同事業。地上46階、高さ２４０ｍのビルを建設予定で、オフィス、商業施設のほか、インターナショナルスクールやバスターミナル、高層階には居住・滞在施設（サービスアパートメント）を設ける。

２０２４年度着工、２０２８年度竣工予定。

京橋では２０１９年６月に竣工したミュージアムタワー京橋の隣地で、戸田建設が自社ビルの建て替えを計画中。

新ビル（**新ＴＯＤＡビル**＝地図中の⑦）は、地上28階、地下３階、高さ１７１ｍで、オフィスや商業施設のほか、集会場や美術館も設ける。着工は２０２１年８月、竣工は２０２４年４月の予定。

三井本館周辺の再開発も継続

三井不動産の本拠地・三井本館周辺は、中央通り沿いに、室町３丁目交差点から、日本橋北詰交差点まで、西側は再開発が一段落。東側も室町３丁目交差点から日本橋三越真向かいのコレド室町３まで再開発が完了している。

ここから南側でも再開発計画が進行しており、コレド室町３に隣接する福島ビルから、スルガ銀行ビル手前の按針通りまでの**日本橋室町１丁目地区**（地図中の⑨）で、三井不動産のプロジェクトが進行中。

地上36階、地下４階、高さ１８０ｍのビルを建設予定で、オフィスのほか高層階は国際水準の住戸を設け、２０２２年着工、２０２６年竣工予定。

室町小路をふさぐ形でビルは建設されるが、凱旋門ばりに、ビルの足もとを開けてむろまち小路と中央通りをつなぐ。事業計画地は日本橋川の河岸も含まれていて、ここには店舗や防災倉庫を設ける。

日本橋川を挟んだ向かいで進められているのが、**日本橋１丁目中地区**（地図中の⑧）。こちらは三井不動産、野村不動産、野村ホールディングスの事業。

こちらも日本橋川の川岸に店舗や住宅が入る、７階建ての低層棟を設けるほか、日本橋川沿いに建つ、中央区指定文化財の日本橋野村ビル旧館は建て替えずに増改築する。

コレド日本橋は建て替えではなく改修、コレド日本橋に隣接する場所には、地上52階、地下５階、高さ２８４ｍの高層ビルを建てる。

オフィス、商業施設、サービスアパートのほか、ヒルトンホテルを誘致する。着工は２０２１年、竣工は２０２５年と、室町１丁目より１年ずつ早い。

2 虎ノ門ヒルズ周辺

虎ノ門ヒルズ核に進む開発

東京メトロ虎ノ門駅から徒歩6分の場所に、港区の大家さんこと森ビルが、虎ノ門ヒルズを開業させたのは２０１４年６月。

第二次世界大戦終戦翌年の１９４６年に計画決定されながら、用地買収に難航し、実現のめどが立っていなかった、虎ノ門と新橋を結ぶ通称マッカーサー通り。そのマッカーサー通りの事業化とセットで進められたのが、ほかならぬ虎ノ門ヒルズである。

道路の大半を地下化する一方で、そのトンネルの上にビルを作り、地上部分の地権者はそのビルの床と等価交換することで、立ち退き問題を解決する形がとられ、一気に話が前に進んだ。

２０２０年１月には虎ノ門ヒルズの北側に虎ノ門ヒルズビジネスタワーが、そして同年６月には虎ノ門駅直結で、ビジネスタワーとの連絡通路も備えた、地上24階建てのオフィスビル・東京虎ノ門グローバルスクエアが開業。２０２１年１月には、虎ノ門ヒルズの南側に、住宅棟が竣工する。

周辺も開発が進み、２００５年に東京メトロの一つ隣の溜池山王駅近くに赤坂インターシティを開業した日鉄興和不動産が、２０１７年８月、隣地に溜池山王駅直結の赤坂インターシティＡＩＲを開業。

２０１９年９月にはホテルオークラの建て替えが完了、森トラストの神谷町駅直結の超高層ビル・東京ワールドゲート神谷町トラストタワーも２０２０年３月に開業した。

この先もこの一帯では開発計画が目白押しだ。

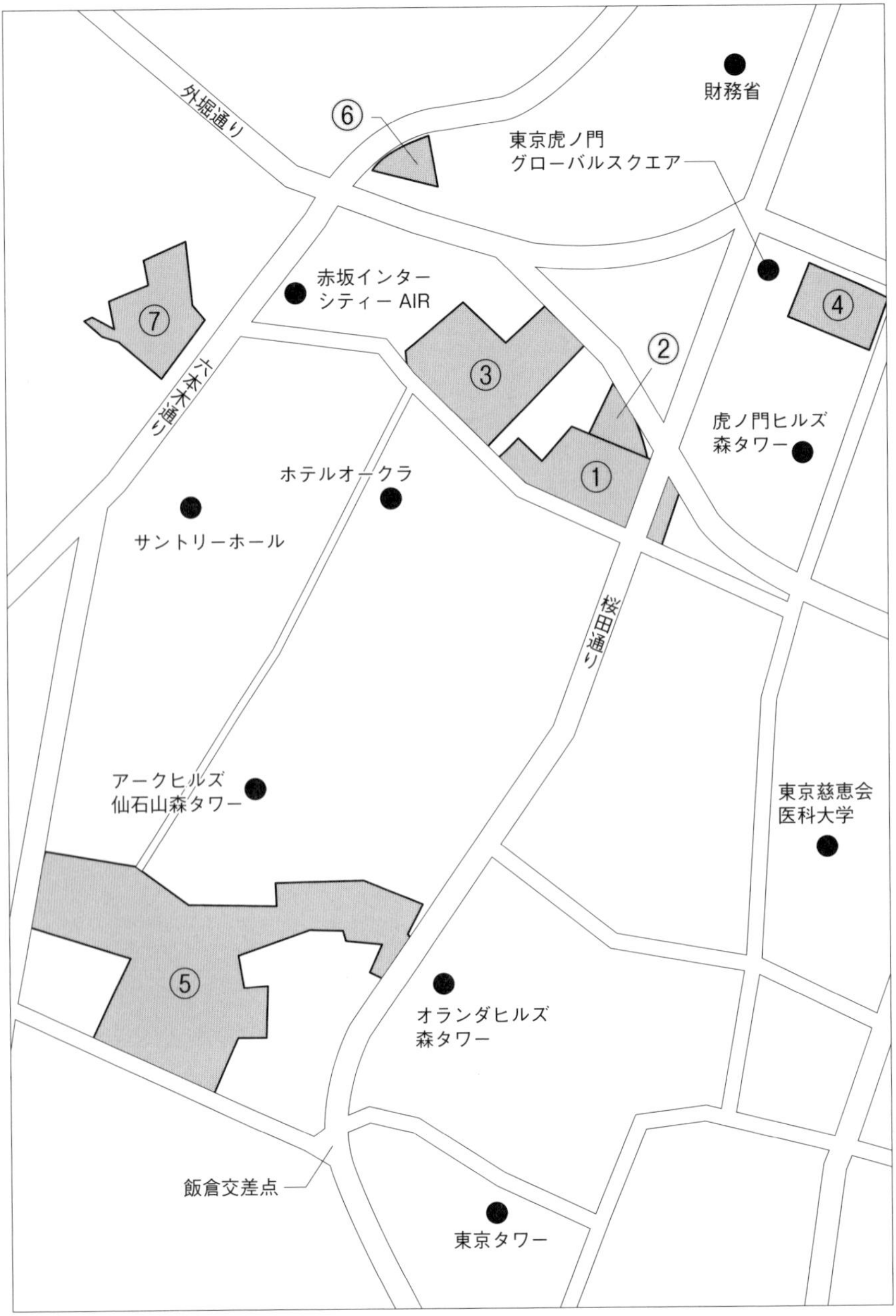
⑥
財務省
東京虎ノ門
グローバルスクエア
外堀通り
赤坂インター
シティー AIR
⑦
③
②
④
①
六本木通り
虎ノ門ヒルズ
森タワー
ホテルオークラ
サントリーホール
桜田通り
アークヒルズ
仙石山森タワー
東京慈恵会
医科大学
⑤
オランダヒルズ
森タワー
飯倉交差点
東京タワー

森ビルだけじゃない開発の担い手

虎ノ門ヒルズ関連で最後のプロジェクトとなるのが、2020年6月に開業した、東京メトロ日比谷線の新駅・虎ノ門ヒルズ駅の真上に建設される、**虎ノ門ヒルズステーションタワー**（地図中の①）

地上49階建て（高さ265m）、4階建て、12階建ての3棟のビルを建設する。

49階建てのビルには、オフィス、商業施設、ホテル、ビジネス発信拠点、4階建てのビルは商業施設、12階建てのビルにはオフィスや商業施設のほか、住宅も設ける。

2019年11月に着工済みで、49階建てと12階建てのビルは2023年7月、4階建てのビルも同年11月に竣工を予定している。

このステーションタワーの北側の**虎ノ門2丁目計画B街区**（地図中の②）では、海難回復工事の老舗・東洋海事工業が地上17階建て、高さ97mのオフィスビルを建築中。竣工予定は2022年3月。

この西側の虎の門病院、国立印刷局、共同通信会館跡地一帯の**虎ノ門2丁目地区**（地図中の③）では、都市再生機構と国家公務員共済組合連合会主導の再開発事業が進行中。

保留床を持つ利害関係者は、日鉄興和不動産、第一生命、関電不動産開発、東京ガス不動産、JR九州、大成建設の6社。

地上38階、地下2階、高さ184mのビルの建設を予定しており、国際ビジネスサービスセンターやシェアオフィス、多言語対応の保育園の設置などを予定している。2020年9月に着工済みで、2023年11月竣工予定。

東京虎ノ門グローバルスクエアの東側、**虎ノ門1丁目東地区**（地図中の④）では、日本土地建物、都市再生機構、住友不動産の3社共同事業が進行中。

地上30階、地下5階、高さ180mのオフィスビルを建設。2022年度着工、2025年度の竣工を目指している。

赤坂2丁目プロジェクト（地図中の⑦）は、赤坂ツインタワーの建て替え事業で、事業主は森トラストとＮＴＴ都市開発。

地上43階、地下３階、高さ２１０ｍのビルに、オフィス、商業施設、ホテル、サービスアパートメント、展示場、診療所等を設置予定。２０２１年着工、２０２５年竣工予定。

外堀通りを隔てた向こう側、霞が関３丁目では、損保ジャパンが、老朽化に伴い本社を建て替え中。新ビルの**損保ジャパン霞が関ビル**（地図中の⑥）は、地上16階。２０２１年３月着工、２０２３年６月竣工予定。

ヒルズの未来形・虎ノ門・麻布台プロジェクト

森ビルが「六本木ヒルズの未来形」と位置付け、30年をかけて事業化に漕ぎつけた**虎ノ門・麻布台プロジェクト**（地図中の⑤）。

アークヒルズ仙石山森タワーの南側に広がる広大な総敷地面積は８・１ha。８・４haの六本木ヒルズに匹敵する規模である。

コンセプトは緑に包まれ、人と人とをつなぐ「広場」のような新しい街。

敷地面積の約３割の２・４haを緑化に充て、３棟の高層ビルと１棟の低層建物を建設。メインタワーの高さは３２５ｍと、２０２３年３月の竣工時点では、日本１の高さを誇るあべのハルカスを抜く。

オフィスや商業施設、住宅を設けるほか、インターナショナルスクールも誘致する。

地理的に「文化都心の六本木ヒルズ」と「グローバルビジネスセンターの虎ノ門ヒルズ」の中間に位置するため、既存の両ヒルズとの連携・融合により、都心部に新たな文化・経済圏の創出を狙うのだそうだ。竣工予定は２０２３年３月。

3 大阪市中心部

隣同士の一体開発で超高層ビル建設

大阪も東京ほどではないが、2021年以降もビッグプロジェクトが続く。

大阪メトロ谷町線東梅田駅から徒歩2分、新御堂筋沿いでは、アパホテル&リゾートが地上34階建て、1704室のタワーホテル・**アパホテル&リゾート（大阪梅田駅タワー**＝地図中の⑤）を計画中。

完成すれば西日本最大級で、着工は2020年8月と、新型コロナ禍で大阪の街から観光客が居なくなった後。2022年12月末の開業までには観光需要は戻ると踏んでの着工である。

大阪万博開催のために計画されているのが、大阪市中心部からかなり離れた大阪湾に浮かぶ人工島の1つ・夢洲に建設予定の**夢洲駅タワービル**。

現在、大阪メトロ中央線は、1つ手前の人工島・咲州のコスモスクエア駅止まりだが、これを夢洲まで延伸。大阪メトロが施主となって、新駅を55階建て、高さ275mの超高層の駅ビルにする計画だ。

阪神電鉄と阪急電鉄の共同事業である**大阪梅田ツインタワーズサウス**（地図中の④）は、38階建て、高さ188mの超高層複合ビル。

かつて市道を挟んで隣接していた、阪神百貨店梅田本店が入居していた大阪神ビルと、オフィスビルの新阪急ビルとを一体開発するプロジェクト。新ビルは2022年竣工予定。ツインタワーでサウスがあるならノースもある。サウス竣工の暁には、この近隣にある現・梅田阪急ビルを、**大阪梅田ツインタワーズノース**に改称する予定だ。

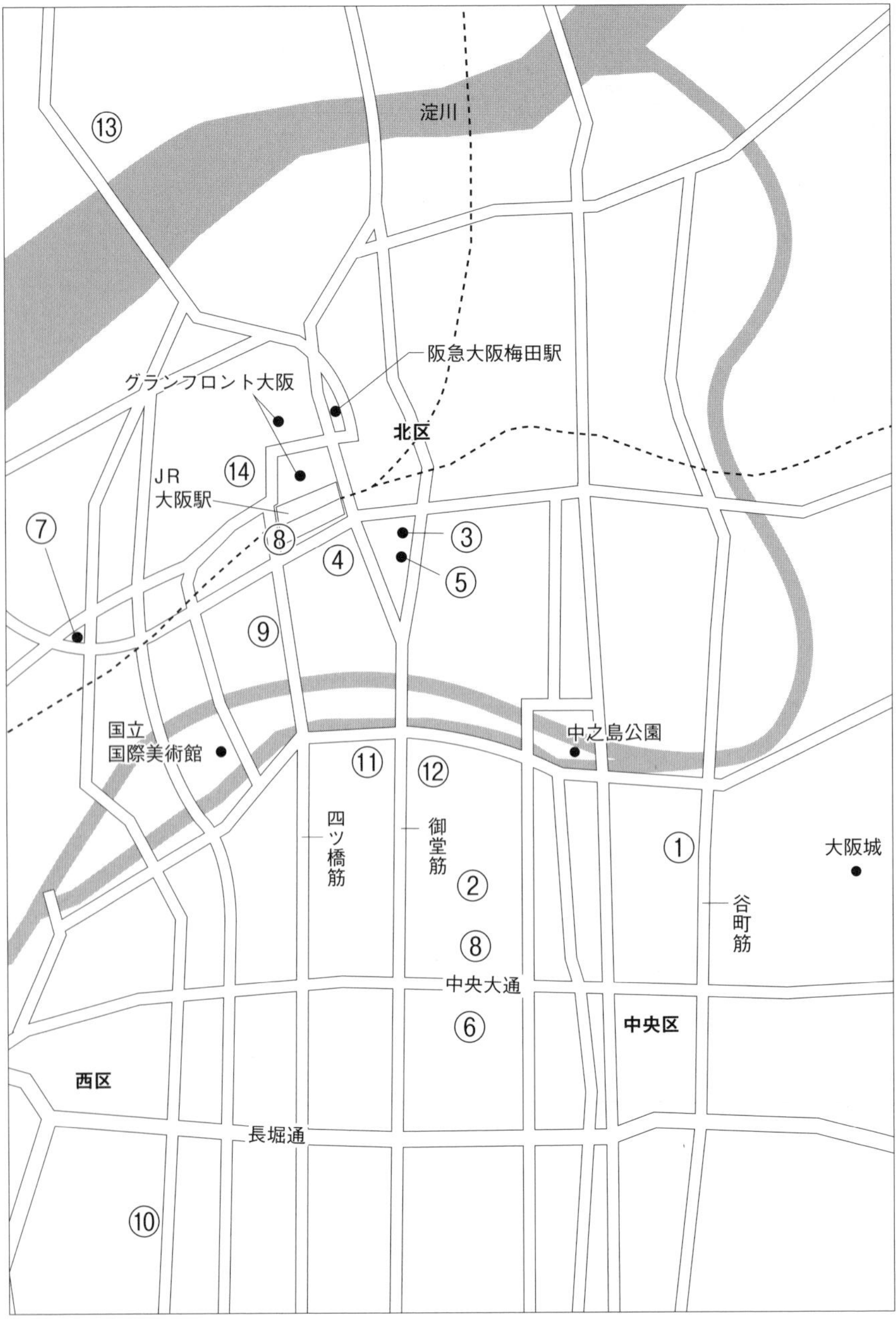

淀川
⑬
阪急大阪梅田駅
グランフロント大阪
北区
⑭
JR
大阪駅
⑦
⑧
③
④
⑤
⑨
国立
国際美術館
中之島公園
⑪
⑫
四ツ橋筋
御堂筋
①
大阪城
②
谷町筋
⑧
中央大通
⑥
中央区
西区
長堀通
⑩

旧大阪郵便局跡地周辺を一体開発し、40階建てのビルを建てる**梅田3丁目計画**（地図中の⑦）は、オフィス、ホテル、商業施設、劇場などが入る
淀屋橋駅前で自社ビルが御堂筋を挟んで向かい合っている日本土地建物と京阪ホールディングスも、老朽化したビルを一体開発する（**淀屋橋駅東地区、西地区**＝地図中の⑪と⑫）。西地区、東地区ともに28階建てオフィスビルで、2025年竣工予定。
JR大阪駅北側のグランフロントの西側では**うめきた2期地区開発事業**（地図中の⑭）が進行中。事業者は三菱地所、大阪ガス都市開発、阪急電鉄など9社。計6棟のビルを建設、オフィス、商業施設、ホテルのほか、高級分譲マンションも。2024年に街開きし、全体竣工は2028年。

建設ラッシュ続くタワマン

分譲のタワマンも建設ラッシュが続く。**ザ・ファインタワー大手前**（地図中の①）は地上42階建てで、施主は京阪不動産。**シティタワー大阪本町**（同②）は48階建てで施主は住友不動産。**ローレルタワー堺筋本町**（地図中の⑥）は地上44階建て。近鉄不動産、大和ハウス工業、名鉄不動産、JR九州、総合地所の5社JV。

東急不動産、大和ハウス工業、住友商事、コスモスイニシアの4社JVで、**大阪市中央区南本町2丁目**（地図中の⑧）で進行中の分譲マンションも43階建て。**堂島2丁目計画**（地図中の⑨）は49階建てで、施主は東京建物とシンガポールの不動産大手・ホテルプロパティーズ。

南堀江3丁目プロジェクト（地図中の⑩）は46階建てで施主は関電不動産開発。

阪急阪神不動産と高松建設の共同事業体が受注した、阪急電鉄十三駅近くのもと**淀川区役所跡地等活用事業**（地図中の⑬）も商業施設や学校などを含む複合施設計画だが、メインは地上40階、総戸数660戸の分譲のタワマン部分。

住友不動産の**大阪梅田計画**（地図中の③）も、地上56階のビルのうち、メインは住宅だが、こちらは賃貸。ホテル、商業施設、文化施設なども設ける。

4 名古屋市栄地区

出遅れ感あった栄で再開発進行

名古屋市内は名古屋駅前地区が再開発で先行。出遅れ感があった栄地区で4つの再開発プロジェクトが進行中。

1つ目は**中日ビル建て替え計画**（地図中の①）。地上12階建てのビルを、地上38階、地下5階、高さ170ｍのビルに建て替える。オフィス、商業施設のほか、ホテル、多目的ホールも設ける。三菱地所が事業支援し、竣工予定は2024年度。

その中日ビルの、久屋大通を挟んで真向かいにある**三越名古屋栄店**（地図中の③）を所有するオリエンタルビルも、建て替え計画を策定中。地上34階、地下4階、高さ180ｍの高層ビルに建て替え、低層部に三越ほか商業施設、高層階にホテルを誘致する。竣工予定は2029年度。

その北側の**錦3丁目25番街区市有地**（＝名古屋市所有の栄広場、地図中の②）の活用事業は、三菱地所を代表とするグループが事業者に選定され、地上36階、地下4階、高さ200ｍの超高層ビルの建設を予定。オフィスや商業施設のほか、ホテル、シアターを設け、2026年の供用開始を目指す。

久屋大通駅前ではＮＴＴ都市開発が、20階建ての**アーバンネット名古屋ネクスタビル**（地図中の④）を建設中。2022年1月竣工予定。

2022年度着工予定だった、**名鉄名古屋駅の再開発事業**は、コロナ後の生活様式の変化を考慮し、着工を延期。2024年度をめどに、事業の方向性を判断する。

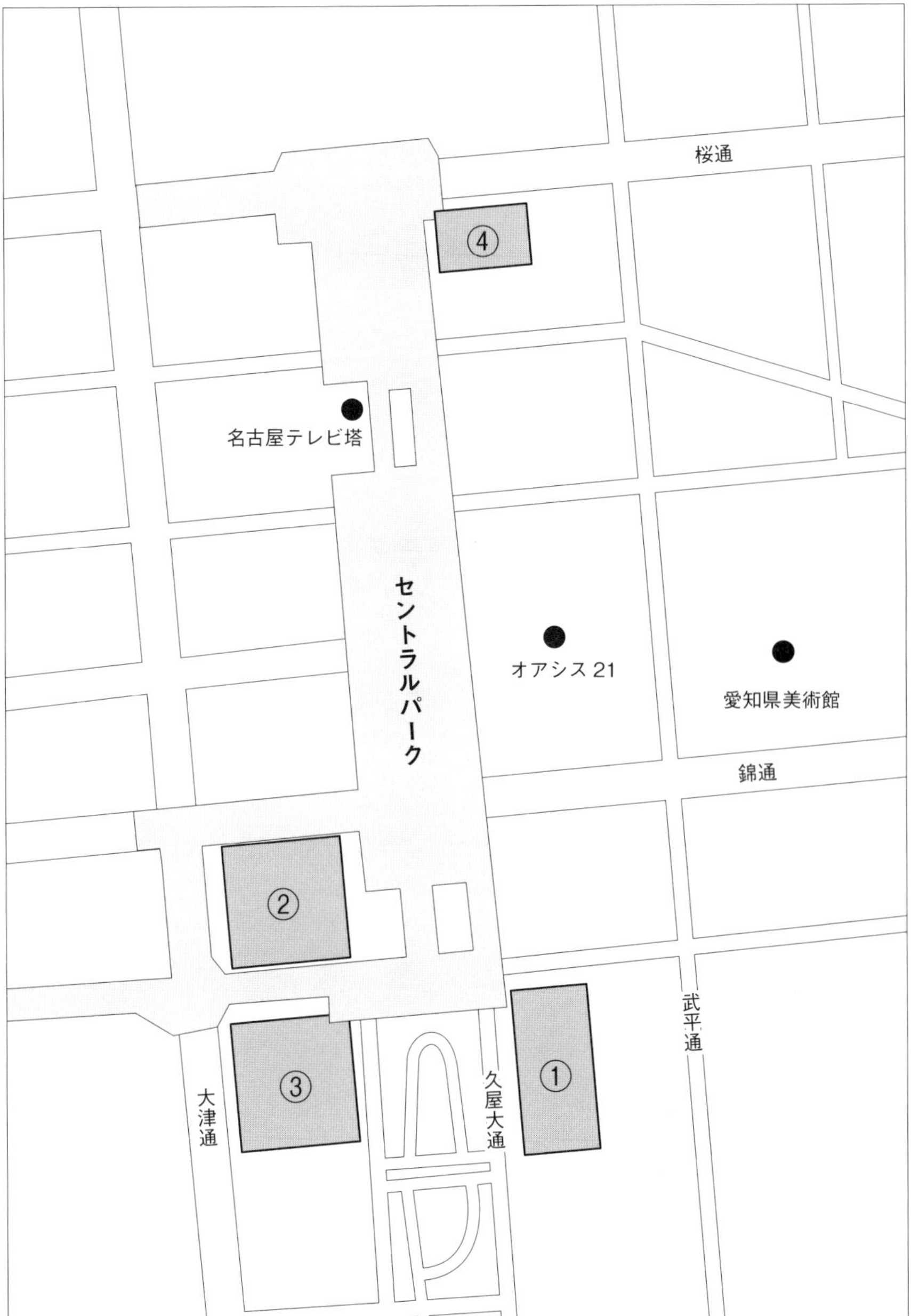
桜通
④
名古屋テレビ塔
セントラルパーク
オアシス 21
愛知県美術館
錦通
②
③
①
武平通
久屋大通
大津通

Chapter 2

物件種類別 不動産業界最新事情

1 オフィスビル

東日本大震災機に高まった建て替え気運

三井不動産、三菱地所をはじめとするオフィスビルデベロッパー大手のプロフィールについてはＣｈａｐｔｅｒ４を参照していただくとして、Ｊ－ＲＥＩＴ誕生以来、オフィスビルデベロッパーの仕事の仕方は劇的に変わった。

かつては自社保有一辺倒だったが、Ｊ－ＲＥＩＴに売るという道が開けてから、建てる棟数がケタ違いに増えたのである。

この10年でプレーヤーの顔ぶれも大きく変化した。きっかけは東日本大震災である。

もともとオフィスビル開発の担い手は、三井、三菱に代表されるデベロッパーだけではなかった。

自社で使うために一般事業会社がオフィオスビルを建て、空きスペースを賃貸に出すというのはよくあることだし、生損保は契約者から預かる保険料の運用の一環で、土地を買い、ビルを建て、テナントを入居させてビル経営を行っている。

土地を持っているのでオフィスビルを建てたい、しかしそのノウハウは持っていないという場合は、デベロッパーをコンサルとして雇って建てていたわけだが、東日本大震災以降、オフィスビルを建てる事業主の顔ぶれは多様化した。

震災を機に耐震強度への関心が高まり、老朽化したビルを建て替えなければならないことを自覚するビルオーナーが急増した。

しかし単独で建て替えるのは資金的にムリ。そこへ大手デベロッパーが、「みんなで土地を提供しあって最新鋭の通信設備を備え、商業施設も付帯した大きなビルを作りませんか」と持ちかけるようになった。

古い木造平屋建ての店舗で商売をしている商店主にも、対象敷地内にあれば声がかかる。かくしてオフィスビル開発の事業主の顔ぶれは、格段に多様化するようになった。

大型の開発案件の計画が次々と誕生していった背景にあるのは、根強いオフィス需要である。

新しいビルが完成し、テナントが自社のビルから退去しても、後継テナントがあっさり決まる。企業が借りたいといってくる面積も、従業員数のわりに多い——。

人手不足が社会全体に深刻化し、就業環境を改善しないと優秀な人材が採用できない。ＩＴ企業は社員の創造性を高めるためと称して、おしゃれなフリースペースやコミュニケーションスペースを設けて、それがテレビで紹介される。

こういったことが積み重なって、大企業が借りるスペースが以前よりも格段に広くなり、10年後もオフィス需要は衰えないという自信につながっていく。

6年8か月ぶりに募集賃料が下落

実際、東京都心5区（千代田、中央、港、新宿、渋谷）の空室率は、２０２０年2月まで低下の一途を辿っていた。

次ページのグラフは、オフィス仲介大手の三鬼商事が毎月公表しているオフィス需要動向を集計したものだ。

１９９０年代末期の金融危機とその後の企業業績の大幅な悪化を経て、オフィス需要が増加に転じたのが２００４年夏。

そこから空室率は徐々に下落する一方、募集賃料は徐々に上昇。２００４年夏以降で、空室率の最初のボトムが訪れたのは２００７年11月。この3か月前にサブプライムショックが起きている。

不動産市況が動くのは、経済のビックイベント発生から数か月後というセオリー通り、２・49％まで下がった空室率は、翌12月にわずかに上昇、２００

都心5区の空室率と募集賃料

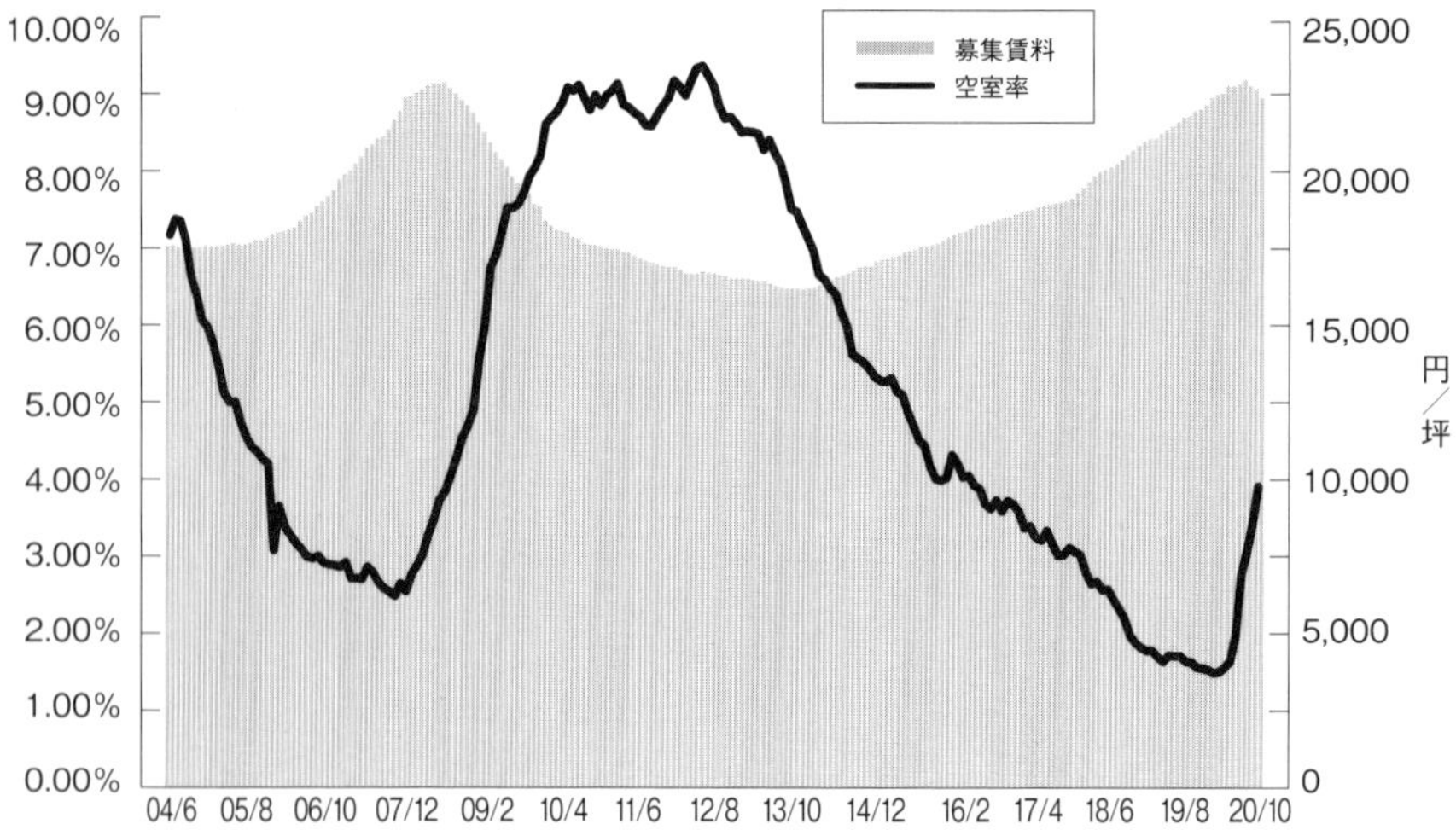

三鬼商事公表データをもとに筆者作成

８年１月に一旦再度低下したものの、翌２月から上昇トレンドに入った。つまり、空室率上昇のきっかけはリーマンショックではなく、その前年のサブプライムショックだった。

その後、２００４年夏当時の水準である７％台を突破し、８％台に乗ったのは２００９年12月。

２０１０年夏に９・17％に到達したところで、翌２０１１年３月の震災を挟み、約２年間にわたって踊り場的に増減を繰り返した。

明確に低下に転じたのは２０１２年７月。前月の９・43％から９・30％に下落、以降７年７か月にわたって徐々に低下。２０２０年２月に１・49％に達したところで低下が止まった。

３月以降、毎月上昇が続いており、８月に３％台に乗った。

原因はいうまでもなく新型コロナだろう。大きく影響を受けた業種と、さほど受けなかった業種とがあるものの、４月の緊急事態宣言を受け、早々にオフィスを引き払うベンチャー企業が続出していることをメディアが報じている。

一方、募集賃料のほうは、上昇に転じたのは２０１３年12月。空室率のターニングポイントから１年５か月ずれての上昇開始である。

こちらはこの後、２０２０年８月に下落に転じるまで、６年８か月にわたって上昇を続けた。

空室率が３月から上昇を始めたのに対し、募集賃料の低下は８月からだから、ここでも５か月の差が出ている。

オフィスは不要になるのか

もっとも、数字を冷静に眺めれば、それでも空室率は３％台。リーマンショック直前の水準であり、ボトムの９％台と比べればかなり低い。

募集賃料に至っては、１年前よりもまだ坪当たり１万円も高いのだ。

新型コロナ禍に伴う緊急事態宣言で、世の中の多くの企業が否応なくテレワークを導入し、実際やってみたら意外とできてしまった。

オフィスを縮小すれば賃料が浮くのは間違いなく、オフィス不要論も跋扈する。

富士通や東芝といった大企業が大幅なオフィスの削減を発表もしているわけだが、両社には「テレワーク導入に必要な通信機器を売るためのデモンストレーションだ」という見方もついて回る。

最もテレワークへの親和性が高そうなＩＴベンチャーの若き経営者からも、人と人とが直接コミュニケーションをとることで生まれるヒント、アイディアはビジネス上不可欠である、それはテレビ会議やチャットでは代替できない、ゆえにテレワークは導入しながらも、リアルのオフィスはなくさないという声も聞かれる。

オフィスをなくす、もしくは縮小すれば賃料が浮いたり、社員の交通費が減ったりはするが、通信機器の貸与コストなど、代わりに増えるものもあるし、何よりも生産性が落ちるのではないか、といったオフィス不要論を巡る議論が盛んに経済誌等で取り上げられてもいる。

大手デベロッパーの幹部が、軒並みオフィス不要論に否定的な見解を表明しているのは、肯定すれば、自らの存在意義を否定しかねないからというだけではなさそうだ。

実際のところ、大手デベロッパーが所有している大型オフィスは立地もインフラも最高水準で、競争力が高い。

それだけにまだ目立った解約が出てはいないようで、解約が出ていないということは、新たなテナント募集もしていないわけで、募集賃料下落の実感も味わっていないということになる。

向こう半年前後に開業する大規模オフィスも、軒並みほぼ満室で開業できる見通しが立っている。

このことも、大手デベロッパーがオフィス不要論に否定的であり、これから何年にもわたって供給し続ける、大規模開発を凍結したり縮小したりする予定がない理由だろう。

テナント側からのオフィスの賃貸契約の解約は、通常6か月前の通知が原則なので、4月に早々に解約の決断をした場合でも退去は10月だ。

多くの企業はオフィスのあり方についての検証を始めたばかり。


ニューノーマル時代のニーズにいち早く気づき、いち早く対応できるデベロッパーが、ニューノーマル時代の勝ち組になる可能性は高い。

新型コロナ禍が業界地図を塗り替えるかも？

2 商業施設

高い専門性が求められる商業施設開発

商業施設といわれてイメージするのは、丸ビル、六本木ヒルズ、横浜ランドマークタワー、ラゾーナ川崎などの大規模複合開発の中の商業施設部分や、表参道ヒルズ、渋谷ヒカリエ、あるいはイオンモールやららぽーとなどだろうか。

だが、このような大規模開発の一環で、大手総合デベロッパーを事業主として建てられる商業施設はむしろ例外。商業施設の事業主の主流は、実は個人や中小のビル経営会社である。

銀座にひしめくソシアルビル（全館入居者がクラブのみのビル）、原宿のファッションビル、カットショップだけを集めたビル、飲食店だけのビル、クリニックだけのビル、とりあえず飲食店から雑貨店まで揃った中小規模のショッピングモール。いずれも事業主はその建物が建っている場所の地主であることがほとんど。

商業施設の世界には、各分野に強い商業施設専門のコンサルサントがいる。人の流れなどから、この商売をするのに適した立地条件はこう、といったことに精通していないと務まらない。このため、コンサルタントごとに専門分野が限られてしまうのが普通だ。

コンサルタントが自ら事業主になることはなく、絵を描き、設計事務所やゼネコンへの発注や完成までの工程管理をすべて請け負う。コンサルタントの側から、地主に事業化を持ちかけることもある。

大手のデベロッパーが、資金調達からそこに建てるものの企画、建設まで、すべて自前でやるのに対し、地主は資金調達以外の部分をすべてコンサルタントに任せる。それが極めて一般的な商業施設の開発スタイルだ。

商業施設開発の黒子はハウスメーカー

商業施設開発の世界で重要な役割を果たしているのがハウスメーカーである。

ハウスメーカーは、基本的に個人向けの注文住宅建築と、地主向けの賃貸アパート建築を二本柱にしている。このため、所有地の有効活用を必要としている地主の情報には伝統的にかなり強く、地主の土地活用の一環で、小規模な商業施設をコンサルタントと組んで提案したり、自社のノウハウで提案したりしているケースが多い。

もう1つの主流は郊外の量販店の施設。スーパーや家電量販店の店舗は賃貸であることが多い。広大な敷地を貸してくれる地主を探し、量販店側が支払う資金で、量販店側の求める仕様で建物を建ててもらう。土地はもちろん、建物の所有権も地主の名義で、建物の工事代金相当額に敷金を設定する。

土地の賃貸借契約の期間も十数年～20年の長期契約。量販店側が途中解約をする場合のペナルティ条項も契約書に盛り込む。量販店はあくまでテナントであって、事業主は地主である。

大手の量販店は出店用の土地を探す店舗開発部隊を自ら持っており、出店用地の情報入手ルートはかなり広範だ。直接地主側からアプローチがある場合もあるし、ハウスメーカー経由、総合デベロッパー経由、金融機関経由などさまざまだ。

いずれにしても専門の商業施設は、反復継続的に作っているデベロッパーは存在せず、企画を手がけたいなら専門のコンサルティング会社の門を叩くしかない。ただし、このようなコンサルティング会社は少数精鋭のプロ集団で、企業規模も極端に小さい。新卒の採用枠は極めて狭い。

量販店は自社の出店目的のみなので、商業施設だけの企画開発を志すということは、かなり困難なことといえそうだ。

新型コロナの影響が出るのはこれから

そして今後、新型コロナ禍の影響がどれほど出るのかわからないのが、この小規模な商業施設の世界である。

大手量販店が長期で借りている物件には当面大きな影響はないだろう。借りている大手量販店に体力があるからだ。

しかし、小規模な商業施設、特に飲食店が入居している施設には、今後じわじわと影響が出てくる可能性がある。

新型コロナ禍で最も甚大な影響を受けたのは、いうまでもなくホテル・旅館業界と飲食業界である。

商業施設のテナント契約は、オフィスのテナント契約同様、中途解約するには6か月前通告が原則だ。

このため、2020年4月の緊急事態宣言後、最も迅速に閉店の決断をした店舗の場合、残り6か月分の賃料を払って早々に店を閉めたケースもあるが、6か月後の10月の閉店を前提に、緊急事態宣言解除後に営業を再開したケースもある。

小規模商業施設のオーナーは、地場の地主であるケースが多く、裕福な資産家ではあるけれど、テナントから賃料の減額や一時棚上げを求められても応じるだけの体力はない。

だからといって、テナントが退去した後に、後継テナントを誘致するのも現状の環境下では容易ではない。

量販店向けの店舗は量販店側が支払う敷金で建設するが、小規模商業施設は、施主である地主が金融機関からの融資で建設工事代金を支払っているケースが少なからずある。

テナントが営業継続を断念し、後継テナントも決まらないとなれば、地主やその地主に融資をしている金融機関への影響が徐々に出てくる可能性もあるだろう。

3 物流施設

新型コロナ禍で大ブレイク

不動産業界で、新型コロナ禍がビッグチャンスになった唯一の存在が物流施設である。

ネット通販需要は緊急事態宣言下で急増。宣言解除後もリアル店舗での買い物への回帰を躊躇する心理が働き、空前の好調が続いている。その需要を支えるのが物流施設である。

新型コロナ前も、物流施設は不動産業界にあって、近年最も脚光を浴びる存在ではあった。

ネット通販の急速な普及でＢtoＣ、つまりメーカーや小売業者が消費者向けに販売するための物流だけでなく、ＢtoＢ物流でも迅速さと高い効率性が求められるようになってきたからだ。

千葉、埼玉、神奈川を繋ぐ圏央道沿いは、もともと企業の大規模な工場が多かったが、生産拠点の海外移転によって閉鎖された工場跡地に次々と物流施設が誕生した。

ヤマトをはじめとする宅配業者が物流拠点を増やしただけではない。アマゾンは全国各地に物流拠点を持ち、いずれも外資系の物流施設デベロッパーなどが自社の仕様で建ててくれたものを賃借しているし、楽天、ＺＯＺＯタウン、ユニクロを展開するファーストリテイリング、しまむら、良品計画、ヨドバシカメラといった小売り業者も自社のネット通販の配送のために、自社専用の物流施設を確保している。

このほか、複数のテナントに貸すマルチテナント型の需要も急増している。小さな地方の個人商店もメールで注文を受け付け、自分で荷造りをして宅配便で配送しており、注文数が増えてくると対応が難しくなり、宣伝のノウハウも持っていない。このため、こういった中小・零細のＥ－コマース向けに、注文の受け付けから、注文があった製品を在庫からピックアップし、梱包して配送するという基本的な注文・配送業務だけでなく、顧客データの整備、効果的なＤＭの送付や宣伝まで請け負う会社が現れている。

参入障壁高くてもプレーヤーは増加

ただ、物流施設は基本的に巨大でノウハウも特殊だ。まず貸す相手を見つけて、その貸す相手の求める立地に土地を確保し、相手の仕様通りに建て、容易には解約ができないよう長期契約で縛るケースもあれば、物流施設として立地がよさそうな場所に土地を確保し、汎用性が高い最新鋭の装備で建て、完成までにテナント付けをするというケースもある。

いずれにしても建てるものの規模が巨大で仕様も特殊。資金リスクも大きい。テナント付けの営業ノウハウも特殊で、オフィスビルのテナント付けのノウハウがあればできるというものでもない。

２０１７年頃から物流施設特化型のＪ－ＲＥＩＴが相次いで上場し、ブームになっているように見えて参入障壁は極めて高かったので、数年前まで、メインプレーヤーは国内勢では大和ハウス工業、三菱地所、三井不動産、野村不動産、オリックス、外資系では米国のプロロジス、シンガポールのＧＬＰあたりだった。

しかし、近時は東京建物やサンケイビルなどのデベロッパーのほか、伊藤忠商事や住友商事、三井物産、三菱商事など商社も参入。プレーヤーは増加傾向にある。

4 マンション

マンションデベの評価軸は発売戸数

最も参入障壁が低く、とてつもない数の開発業者が存在するのがマンション事業だ。マンションは買い手のタイプに応じて、居住用の分譲マンション、投資用の分譲マンション、それに投資用の1棟売りマンションの3タイプに分類できる。

居住用の分譲マンションは、住む人自身が買い手になるが、投資用の分譲マンションは、買い手は個人の投資家となる。

そして投資用の1棟売りマンションは、買い手が同じ投資家でもファンドだったので、リーマンショック後のファンドの衰退によって、デベロッパーが自社系列のJ－REITに売却するものを除くと、1棟売りはほぼ姿を消している。

42～43ページの一覧は、不動産経済研究所が毎年2月に発表している、エンドユーザー向けの発売戸数ランキングの結果を、2010年度から10年分、並べてみたものだ。

ランキングには1棟売りは含まれておらず、対象期間は各社の決算期に関係なく、その年の1～12月。すべて不動産経済研究所がヒアリングして作成している。

マンションは建物が完成するかなり前に青田売りされる。これに対し、各社の売上計上は、物件を引き渡した時点なので、発売時点と売上時点にはだいぶタイムラグが発生する。

当然、前期末に完成在庫として残っていたものが売れれば、売れた戸数に含まれてしまう。

かつては即日完売を目指すことが当たり前とされていたので、前期の売れ残りが含まれる売上戸数よりは、発売戸数を重視する傾向にあった。

さすがにリーマンショック後は即日完売を目指さなくなったので、発売戸数はかつてほど重視されなくなっているとはいえ、依然としてマンションデベロッパーの実力を占う重要な指標であることに違いはない。

かつての盟主大京は大きく後退

この発売戸数ランキングで２００６年度まで29年連続でトップを守り続けてきたのが大京。２００７年度についにトップの座を穴吹工務店に明け渡し、5位に後退したが、２００８年度から再び1位に返り咲いた。

だが、リーマンショックを機に資金負担を軽くするため、発売戸数を絞り込む方向に方針を転換。２０１３年は他社の発売戸数減の影響で順位こそ持ち直したが、発売戸数の減少は続いており、２０１６年に11位に後退。２０１７年以降は13～14位が続いている。

財閥系をはじめとする大手デベロッパーの常連組は、毎年微妙に順位が入れ替わりながらもランキング上位に定着。そのなかで、２０１２年は野村不動産が初めて首位を獲得した。

ハウスメーカーながら、マンション分譲戸数が多い大和ハウス工業も上位の常連組。

住友不動産は２０１４年から6年連続で首位を維持している。

この10年間で最も伸張著しいのはプレサンスコーポレーション、エスリード、タカラレーベンの3社だろう。

プレサンスコーポレーションは関西圏に強く、住友不動産に次ぐ第2位となった２０１９年は、関西圏での発売戸数が３８２５戸だったのに対し、首都圏ではわずか１４７。

エスリード（旧日本エスリード）に至っては、首都圏、その他での発売はなく、関西圏のみで２１２１戸を発売、前年の7位から6位へと、1つ順位を

大規模開発
物件種類別不動産業界最新事情
不動産ビジネスのしくみ
不動産業界のプレーヤー
不動産業界の仕事研究
待遇と勤務条件

[redacted]

2015年度		2016年度		2017年度		2018年度		2019年度	
社名	戸数	社名	戸数	社名	戸数	社名	戸数	社名	戸数
住友不動産	5,398	住友不動産	6,034	住友不動産	7,177	住友不動産	7,377	住友不動産	5,690
野村不動産	4,556	三井不動産レジデンシャル	4,320	プレサンスコーポレーション	5,267	プレサンスコーポレーション	5,267	プレサンスコーポレーション	5,305
三井不動産レジデンシャル	4,308	野村不動産	4,056	野村不動産	5,158	野村不動産	5,224	野村不動産	3,941
三菱地所レジデンス	4,005	プレサンスコーポレーション	3,225	三井不動産レジデンシャル	3,787	三菱地所レジデンス	3,614	三菱地所レジデンス	3,365
大和ハウス工業	2,770	三菱地所レジデンス	3,215	三菱地所レジデンス	3,101	三井不動産レジデンシャル	3,198	三井不動産レジデンシャル	2,365
プレサンスコーポレーション	2,512	大和ハウス工業	2,185	大和ハウス工業	2,098	あなぶき興産	2,450	エスリード	2,121
東急不動産	1,838	あなぶき興産	1,619	日本エスリード	2,017	日本エスリード	2,401	東急不動産	1,812
東京建物	1,501	東急不動産	1,551	あなぶき興産	1,798	タカラレーベン	1,873	タカラレーベン	1,765
大京	1,440	日本エスリード	1,476	積水ハウス	1,503	大和ハウス工業	1,627	大和ハウス工業	1,702
タカラレーベン	1,399	タカラレーベン	1,204	タカラレーベン	1,467	新日鐵興和不動産	1,539	あなぶき興産	1,599

上げた。

タカラレーベンは２０１３年からベスト10入りし、9位、10位を往復していたが、２０１８年に１つ順位を上げて8位に。翌２０１９年も8位だ。

発売地域は特定の地域に偏らず、全国でまんべんなく発売しており、２０１９年は首都圏５３１戸、関西圏２７２戸、その他９６２戸だった。

国土交通省の建築着工統計調査によれば、マンションの着工戸数は24万戸の２００６年がピークで、２００７年に前年比で34％もの落ち込みを記録。翌２００８年は若干盛り返したが、リーマンショックの影響で２００９年は６・７万戸と、前年から一気に10万戸弱、率にして6割も減少した。

２０１２年にようやく12・4万戸まで戻ったが、２０１３年は消費税増税前の駆け込み需要による前半の伸びを後半の反動減で相殺。０・２％減で着地した。

近年は建設現場の職人不足が深刻化し、建設コストが急上昇。販売価格も上昇、エンドユーザーが購入を控える動きが顕著になってきたため、デベロッ

マンション発売戸数ランキング

順位	2010年度		2011年度		2012年度		2013年度		2014年度	
	社名	戸数	社名	戸数	社名	戸数	社名	戸数	社名	戸数
1	大京	5,307	三菱地所レジデンス	5,331	野村不動産	6,181	三井不動産レジデンシャル	7,476	住友不動産	6,308
2	三井不動産レジデンシャル	5,037	野村不動産	5,034	三井不動産レジデンシャル	5,138	野村不動産	6,517	三菱地所レジデンス	5,300
3	野村不動産	5,036	三井不動産レジデンシャル	4,980	三菱地所レジデンス	4,975	住友不動産	5,879	野村不動産	4,818
4	住友不動産	4,727	大京	4,291	住友不動産	4,209	三菱地所レジデンス	5,599	三井不動産レジデンシャル	4,638
5	藤和不動産	3,380	住友不動産	2,995	大和ハウス工業	3,176	大京	2,913	東急不動産	2,550
6	大和ハウス工業	2,411	大和ハウス工業	2,638	大京	3,130	大和ハウス工業	2,905	大和ハウス工業	2,289
7	三菱地所レジデンス	2,044	東急不動産	2,247	あなぶき興産	2,103	プレサンスコーポレーション	2,328	プレサンスコーポレーション	2,273
8	オリックス不動産	2,042	プレサンスコーポレーション	1,985	プレサンスコーポレーション	2,066	東急不動産	2,211	大京	2,018
9	東急不動産	1,877	近鉄不動産	1,825	近鉄不動産	2,032	新日鐵興和不動産	2,130	タカラレーベン	1,551
10	東京建物	1,744	あなぶき興産	1,772	東急不動産	1,765	タカラレーベン	1,705	名鉄不動産	1,474

不動産経済研究所調べ。年度対象は１月～12月

パー側も供給を抑制。

２０１３年、２０１４年と連続で減少、２０１５年は７・５％の増加に転じたが、２０１６年、２０１７年と２期連続で減少。２０１８年は３年ぶりに11・9万戸へと増加に転じたが、２０１９年は再び11・1万戸に減少するなど、依然としてピーク時の半分以下の水準が続いている。

参入障壁低く栄枯盛衰も激しい

不動産経済研究所の発売戸数ランキングに登場する企業以外にも、マンションデベロッパーは星の数ほどある。

用地取得から完成までの期間が1年半～2年程度と短く、売って資金回収する前提だ。したがって、市況が悪くなければ銀行は気前よくお金を貸すので、そういうときなら資金調達も難しくない。

敷地面積が５００㎡未満のマンションなら、開発許可ではなく、建築確認申請だけで建てられるので、許認可の面でもオフィスよりも楽（45ページの図参

照）。ゆえに参入障壁は極めて低いのだが、その分、栄枯盛衰も激しい。

現在、証券市場に上場しているマンションデベロッパーの数も相当数に上るが、業歴は極めて短いところが多い。バブル前後にマンションデベに参入した業者が、バブル崩壊で淘汰されてしまったからだ。

老舗の大手デベロッパーを除けば、自分が買ったマンションのデベロッパーが、10年後には生き残っていなかった、ということがかなりの確率で起きる。

また、投資用マンションとなると、デベロッパーは基本的に新興業者が中心。建物の作り込みの粗悪さや、販売方法の問題が指摘されている業者も一部にはある。多数の業者が参入しながら、不良業者はすぐに淘汰され、長く生き残る業者は数少ない。

業者の数が多い分、新卒者の採用間口もかなり広い。それだけに、老舗の大手以外のマンションデベロッパーを就職先に選ぶ場合は、きちんとした仕事をしている業者なのかどうかの見極めは重要だ。

かつては強引な営業を強いる会社が多かったが、今は様変わりしており、『ブラック企業』の風評がついて回る会社はそれだけで有名になるほど。

もともと販売は、営業マン本人の個性と人柄で売る世界であって、声が大きくて強引なら売れるというものではない。

一見どんくさそうに見える営業マンでも、そういう営業マンだからつく顧客というのもいる。

それでも、一応宅建業法で禁止されている販売方法をとっていないかの確認は事前に必要だろう。禁止行為は国交省のＨＰで確認できる。

新卒の読者に一言。会社訪問の際にどんな営業手法がとられているのか垣間見る機会があるのならぜひ見ておくべきだし、それが不可能ならば、ＯＢ訪問の際にそれとなく、具体的な営業方法を聞き出すくらいのことはしたほうがいいだろう。

マンションができるまで

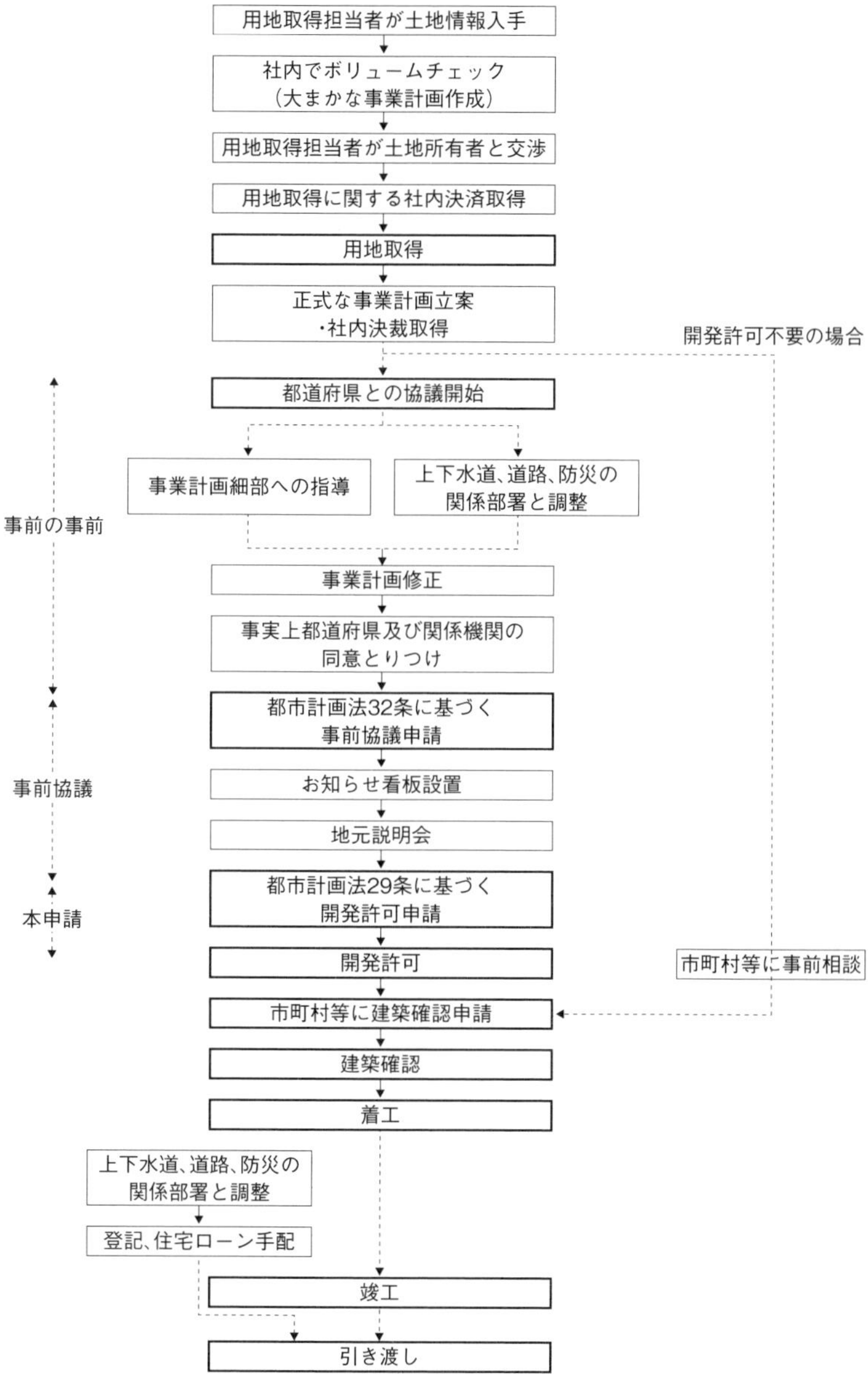

5 一戸建て

住宅着工件数は約四半世紀で半減

もともと一戸建ての分譲は、大手のデベロッパーと、地元密着型の中小業者のテリトリーが明確に分かれている分野だったが、1990年代後半からパワービルダーと呼ばれる業者も登場するようになった。

パワービルダーとは、一次取得者向けの建て売り戸建て住宅を、都市部で安く大量供給する業者をいう。

新規の住宅着工件数は1980年代後半から1990年代半ばがピークで、現在は当時のほぼ半分。

2019年1年間で、新規に着工された住宅の戸数は前年比7・2%減の88万3687戸。1996年の163万378戸から5割近く減っている。

リーマンショックがあった2008年は、前半の貯金が思い切り効いたので103万9214戸だったが、翌2009年は77万5277戸まで落ち込んだ。

2012年（平成24年）にようやく89万3002戸まで戻り、2013年は消費増税前の駆け込み特需で10・6%増の98万7254戸となったが、増税後の反動減で2014年は約10万戸、率で10・8%の減少。2015年、2016年は2年連続で増加したが、リーマン前の水準に戻らないまま、2017年は減少。2018年はやや持ち直したが、2019年は大きく減った。

88・3万戸の内訳は、持ち家（自分で住むための注文住宅）が前年比1・5%減の28・3万戸だった

新規住宅着工戸数推移

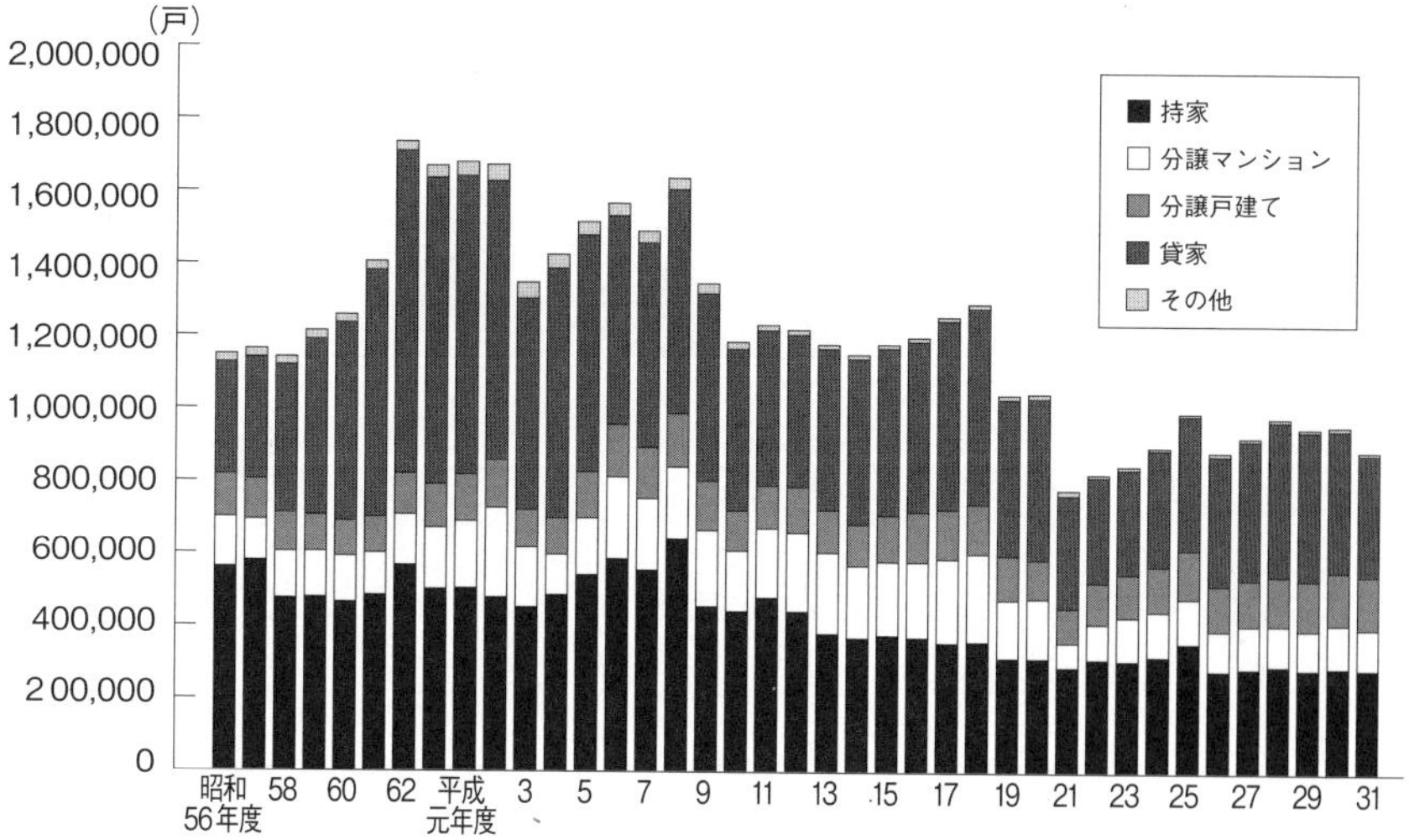

国土交通省建築着工統計調査報告をもとに作成

のに対し、賃貸住宅は前年比14・2％もの大幅な減少となり33・4万戸。分譲住宅は25・7万戸で2・5％減だったが、これをマンションと戸建てに分けると、マンションが前年比6・7％減だったのに対し、戸建ては0・8％増。

マンションはデベロッパーが供給を抑制しているので当然としても、注目されるのは持ち家と賃貸だ。

土地つき一戸建て、それも自分の思う通りに設計した家、という志向は根強く、こだわりの注文建築住宅を紹介するテレビ朝日の『渡辺篤史の建もの探訪』が、放送開始から31年を超える長寿番組となっていることは象徴的だ。

だが消費増税前に需要を先食いしたことで2014年（平成26年）度は前年比で2割以上も減り、その後現場の職人の人件費も上昇、その分建築コストが上がった影響は甚大で、2015年は前年比2・2％増、2016年は2・6％増と回復ペースは鈍く、2017年以降毎年減少と増加を繰り返している。

賃貸は地主が銀行からアパートローンを借りて建

てるので、ローンの審査に対する銀行のスタンスが着工件数に強く反映する。

スルガ銀行の不正融資問題の影響で銀行の審査が本格的に厳しくなった2018年度以降は減少幅が拡大している。

新興勢力のパワービルダー

現存する大規模な分譲地は、大半が1970年代以降に大手のデベロッパーが山を切り崩し、インフラを整備して作り上げたものだが、人口が集中している首都圏で大規模開発が可能な場所はほぼ開発しつくされた感がある。

かわって登場したのが、都市型戸建てと呼ばれる分野。都市部で相続が発生、売りに出た土地などを、2～3区画に分けて建物を建て、分譲する細かい仕事だ。

分譲戸数の単位は大規模開発とは比較にならないほど小規模になる。用地取得に必要な情報も、細かい情報を数多く、となるので、ターゲットとする地域に細かく多数の拠点を配置する必要があり、大手デベロッパーが手がけるにはあまりにも非効率になる。

このため、最近の都市部の分譲一戸建ては、都市型戸建て分譲専業の業者のテリトリーとなっており、大手のデベロッパーとはほとんど競合しない。この分野で大きく業績を伸ばしているのが、いわゆるパワービルダーと呼ばれる戸建て分譲業者だ。

一方、地方都市となると、都市型戸建て分譲専業の業者も手が及ばず、もっぱら地元の業者のテリトリーになる。大手デベロッパーが効率上追い切れない数戸単位の土地情報を、首都圏では都市部戸建て分譲専業業者が、そして地方都市では地元の業者が拾い上げてビジネスに結びつけている。それが戸建て分譲の業界構造といえる。

したがって、分譲一戸建てで地図に載るような街づくりをしているのは大手デベロッパーだが、手がけている案件数はオフィスビルや分譲マンションとは比較にならないほど少ない。

6 リゾート

リゾート地自体を作ろうとしたバブル期

まずは整理して考えなければならないのは、リゾート施設のデベロッパーとはいったいどういう会社を指すのか、という点だ。

会員制リゾートクラブやホテル、旅館、スキー場、貸別荘など、リゾート施設は運営会社自身が施設を作る、つまり開発を継続的に手がけている事業者ではあるが、運営が本業なので不動産業者ではない。

本書のテーマは不動産業界なので、不動産業界の視点から見たリゾート、ということになると、対象とすべき事業は、リゾートマンションの分譲事業と、別荘の分譲事業ということになるだろう。

日本における第一次のリゾートブームは１９７３年。リゾートマンションが1年間に６０００戸以上も供給された。前年にかの田中角栄がブチ上げた、日本列島改造論の影響である。

が、オイルショックで供給戸数は大幅にダウン、昭和50年代前半は１０００戸台で推移した。そしてバブル到来。ピークの１９９０年には、供給戸数は１９７３年の倍以上の年間1万４０００戸超。

そこでバブル崩壊。以降は、新規供給戸数も抑えながら、過去の在庫を細々と売り続けるという状況が続いている。

湘南エリアなど、通勤圏のリゾート地に建てられた物件の場合、それが通常の居住用であればリゾート物件とはいわない。

明確な定義があるわけではないが、生活の基盤を置かない別荘やセカンドハウスなどの用途で建てられたものが、リゾート物件である。

新規供給はごくわずか

バブル期と今の最大の違いは、バブル期にはリゾート地を作ろうとしたが、今はリゾート地に物件を作っている、という点だ。

リーマンショック前には3大リゾート地域である軽井沢、熱海、箱根などで多少新規の供給があり、熱海ではちょっとしたマンションブームも起きたが、リーマンショック後は新規に売り出すのではなく、リーマン前に売り出した物件を気長に売り続けていたり、中古をリフォームして売っていたりという状況だ。

新規で供給しているのは東急リゾートなどごく一部にすぎず、その量も少ない。

リゾート地を作ろうという動きは列島改造ブーム当時にもあって、原野商法という言葉はこのとき誕生した。現地を見にくるという知恵が回らない素人を相手に、水道、電気、ガスなどのインフラを整備することなく、原野同然の土地を売りつける。そんな悪質な業者が続出したことから生まれた言葉だ。

バブル期にも再度、既存のリゾート地に代わるリゾート地を作るトライアルは行われたが、結局バブル崩壊で頓挫。リーマンショックを経てもなお生き残っているのは、オーソドックスなリゾート地で、昔からリゾートマンションや別荘の供給を細々、かつ粛々と続けている大手のデベロッパーということになる。

数年前には40年以上前に原野商法の被害に遭った被害者に、塩漬けの土地の売却を持ちかけ、売却手数料をだまし取る犯罪が急増したが、今は沈静化している。

原野商法に手を染める会社はほぼ絶滅状態ではあるが、一応そんな会社に就職などすることがないよう、気をつけるべきだろう。

Chapter 3

不動産ビジネスのしくみ

1 不動産業にもいろいろある

こんなにある「不動産○×業」

一口に不動産会社の仕事といっても本当にいろいろだ。巨大なオフィスビルやマンションを作ったり、広大な土地を大規模な一戸建て用の分譲地に仕上げるのは「不動産開発業」である。

その開発業者が開発した物件を販売する「不動産販売業」。

不動産を売ったり買ったりする人同士を仲立ちするのは「不動産売買仲介業」。

ビルやマンションを建て、自ら所有して会社や人に貸すのは「不動産賃貸業」。

よく見かける駅前の小さな不動産会社は、賃貸住宅の入居者を〝大家さん〟に斡旋している。これは「不動産賃貸仲介業」という。

このほか、不動産を管理する「不動産管理業」には、大家さんに成り代わって賃借人との交渉を請け負う「賃貸管理」、建物自体の管理をする「建物管理」などさまざまな種類がある。

百花繚乱、不動産業界のプレーヤーたち

不動産業界に身を置いているプレーヤーは、いわゆる不動産業者以外にもいて、本業はまったく別のことをやっている会社が不動産業を兼務していたり、不動産業界にとって身近な仕事をしている企業が、不動産業に参入していたりするケースも多い。

54～55ページの図は、不動産業界と密接な関係を持っている事業者と、手がけている事業とをマト

リックス化した、不動産業界の見取り図である。

ビル開発をやっているのは不動産デベロッパーだけではない。自社で保有している一等地の有効活用のため、不動産開発部門を持っている一般事業会社や鉄道会社などはその代表格だ。

不動産の建設工事を請け負うゼネコンが、自ら開発業者となってビルを作ることもある。

積水ハウスや大和ハウス工業といった、いわゆるハウスメーカーは、もともとは建築工事が祖業だが、所有している土地を有効活用したい地主から、アパートの建築工事の注文を受けるうちに、建てたアパートに賃借人を付ける賃貸仲介業や、入居させた賃借人の面倒を見たり、賃料の督促をしたりする賃貸管理や、建てたアパートの建物管理も請け負うようになった。

「入居者の募集から日々の管理業務まで、全部ウチでやりますから、保有不動産の有効活用の一環として、アパート経営をやってみませんか」というアプローチだ。

地主が保有する土地の有効活用の方法を、アパート以外にも広げた結果、商業施設や物流施設、介護施設の開発も手がけるようになった。

さらに、地主とのコミュニケーションを密にするために配置した全国の拠点は持ったまま、土地の有効活用したいという情報だけでなく、売却希望の情報も獲得できるようになり、そこから分譲用のマンション開発も手がけるようになった。

祖業を起点に、その先、さらにその先をワンストップで行うため、サービスを拡充していった結果、不動産デベロッパーとしての顔も持つようになった。

この本では純粋な不動産会社に加え、周辺の業界の会社でも不動産業務を手がけている会社は適宜対象にした。

まずは不動産業にはどんな仕事があるのか、紹介していこう。

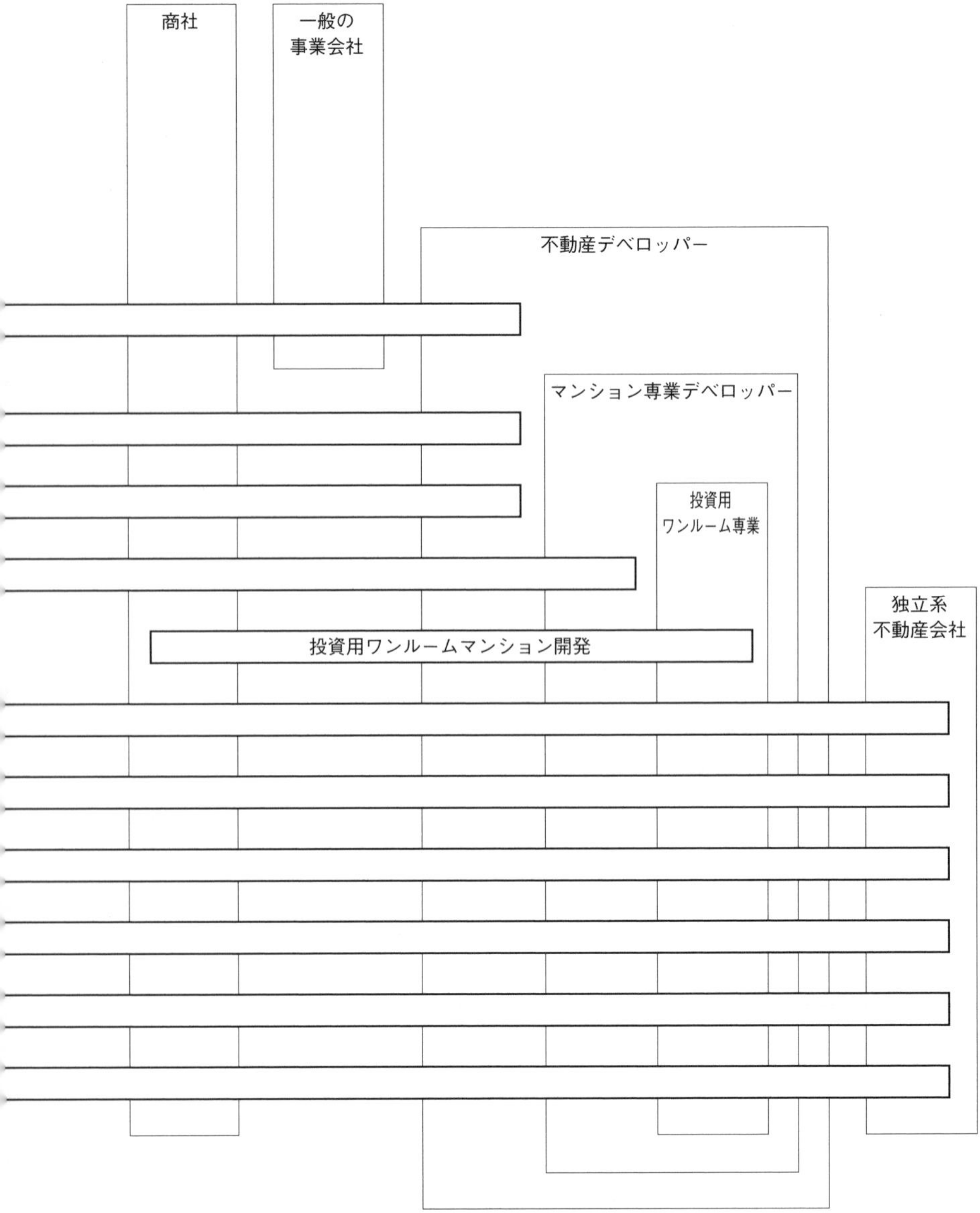
商社
一般の
事業会社
不動産デベロッパー
マンション専業デベロッパー
投資用
ワンルーム専業
独立系
不動産会社
投資用ワンルームマンション開発

不動産事業にかかわる業界見取り図

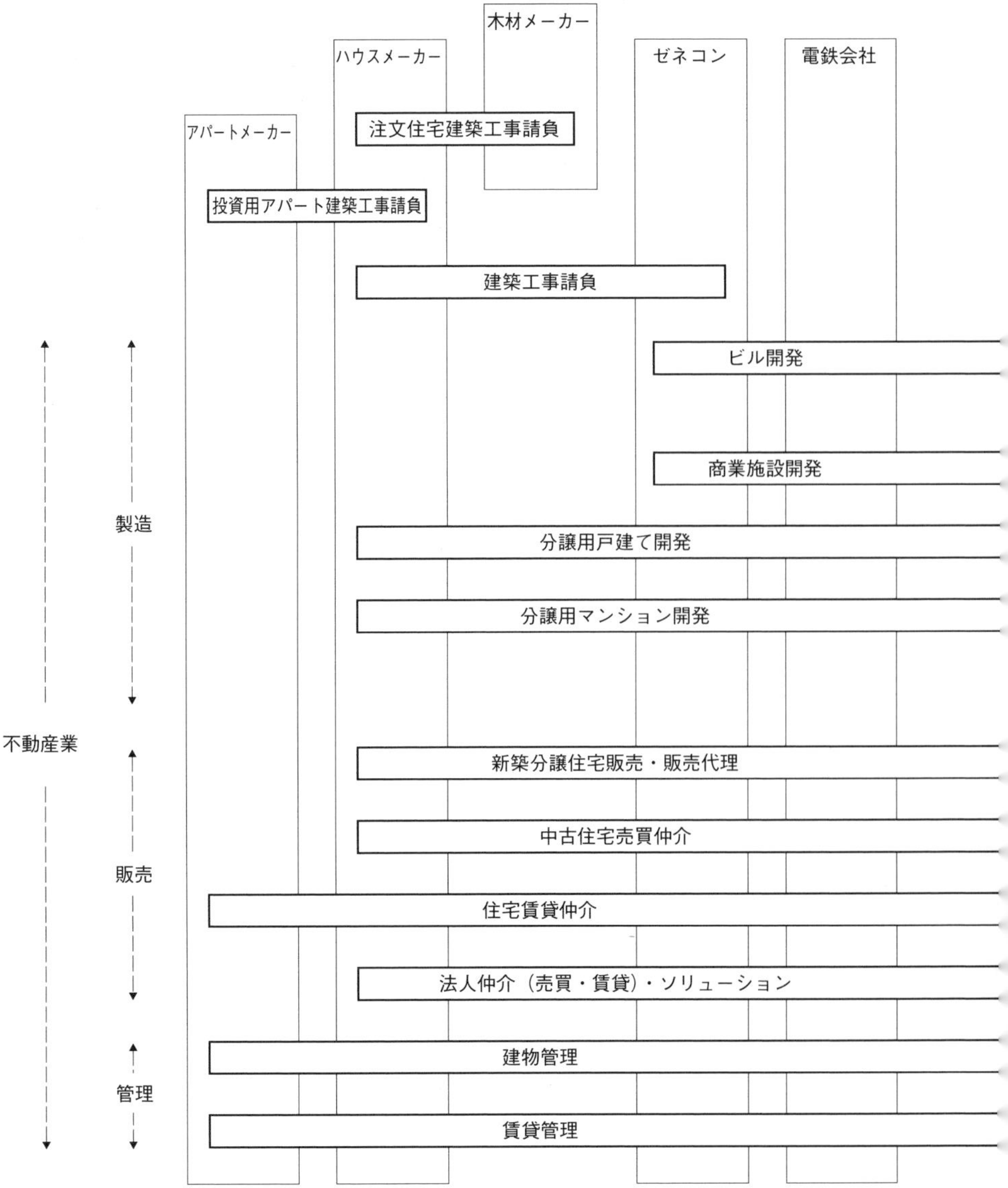

※業務参入範囲はグループ会社での参入含む

2 ほぼ絶滅した最上流の地上げ業者

劇的に変わった開発用地確保の手法

建物を建てるには、何をおいてもまず、ある程度の広さの土地が必要になる。これがなければ話は始まらない。

世界には土地はすべて国家の所有で、国民が所有できるのは建物だけ、という国もあるが、日本は土地も建物も国民の私有財産。国防上の理由で、海岸線沿いや河川敷、国道など、国民が私有できない土地はあるが、それはあくまで例外だ。

したがって、ある程度の広さの土地を確保しようと思ったら、複数の土地所有者から土地を買わなければならない。

ここでいう「ある程度の広さ」とは、大規模な複合施設を建てられるかなり広大な土地のことだとお考えいただきたい。

大規模なショッピングモール、商業施設、マンション、ホテルなどをすべて兼ね備えた超高層ビル。いずれも広大な敷地の上に建っている。

その広大な土地は、基本的に途方もないほどの人の手と、手間暇を経た末にまとめ上げられている。その、「まとめ上げる手法」は、この20年ほどで劇的に変わった。

年号が昭和から平成に変わろうとしていた、今から約30年前、この本を手にとっていただいている現役大学生である皆さんが、まだこの世に誕生すらしていない頃と今とでは、大きな土地をまとめる手法も、まとめている人もまったく違う。

まずは、かつてはどうしていたかを紹介したい。

ある程度の広さの土地を確保するということは、ありとあらゆる人が利害関係人になる。土地を所有している人はもちろん、その土地の上に、地主から土地を借りて建物を建て、その建物を所有している人、さらには建物を賃借している人も利害関係人だ。

広大な土地の上に、大きな建物を建てようと思ったら、その利害関係者全員と話をつけなければならない。

これは今も昔も変わらないが、かつてはすべて買い集め、そこに住む人、そこを使っている人に出ていってもらうということをしていた。これがもはや歴史用語と化している「地上げ」である。

昭和の〝地上げ業者像〟とは

「地上げ」の交渉相手は、土地の所有者だけではない。地上げ対象の土地の範囲内に建つ、古びたアパートに住む賃借人にも、法的に一定の権利は保証されている。借地借家法という法律によって、よほどの理由がなければ住み続けることができる。

したがって、新たな住まいを見つけ、引っ越し代と新たな家賃のいくらかを負担して出ていってもらう、という交渉が必要になる。

1人ひとりと根気強く交渉していくのだから、知識や経験のみならず、人の心を動かす人間性も必要になり、〝人たらし〟であることが求められた。

まとまれば確実に相当な値段がつくような都心の一等地では、まとまったときの利益が大きいだけに、土地をまとめる業者の間で、厳しい競争が繰り広げられた。

なかには暴力団が介入してくるケースも当然あり、それがマスコミの報道を通じ、土地のとりまとめ＝ヤクザ、あるいはヤクザ＝不動産屋といった、極端なイメージを国民一般に与える結果になった。

地上げをやっている業者のほとんどはヤクザではなかったが、反社会的勢力が関与してきたときに、上手に排除できる手腕や交渉力、度胸は必要ではあった。

また、介入してくるのは暴力団だけではなく、政治家、地元の有力者などが、とんでもない横車を押してくることもあったので、あらゆるトラブルを解決する能力も必要になる。まさに地上げ業者は百戦錬磨のプロ。それも一匹狼に近い人が多かった。

そんな地上げ業者がまとめ上げた土地を、大手の不動産会社が買って建物を建てていたのだ。

日本全体がバブルに踊り、全国の不動産が、それこそ何の理由もなく右肩上がりで上昇していたこの時代。今と違って郊外の土地であろうが、都心から2時間近く、そのうえ最寄り駅からさらにバス便なとという立地のマンションですら、理由なく高騰した。

都心の一等地の地上げがもたらす利益は想像を絶する莫大なものだったため、暴力団をはじめとする反社会的な勢力が介入することも多かった。

立ち退きに抵抗する賃借人を追い出すために、猫の死体を投げ込んだり、チンピラをうろうろさせたりなど、あらゆる手段でいやがらせをした。

はては、放火して建物を消滅させ、借地権者の権利をなきものにするといった、映画の世界のようなことが、現実に横行したのも否定できない事実だが、今となってはその時代をリアルに語れるのは、50歳代後半よりも上の世代の業者に限られる。

消えゆく昭和地上げ史の残滓

その後のバブル崩壊で、1990年代半ば以降、多くの地上げ途上の物件が放置され、不自然な空き地が町中のそこここで見られるようになった。

7〜8年ほど前までは、都心のど真ん中で虫食い状態の広大な土地が、不自然にコインパーキングとして利用されているのを見かけることがあったが、さすがにここ数年は滅多に見かけなくなった。

長い年月の間に多くの業者の手を経て、徐々に権利関係が解決され、見ちがえるほどきれいに仕上がったものは多い。

暴力団の不当な行為を規制する、ありとあらゆる法律が完備されていったことも、大いに貢献しているだろう。

不動産業界の頂点に立つ大手不動産会社が、平成バブル崩壊から数年くらいまでに開発した物件には、開発を手がけた大手不動産会社とは縁もゆかりもない不動産業者が、地道に地上げをするところから始まったものは少なくなかった。

赤坂アークヒルズや六本木ヒルズは、森ビルの社員が長い年月をかけてとりまとめたものだが、それはあくまで例外中の例外だった。

イマドキの開発は「追い出さない」

地上げ業者が主役を降り、次の大規模土地の供給元となったのは、世の大企業である。

1990年代末期になると、潰れないはずの銀行が潰れ、上場会社がばたばた倒産した平成不況の真っ只中で、徹底した合理化を迫られた大企業が、広大な保有資産を次々と手放し始めた。

寮や社宅を廃止したり、工場を海外に移転させたりして遊休資産となった土地を、デベロッパーなどに売却。まとまった金額のキャッシュを手にし、借入金を減らして財務の改善を図った。

歴史ある大企業の寮や社宅、工場の跡地は、交通の便が良いなど好立地の物件が多い。

2000年代中盤前後に完成している大規模プロジェクトの敷地の大半は、大企業が手放した土地や、払い下げられた公有地をデベロッパーが開発したものが多い。

小規模なマンション用地は、デベロッパーの用地取得担当がコツコツまとめている会社もあるが、密かに必要不可欠な存在となっているのが、中堅ゼネコンの長谷工コーポレーション。

ゼネコンでありながらマンション用地の取得部隊を持っていて、設計・施工を長谷工にする条件付きで、マンションデベロッパーに総戸数200～400戸前後の規模のマンション用地を卸している。名の通ったマンションデベロッパーの多くが、実は相当程度、長谷工のお世話になっているのだ。

大企業からの好立地の供給一巡後、大規模な開発の主役となったのは、地権者が寄り集まって再開発組合を設立する手法。

地権者たちは基本的に不動産開発の素人だから、プロが必要になる。そこで、協力会社として関与しているのが大手の不動産デベロッパー。再開発区域内のどこかに物件を所有している場合は、再開発組合員として参加、計画の推進役を担う。

この手法の最大の特徴は、開発の推進役が、地権者を「追い出さない」点にある。地権者同士、土地を提供し合い、建物が完成した暁には、土地の提供面積に応じて、完成した建物の床をもらう、いわゆる等価交換方式を使う。

土地を提供するだけでは建物は建たないから、再開発組合として必要な資金を借金したり、何よりもプランを描いて行政との折衝を行うのは、すべて再開発組合員もしくは協力会社であるデベロッパーだ。

もっとも、「追い出さない」とはいっても、結果的に出ていかざるを得なくなるのが、一部の賃借人だ。

再開発によって誕生する新しい建物の賃料想定が、現在の賃借人の経済力では払いきれないものに設定されてしまえば、賃借人としては他の場所に移るしかない。

老朽化問題を突きつけた東日本大震災

もっとも、民主主義は手間暇がかかるもの。多くの地権者の利害を調整し、意見をとりまとめることは容易ではない。

最初に一部の地権者の勉強会の形で検討を始めてから、再開発が完了するまで、10年で仕上がれば早いほうで、20年以上かかるケースもザラ。それでももはやかつてのような、手っ取り早く「追い出す」手法に逆戻りすることはないだろう。

さまざまな法整備が成され、コンプライアンスが叫ばれ、インターネットが普及し、手荒なことをすれば、たちまち世間の知るところとなる。

大企業も財務が安定し、もはや放出できる大規模な土地もなくなり、持っていたとしても手放さなくなった。保有したまま収益化する手法が多様化したからだ。

そうなると、デベロッパーとしては、〝メシのタネ〟は、土地を持っている地権者たちに、とことん納得したうえで提供していただくしかない。

それでも、全国の大都市圏の再開発ラッシュが、デベロッパーの思惑だけで発生しているわけではない。地権者側に、再開発を必要とする動機がなければ、ここまでコトは動かない。

その動機付けとなったのが、２０１１年3月の東日本大震災である。震災によって、建物の老朽化リスクから、目を背けることができなくなったのだ。

大都市圏のビルの老朽化は、15年ほど前から問題視されていたし、丸の内では１９９０年代から三菱地所が計画的に建て替えを進めている。

だが、大都市圏全体で建て替えの流れが一気に早まったきっかけは、やはり東日本大震災だろう。

耐震基準を満たしていないビルを建て替えるにあたり、単独でやるには資金力も計画力もない。

そこへいくと、周辺のビルと一体で、より大規模で、かつインフラのレベルも高いものに建て替えれば、単独ではできないことができて、付加価値が上がる。当然高い賃料も取れるようになる。

地権者間の話し合いの場を作り、計画を主導し、許認可権を握る行政と折衝する役割も、大手デベロッパーの開発担当者がやってくれる。

老朽化していても、その古い建物そのものにこだわりがある地権者は少なからず存在する。

それでも、耐震性能を伴わず、事故が起きたときに、建物の所有者として負わねばならない責任とリスクは自覚せざるを得ない。

それが地権者たちの背中を押していることは間違いない。

3 業界のメジャープレーヤー「デベロッパー」

土地を確保して建物を建てる

まとまった土地の上に、建物を建てるのが企画・開発業者、いわゆる「デベロッパー」の仕事だ。土地を買って建てる場合もあれば、地主から土地を借りて建物を建てることもある。買うにしろ、借りるにしろ、まず第一歩は、その土地にはどんな建物を建てられるのか、の調査である。

日本には都市計画法という法律がある。全国の土地は、そこに建物を建てるべき地域（市街化区域）と、建てるべきではない地域（市街化調整区域）、どちらでもない地域のどれかに分類されている。

農業振興地域や国立公園の指定を受けている地域などは、当然建てるべきでない地域だ。

市街化区域には、住宅に適した区域、商業施設に適した区域、工場に適した区域といった、いわゆる「用途地域」が定められている。

各地域にはそれぞれ作ることを禁止されているものが決められている。たとえば、住宅に適した区域に指定されている地域のど真ん中に、石油コンビナートを作ることは法律上許されない。

さらに、場所ごとに建ててよい建物の大きさも決められている。建ぺい率と容積率というのがその上限の基準だ。建ぺい率は、敷地の何割までを使ってよいかの上限であり、容積率は敷地の何倍まで延べ床面積をとってよいかの上限である。

たとえば、60坪の土地で建ぺい率60％、容積率80％の指定なら、敷地のうち36坪に、延べ床面積48坪の建物を建てることができる。したがって、1階

都市計画区域の用途地域分類

第一種低層住居専用地域	50㎡までの住居兼用店舗は可
第二種低層住居専用地域	150㎡までの店舗可
第一種中高層住居専用地域	500㎡までの店舗可、事務所不可
第二種中高層住居専用地域	1500㎡までの店舗、事務所可
第一種住居地域	3000㎡までの店舗、事務所、ホテル可
第二種住居地域	１万㎡までの店舗、事務所、ホテル、パチンコ屋など可
準住居地域	主要幹線道路沿いの住宅用地域。映画館、倉庫なども可
田園住居地域	都市部の農地が対象。150㎡までの店舗・飲食店可
近隣商業地域	駅前商店街用
商業地域	都心部の繁華街、オフィスビル街用の地域。工場以外可
準工業地域	危険度の高い工場以外は何でも可
工業地域	すべての工場が可。学校、病院、ホテルは不可
工業専用地域	すべての工場が可。住宅、店舗、飲食店、学校、病院、ホテル、福祉施設は不可

部分36坪、２階部分12坪の建物を建てることができるが、これ以上大きいものは作れない。

　このように、その土地に定められた条件から、そこに作れる建物の種類、大きさ等がどのくらいで、完成した物件がいくらで売却できるのかを考える。

　そのまま売らずにテナントに貸したらいくらの収益を上げてくれるのかを考えることもある。そこから、設計事務所に払う設計管理費、建築工事会社に払う工事代金など、もろもろの経費を見積もる。採算が合う買い値で物件を購入するためだ。

　また、２０１６年夏、豊洲市場の土壌汚染問題で大騒ぎになったが、大企業の工場跡地で工事を始めてみたら有害物質が埋設されていることがわかった、というケースが出てきてからかれこれ20年近くになる。このような隠れたリスクが潜んでいないか、買う前に調査することは基本動作の範疇だ。

　土地を買えたら建築の許可を取り、周辺住民への説明をすませたら建設工事会社に工事を発注、着工する。工事の工程管理をし、建物を完成させるところまでがデベロッパーの仕事である。

4 丸の内の「三菱村」に代表される「賃貸業者」

イメージほど楽ではない賃貸事業

完成した物件にテナントを付け、貸す仕事、つまり〝大家さん〟の仕事をしているのが「不動産賃貸業者」だ。

代表格は三菱地所で、東京・丸の内に多くのオフィスビルを所有していることから、通称〝丸の内の大家さん〟と呼ばれている。

森ビル、森トラストも、港区内に多数のオフィスビルを所有していることから、〝港区の大家さん〟と呼ばれている。

三井不動産は日本橋界隈が根城だが、なぜか〝日本橋の大家さん〟とは呼ばれていない。

江戸時代に日本の商業の中心地として栄えた日本橋界隈には、この地で商売を始めて200年だ、300年だという企業がザラにある。旦那衆も誇り高い。「三井なんて、たかが100年の新参者」という扱いだからなのかもしれない。

不動産賃貸のプレーヤーには、こうした誰もが知る大手デベロッパーだけでなく、たまたま大昔から所有していた場所がのちに一等地となり、祖業は衰退しながら、不動産賃貸業で隆盛を極めている同族経営会社が少なからずある。

こうした会社は上場もしないので、一般には知る人ぞ知る存在で、会社名よりもビル名のほうが圧倒的に有名だったりする。

不動産賃貸業はテナントから入る賃料が収入なので、空室率をできるだけ低く抑えることが重要になる。

空室率を低く抑えるには、既存テナントに出ていかれないようにすること、そして出ていかれたら可及的速やかに新しいテナントに入居してもらうこと。この2点につきる。

　建物を保有してテナントに貸す、典型的な装置産業だから、こまめなメンテナンスが必要であるうえに、日常的にテナントのわがままと向き合わなければならない。

　しかも、テナントは借地借家法に守られている。テナントは契約期間中いつでも、半年分の賃料を支払うか、もしくは退却の半年前に通知し、現状回復、つまり借りたときの状態に戻せば退去できる。

　これに対し、貸し手はよほどのやむを得ない理由がなければ、テナントを退去させることはできず、事実上解約の自由はない。

　長期間賃料を滞納された挙げ句に、荷物を置いたまま夜逃げされても、室内を片づけて次のテナントに貸すということも、簡単にはできない。

　テナントの審査も大切だし、賃料滞納時の督促もこまめにやらなければならない。賃料という収入が毎月入ってくる、一見ラクで安定した事業に見えるかもしれないが、地道な努力が必要な仕事だ。

商業施設は超長期契約

　また、「不動産賃貸業」というと、契約は2年単位で月額賃料いくら、対象はオフィスビルや賃貸マンションというのが一般的なイメージだが、オフィスやマンション以外に、物流施設や倉庫、量販店の店舗なども対象になる。

　たとえば、大手スーパーであるイトーヨーカドーの店舗は大半が賃借。建物の貸し手はイトーヨーカドーの仕様で建物を作るので、いったん出ていかれたら次の入居者は簡単には決まらない。見つかったとしても、仕様変更には莫大な費用がかかる。

　このため、量販店などの場合は、入居するテナントから預かった入居保証金で建物を建て、契約期間も20年間など長期間、途中解約のペナルティも契約に盛り込むのが普通だ。

　最近物流施設の拡充を進めているアマゾンも、地主にアマゾン仕様の物流施設を建ててもらい、賃借している。

また、ショッピングモールなどでは、賃料は月額いくら、という形態のほかに、固定料金プラス売上の何％という決め方をしているケースがある。この方式だと、貸し主としては、売上が上がらないテナントには退去してもらい、売上が上がるテナントにどんどん入れ替えていかなければならない。

しかも、集客力に定評のある有名店に入居してもらおうと思ったら、賃料を値切られたり、貸し手にとって不利な条件になることも覚悟しなければならない。このため、有名店以外のテナント発掘のための努力も必要になる。

コロナで消滅「不動産賃貸で民泊」への試み

なお、近年注目を集めてきた民泊は、2017年6月に住宅宿泊事業法が成立、2018年6月に施行になった。

宿泊日数が年間180日を超えなければ旅館業の許可を必要としなくなるが、この日数では採算確保は難しく、規制緩和効果は限定的。

ウィークリーマンションと同様の定期借家契約を使い、不動産賃貸の形での実施を試みる動きも一部にはあったが、これはこれで脱法行為を防ぐ趣旨から、要件が厳しく、合法的に不動産賃貸で民泊を実施できた事例は少なかった。

もっとも、もともと民泊は、訪日外国人観光客の宿泊先としての期待を背負っていたものなので、新型コロナ禍でインバウンド需要が蒸発したことで、需要そのものも蒸発してしまった。

このため、宿泊用途ではなく、自宅にワーキングスペースを確保しづらい人のニーズに応え、ワーキングスペースとして時間貸しをして凌ぐ施設も少なくない。

5 大手の子会社に多い「販売業者」

平成不況下でマンション価格は両極化

デベロッパーが作った建物を販売する仕事をしているのが「販売業者」だ。大手のデベロッパーは皆、販売子会社を抱えている。

分譲マンションの折り込みチラシを注意して見てみると、売り主が大手不動産会社本体で、販売代理に子会社の名前が出ている。三井不動産と三井不動産リアルティ、三菱地所と三菱地所リアルエステートサービス、住友不動産と住友不動産販売、東急不動産と東急リバブルなどが代表的な組み合わせだ。

マンションは、初めてマンションを買う人向けの一次取得者向け、所得が上がってきてもう少し広めの物件に買い換えたい人向けの買い換え需要向け、そしてまとまった額の退職金を手にしたシルバー層向けなどに分類できる。

バブル期には理由なく中古マンションの価格が上昇したので、とにかく買っておいて値上がりを待ち、上がったところで買い換える需要があった。

その時代は、最も需要が多い、一次取得者向けの販売に重点が置かれ、初めて住宅を買う人に、住宅ローンのことや子どもの学校の手配などをわかりやすく説明し、サポートすることが、販売会社の重要な業務だった。

しかし、不況が長期化すると終身雇用制度も崩壊し、買い替え需要も大幅に縮小。供給される物件も、一次取得者向けの価格帯のものか、さもなければ高額物件が多くなり、中途半端な価格帯はめっきり減った。

一次取得者は新築が買えない時代に

2012年暮れに安倍政権が誕生、翌年から始まったアベノミクスで国内景気が回復していくなか、世界では建築資材価格の上昇が始まった。

2013年秋に東京五輪招致が決定すると、老朽化した公共インフラの刷新、五輪関連施設の建て替えなどの計画が目白押しとなり、建設需要の拡大も資材価格上昇に拍車をかけた。

一方、建設現場の職人の人手不足は東日本大震災の復旧・復興需要に端を発し、建設需要の拡大とも相まって徐々に深刻化。人件費の上昇を招いた。

結果、マンションの建築コストが大幅に上昇、販売価格に転嫁せざるを得なくなり、1住戸当たりの販売価格は一次取得者が買える水準ではなくなってしまった。専有面積を狭くして価格を下げたところで、ニーズに合わず結局売れない。

このため、デベロッパーは新築マンションのターゲットを40歳代～50歳代前半に定め、買い替え需要を発掘する戦略に転換した。

この年齢層なら、ある程度の経済力があって、なおかつまだ住宅ローンを借り換えることができるだけの与信能力を持っていて、本人も完済する自信を持っている。

子どもの教育費でお金はかかってはいるものの、最初に買ったマンションの住宅ローンも多少減っていて、物件を売れば完済できる。

このため、新築を売る販売会社にとっての最重要業務は、自社の新築物件を買ってくれそうな人が、今保有している物件の売却になった。

なお、シルバー層向けの超高級マンションの需要は一貫して健在。代金の支払いは全額キャッシュが主流だ。なによりも本人が借金を望まず、それだけのお金も持っている、というのが最大の理由だ。

6 最も裾野が広い「仲介業者」

平成不況下でマンション価格は両極化

不動産の仲介には、大きく分けると、不動産の売買を仲介する「売買仲介」と、オフィスビルのテナントや、賃貸住宅の入居者をオーナーに紹介する「賃貸仲介」がある。

仲介は、売買なら売り手と買い手、賃貸なら貸し手と借り手双方から手数料をもらうので、売り手も買い手も、貸し手も借り手もタテマエ上はすべて〝お客様〟だが、業者の本音の部分はそれぞれに異なる。

駅前に店を構えている、小さな不動産業者の多くは、学生や独身者向けのワンルームマンションやアパートの賃貸仲介専門。駅前不動産屋にとってのホンネベースの〝お客様〟は、部屋を借りに来る人ではなく、アパートやマンションのオーナーだ。

部屋を借りに来る人は基本的に一見客。2度目はほぼないが、オーナーは継続的な取引が見込める。

そこそこの広さの土地を持っていて、そこにアパートや小規模なマンションを建て、賃料収入を得ている。そんな〝土地持ちのプチ資産家〟から入居者の募集を任されている、地域密着型の業者が、駅前不動産屋の典型だ。

駅前不動産屋は、その地味なたたずまいとは裏腹に、地域の土地持ちの資産家の情報を実に的確かつスピーディに捉えているので、デベロッパーの用地担当者が土地の情報を求め、日参する対象でもある。

街中でよく店舗を見かける、エイブル、アパマンショップは住宅の賃貸仲介の大手で、駅前不動産屋がやっている仕事を、組織的かつ大規模にやっている業者だ。

これがオフィスのテナント付けを得意とする業者となると、店を構える場所も顧客層も全然違ってくる。店を構える場所は駅前は駅前でも、近隣にオフィス街が控えている場所になる。

顧客層も、同じオーナーといっても、小さなアパートを持っているオーナーと違い、最低でもオフィスビル1棟丸ごと持っているようなオーナーだ。そうなると、基本的にそこそこの規模の法人が中心になってくる。オフィス仲介では三鬼商事、CBRE（旧生駒商事）がツートップで、これに三幸エステートを加えて3強といわれる。

また、〝お客様〟の概念も駅前不動産屋とは異なる。法人相手の場合は、物件のオーナーだけでなく、借り手側も〝お客様〟だ。従業員数が増えればオフィスの拡張も必要になる。継続的に〝借りる〟潜在需要を持つ〝借り手〟は、継続的に仲介手数料をもたらしてくれる存在だからだ。

大手デベ系販社の駅前店舗は個人対象

売買仲介の場合、大企業の遊休地の売却や、本社・営業所、工場用地の取得などの法人仲介に強いのは、なんといっても大手デベロッパー系の不動産販売会社の仲介部門だ。対象になるモノも大きいので、法人同士をつなぐことになる。

情報源も、メインバンクや信託銀行、税理士など、物件を保有している企業の事業戦略の相談相手が最も有力なルートになる。

これに対し、居住用の住宅の仲介業者は一般の個人同士をつなぐ。売るほうも買うほうも、売ったり買ったりの経験は一生に3度あれば多いほうという世界なので、売り手も買い手も基本は一見客。賃貸仲介と違って、売り手、買い手ともに継続的な取引を見込めないので優劣はなく、どちらも〝お客様〟である。

住宅地を控えた駅のなかでも、比較的規模の大きいターミナル駅の駅前には、大手のデベロッパーの販売子会社が店を構えている。

駅前に店を出しているのは、販売子会社のうちの個人対象の仲介を担当しているセクションなので、一見客対象の居住用マンションや戸建ての売買仲介業務が中心だ。

もっとも、こういった店の営業マンでも、地場の資産家を顧客に抱えている場合がある。居住用の戸建て数棟、もしくはマンション数部屋持っていて、持ったままにせず、定期的に売ったり買ったりしているような小金持ちである。

買ったあとの賃借人の募集と賃貸管理は駅前不動産屋に頼んでいるが、売買は同じ駅前でも大手デベの販売子会社の店の営業マンに頼んでいるような人だ。仲介業者としては定期的に売りも買いも発生する、非常にありがたい顧客ということになる。

台頭著しいリノベーション業者

新築マンションが一次取得者にとって縁遠いものになったことで、近年台頭著しいのがリノベーション業者である。

リノベーション事業自体は大手のデベロッパーやゼネコンでも手がけているが、リノベーション業者といった場合、一般には中古の物件を買い、ぴかぴかに生き返らせて転売する業者のことをいう。

もとはリフォーム会社だったという業者もいるが、仲介畑出身の業者も少なくない。

好立地の中古物件を購入し、壁や天井をすべて取り払ってスケルトン状態にし、配管類も交換して最新鋭の住宅設備を入れる。ぱっと見は新築マンションのモデルルーム並みで、価格は築年数が経っている分、新築が買えない若い一次取得者層でも手が届く。

築20年どころか、30年超、40年超の中古マンションでも、古いゆえに好立地で、なおかつ管理状態も良好なマンションは多数ある。

つまり、新築マンションを買うために中高年が手放した中古マンションをリノベーション業者が買い、それを一次取得者が購入するという循環が出来上がっているのだ。

もっとも、仲介出身者が経営しているリノベーション業者の場合、建築の知識にも設備の知識にも乏しく、下請け業者に対しては、発注金額を叩くだけで、施工品質の値踏みをしない、できないという業者が急増中。誠実な業者と不誠実な業者の落差は目下のところ急拡大している。

〝レインズ〟を開放すれば仲介業者は不要か

不動産業界には、業者だけがアクセスできる〝レインズ〟という物件情報データベースがある。

公益財団法人不動産流通推進センターという国交省傘下の法人が運営している。ごく一部のデータのみ一般開放している。

どこの業者に行っても同じデータベースにアクセスするので、紹介される物件は同じ。だからこれを一般に全面開放すれば、仲介業者は不要になるという説を唱える人もいるにはいるが、開放したところで仲介業者は不要にはならないと筆者は思う。

人が不動産を買う、売る、借りる、貸す場合、データだけで判断できるわけではない。治安や時間ごとの人の流れ、交通事情など、データベースには掲載されていないけれど、その場所を熟知していればこそ提供できる情報はある。

住む側にしてみれば、それこそが重要な情報なのであり、顧客の利益に立った情報提供や貸し主との交渉を怠らない限り、不要にはならないだろう。

この議論、ＡＩが人にとって代わる云々の議論と似ているかもしれない。

不動産仲介は俗に「千三、万八」（せんみつまんぱち）と呼ばれる世界だ。

情報が１千件あったら成約に至るのはそのうち３件、１万件あったら成約に至るのは８件というくらい、もたらされる情報の数に比べ、成約に至る確率は低い。やや大げさな表現ではあるが、そのくらい情報量が多くないと仲介という商売はやっていけない、という意味でもある。

仲介を生業にしている業者の数は、デベロッパーよりも圧倒的に多い。極端な話、情報力さえあれば電話１台でやっていける商売なので、不動産業のなかでも最も裾野が広い分野といえる。

7 進化形もある管理業務

「管理」するものはさまざま

一口に管理業者といっても、これもまたいろいろだ。ビルのオーナーや、マンションの管理組合などから、共用部分についての日々の管理業務を請け負っているのが「建物管理業者」。

具体的には、共用部分の日々の清掃や、共用部分の電球交換などをやってもらう管理人の採用、エレベーターや電気系統など、設備の点検の発注などが建物管理業務の主な内容だ。

「マンション管理業務」は、この「建物管理業務」と、議事録作りなど理事会運営の補助、さらには管理費・修繕積立金を預かって管理したり、大規模修繕についての提案をしたりといった「管理組合運営のサポート業務」に分かれ、管理組合が建物管理だけを委託している場合と、両方を委託している場合とがある。

これに対し、賃貸住宅のオーナーから、個別住戸の管理を請け負うのが「賃貸管理業務」。

賃貸住宅のオーナーから入居者の募集、入居後の毎月の賃料の回収、滞納時の督促、日々の個別住戸内のクレーム処理などを請け負う。

この業務はまさに入居者個人、そしてオーナー個人のわがままと向き合う、根気のいる仕事だ。トイレが詰まったから修理業者を呼んでほしい、上の階から水が漏れてきたので交渉して天井を直してほしい、エアコンが壊れたから取り替えてほしい、隣が大音量で音楽をかけて迷惑だからやめさせろ、などなど、あらゆる交渉ごとが持ち込まれる。

入居者が賃料を滞納した場合の督促も、管理業務の重要な仕事の1つ。ただし、相応の督促をしても払ってこない入居者に代わって、賃料を肩代わりする義務まではない。

イメージダウン著しいサブリースとは

賃貸管理とよく似ているのが「サブリース」。これはオーナーから業者が部屋を借り受けて、実際の入居者にまた貸しするものだ。

オーナーに払う賃料と、エンドユーザーから受け取る賃料の差額が、業者が受け取るマージンだ。

オーナーから直接物件を借りているのはサブリース会社なので、実際の入居者が滞納しようが、入居者が入らなくて空室であろうが、賃料はサブリース会社がオーナーに支払う義務を負っている。

一見オーナーにとっては天国、業者にとってはハイリスクな業態に見えるが、それだけリスクをとる分、マージンが大きく、決して〝オーナー天国〟なビジネスではない。

もちろんエアコンやトイレの故障など、エンドユーザーの日常的な面倒も見る。

つまり、スタンダードな賃貸管理業務に、賃料保証がついたサービスと考えればいい。

ちなみに、スマートデイズという業者が運営していた、「かぼちゃの馬車」というシェアハウス事業が破たんしたことや、サブリース事業を自社のアパート建築工事業のエンジンにしているレオパレス21で、施工不良問題が起きたことから、一気にサブリースへのイメージが悪化したが、どちらの事件もサブリースだから起きた事件というわけではない。

プロパティマネジメントは建物管理の進化形

単に建物を管理するだけでなく、付加価値を高めて高い賃料をとれるように、建物の所有者に助言する業態が、「プロパティマネジメント」。直訳すると、プロパティ（＝価値）を、マネジメント（＝管理、経営）する仕事だ。

具体的には、空室率を下げるためにはどうしたら良いか、たとえばこの立地ならこういうテナントをターゲットにし、そのためにこういう改築をするべきだといった提案をする仕事で、賃貸用の資産を有効活用するためのコンサルティング業務である。

賃貸管理会社も空室をなくすべく努力はしているが、一歩踏み込んで賃貸資産の価値を引き上げる提案までするというのが「賃貸管理」と「プロパティマネジメント」の違いである。

進化形ではあるが、従事する人に必要なスキルやそのスキルを体得するために必要な経歴はだいぶ違う。

賃貸管理や建物管理は、実際にトラブルが起きたとき、手足となって迅速に動いてくれる設備業者や塗装業者などを抱えていることが差別化のポイントになるが、プロパティマネジメントには、物件近隣のマーケティング力が必要になる。

つまり、マーケティングのスキルを持った人材を必要とする。

一般にオフィスビルは1棟丸ごと1人、もしくは1つの会社が保有しているケースがほとんどなので、「賃貸管理業務」も「建物管理業務」も「プロパティマネジメント」もすべて同一の業者が受託するケースが多いが、なかにはプロパティマネジメントのスキルがないのにプロパティマネージャーを名乗っている〝なんちゃって〟業者も残念ながらいる。

賃貸用のマンションやアパートでは、住戸ごとに所有者が異なる場合があり、「賃貸管理」専門の業者と、「建物管理」専門の業者に分かれる傾向にある。

8 近年注目の私募REIT

平成バブル崩壊後に登場したファンド業者

平成バブル崩壊数年後から不動産業界に登場したのが、ファンド運営業者である。投資家から集めた出資金プラス銀行借入で調達した資金で不動産を買い、運用益を上げて投資家に配当する。

株ではずいぶん昔からあったファンドの手法を、不動産に応用したもので、ファンド運営業者自身の売上は運用報酬だ。

不動産ファンドは上場しているものとしていないものがあり、上場して広く一般の投資家から資金を集めているのがJ－REIT（ジェイリート）、上場せず資金を投資家との個別交渉で集めているものを私募ファンドと呼ぶ。

ファンド運営業務のことを、投資家のためにファンドの資産（＝アセット）を運営（＝マネジメント）するから「アセットマネジメント業務」、ファンド運営会社のことを「アセットマネージャー」と呼ぶ。

バブル期には、不動産を買う資金は無尽蔵に銀行が融資してくれたので、自ら不動産を買って、転売して転売益を稼いだり、そのまま保有して賃料収入を稼いだりできた。わざわざファンドの形にして、儲けを他人に分け与える必要などなかった。

しかしバブルが崩壊し、銀行の融資姿勢が変わり、不動産の購入資金が簡単には調達できなくなったことで、ファンドの手法が相対的に存在感を持つようになる。資金を借りるリスク、物件を抱えるリスクは投資家に負ってもらう代わりに、運用に成功したら、その成果は投資家と分け合う。投資対象物件は、ファンド運営会社のものではなく、ファンドのもの、つまり投資した出資者全員の共有財産だ。

プロの知恵を総動員

当時、大々的に投資家から資金を集めていたファンドの代表格は、パシフィックホールディングス、ケネディクス、ダヴィンチ・ホールディングス（現DAホールディングス）の3社や、外資系金融機関系のファンド。

投資家から集めた資金でオフィスビルや賃貸住宅など、定期的に賃料収入が上がる不動産を買い、空室率を下げたり、賃料を引き上げたりして運用成果を高め、その成果を投資家に還元する。そのために、アセットマネージャーは、プロパティマネジメント業者や、建物管理業者などの知恵を総動員する。

株式のファンドに償還期限があるように、不動産ファンドも投資家に運用成果を還元する償還期限を設けていた。投資家にしてみれば、元金をいつ返してもらえるのかの約束もないままでは投資はできない。

そこでほとんどのファンドが償還期限を5～10年程度に設定。運用期間中は賃料収入から必要経費を差し引き、残りは投資家に配当。償還期限が来たら、投資対象物件を売却、現金化して投資家に返すか、あるいは改めて運用期間を設定し直して運用を続ける、もしくは投資家を入れ替えるといったことが想定された。

不動産ファンドは投資家から集めた資金のほか、金融機関からの融資も使って物件を買っていたので、金融機関との返済期限の書き換え交渉を伴うことも想定の範囲内だった。

リーマンショックで状況一変

だが、リーマンショックの影響は想定以上だった。

金融機関の姿勢が突然変わり、償還期限が来る前に一気に経営が悪化したり、償還期限がこのタイミングで到来し、リファイナンスに失敗したりするファンドが続出。御三家のうちパシフィックホールディングスは倒産したし、ケネディクスも２００８年12月期から2期連続で巨額の最終赤字を計上。ダヴィンチも保有物件の損切り売却を余儀なくされ、２０１４年12月期決算でようやく5期続いた債務超過状態を脱出した。

リーマンショックによって景気後退が鮮明となって空室率が上昇。投資家から集めた資金を遊ばせておけず、やむなく高値で取得した物件が多額の含み損を抱える一方で、不動産市況も悪化。各ファンドは物件を換金しようにもできなくなった。

このため、倒産に至ったパシフィックホールディングスはむしろ例外で、多くのファンドが「塩漬け」の道を選んだ。投資家としても、無理に安値で損切りするよりは、市況回復を待つほうが合理的と判断したのだろうし、融資を出していた銀行も担保物件が売れなければどうしようもない。物件から上がる収益で金利を払わせ、市況回復を待った。

結果、私募ファンドへの業界全体の投資残高そのものは２０１２年まで横ばいが続いたが、アベノミクス効果で不動産市況が回復すると、物件の処分が一気に進展。２０１５年まで一貫して残高減が続いた。新たに私募ファンドに投資される金額を、物件売却で投資家に償還される金額が上回る動きが続いたのである。

２０１６年夏あたりから、塩漬け物件の処分が一巡、ようやく新規に投資される金額が、償還金額を上回り始めた。

運用期間に定めがあるという不動産ファンドの弱点を補う形で、運用期間を定めない私募ＲＥＩＴが登場したのは２０１０年。マイナス金利下で、余資運用手段に悩む金融機関のニーズは底堅く、私募ＲＥＩＴは順調に残高を伸ばし、２０１５年からは私募ファンドも増加に転じ、２０２０年6月末時点では、両者合計で21兆１０００億円の規模に拡大している（三井住友トラスト基礎研究所調べ）。

不動産マーケットは、新型コロナ禍でホテル、商業施設は大きくダメージを受けたが、物流施設は絶好調と、物件ごとにバラつきがあり、今後の動向は不明だ。

9 J-REITが激変させた不動産会社の収益構造

上場しているのは意思を持たない「箱」会社

現在、東京証券取引所を筆頭に、日本には4つの証券取引所があり、そこへ上場している会社は約3700社ある。上場会社というと、一般にはトヨタ自動車やソニーのような事業会社を想像するが、不動産ファンドも上場しており、2020年10月末日現在で62社が上場している。

上場しているのは、運用対象の不動産と、現預金しか保有することを許されない「投資法人」という〝会社〟。上場している市場も、普通の事業法人が上場している東証一部とか、ジャスダック市場などとは別の、J-REITという市場である。

日本経済新聞のちょうど真ん中に株価が載っているページがあるが、東京第1部の金融・保険が左上段、東京2部が中段に掲載されている「証券2面」のページの右下に、『不動産投資信託（REIT）』というコーナーがあり、ここに株価が載っているのが、その62社だ。

投資法人は投資家から集めた資金で物件を買い、運用成果を配当の形で投資家に還元する。投資法人は投資〝法人〟というだけあって、〝会社〟の形をしているので、投資家は投資法人という会社の株を売り買いする。したがって、J-REIには償還期限がない。

前項で紹介した私募ファンドには償還期限があり、期限到来のタイミングが市況の悪い時期に重なると、運用成績が投資家にとって不本意なものになる。私募のREITは、私募でなおかつ償還期限がないもの、というニーズに応えて誕生している。

スポンサーは物件と資金を供給

また、投資法人はただ物件を保有するだけで、〝経営の意思〟というものを持たない。取締役はいるが、従業員はいない。どの物件を買うかとか、買った物件の収益力をアップさせるために何をするかといった、運用方針はすべてアセットマネージャーが決める。そのアセットマネージャーのことを、J－REITの銘柄の場合は、私募ファンドの場合と区別して、「投資信託委託会社」と呼ぶ。

投資法人は物件を買うことができなければ存在意義がない。そこで、J－REITへの上場を目指す投資法人の設立母体は、基本的に不動産会社だ。

その投資法人に、物件を優先的に売ってくれる不動産会社の存在は不可欠だ。設立母体は同時にその銘柄の株式もかなりの割合で保有するので、物件の供給元であるとともに、主要な資金スポンサーという役割も担う。

J－REITは2001年9月、日本ビルファンドとジャパンリアルエステイトという2つの投資法人が上場してスタートした。日本ビルファンドは三井不動産や住友生命、ジャパンリアルエステイトは三菱地所、東京海上、第一生命が、それぞれ設立母体だった。

不動産会社の収益構造が激変

このJ－REIT、実は不動産会社の収益構造を劇的に変えてしまうほどの制度だった。というのも、不動産会社にとって、突如巨大な顧客の市場が出現したようなものだったからだ。

投資家が出してくれたお金で、投資法人は物件を買うことができる。1人ひとりの顧客に、1部屋1部屋のマンションを売る手間暇と、1棟丸ごと1人で買ってくれるのとでは、売るほうにとって、営業効率は全然違う。投資家の資金を集めることで、購買力は比較にならないほど高くなる。

私募ファンドも赤の他人の投資家からの資金で物

J-REIT（日本版不動産投資信託）のしくみ

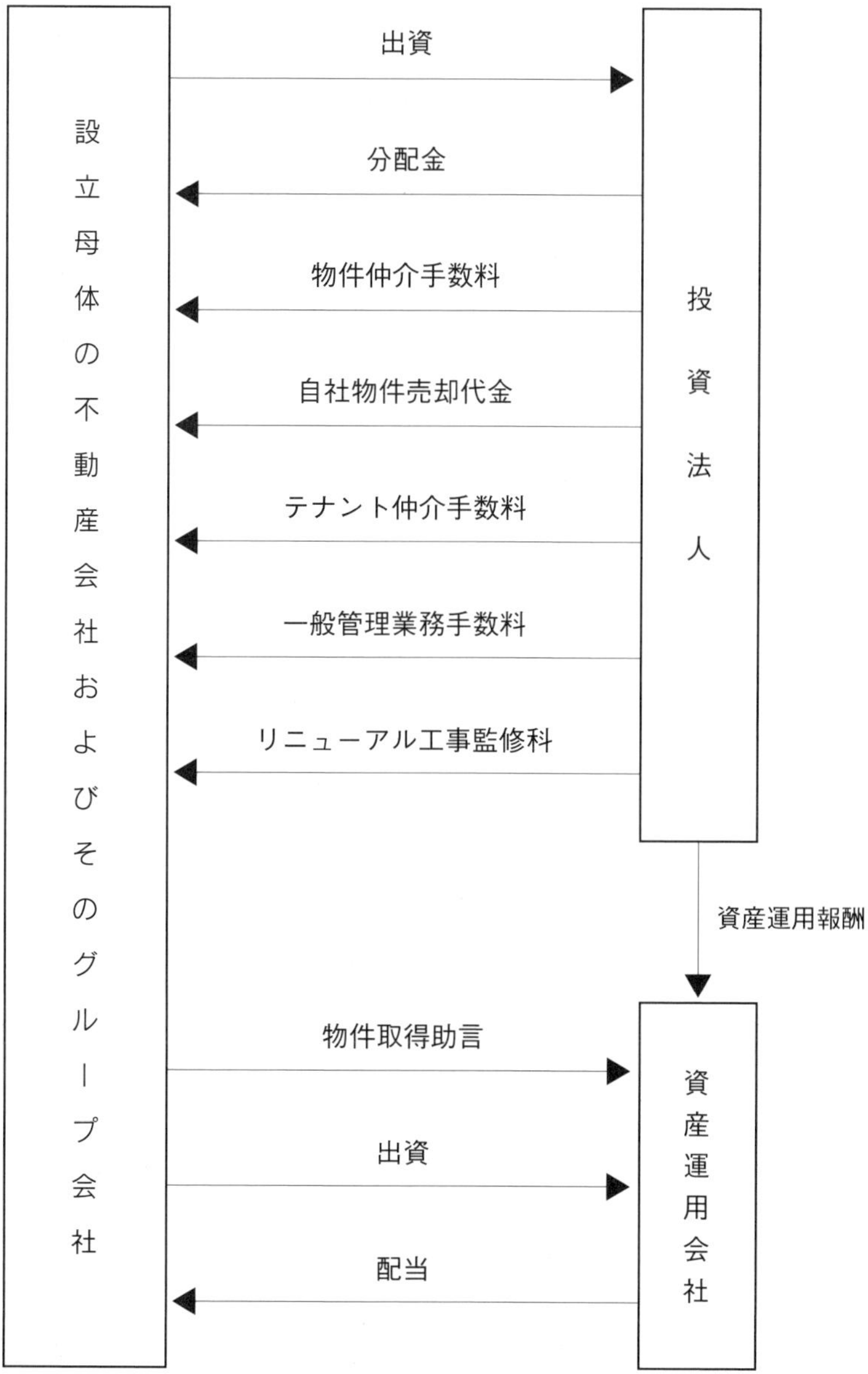

件を買うので、購買力はそれなりに高いが、Ｊ－ＲＥＩＴは証券市場という大海原の、不特定多数の投資家が資金の出し手になる分、その購買力の高さは私募の比ではなくなる。

さらに、投資法人の運用方針を決める、投資信託委託会社（＝アセットマネージャー）も、設立母体の不動産会社の子会社が担当するので、ここで運用報酬を稼ぐことができる。

投資法人が物件を買う際の仲介手数料も、設立母体の不動産会社や、仲介専門の子会社などに落ちる。物件を管理する建物管理業務、賃貸管理業務、プロパティマネジメント業務、テナントが立ち退いたときの現状回復工事なども、すべて設立母体の不動産会社やその子会社で引き受けることになる。

つまり、投資家が出してくれたお金が元になって、設立母体の不動産会社が、合法的に儲けることができるシステムなのである。

現在上場しているのは62社。リーマンショック前まで40社前後が上場していたが、リーマンショックによってかなり再編が進み、一時は30数銘柄まで減った時期がある。

２００８年10月にニューシティ・レジデンス投資法人が民事再生手続きの開始を申し立て、Ｊ－ＲＥＩＴ初の倒産となったほか、設立母体がデベロッパーではなく、私募ファンドだった銘柄が、設立母体の経営悪化とともに淘汰された。

たとえばパシフィックホールディングスが設立母体になっていたＪ－ＲＥＩＴは、住宅特化型の日本レジデンシャル投資法人と、都市型オフィスや商業施設対象の日本コマーシャル投資法人の２銘柄があったが、日本レジデンシャルは伊藤忠商事が設立母体のアドバンス・レジデンス投資法人に吸収合併されたし、日本コマーシャルは丸紅が設立母体のユナイテッド・アーバン投資法人に吸収合併された。

このほか、アセットマネジャーズ系のラサールジャパン投資法人は三菱商事系の日本リテールファンド投資法人に、クリード系のクリードオフィス投資法人はいちご不動産投資法人に、ゼクス系のエルシーピー投資法人はインヴィンシブル投資法人にそれぞれ吸収されている。

また、現在上場している62銘柄のうち、上場当時の設立母体の経営が悪化し、スポンサーが交代した銘柄は10銘柄ある。

Ｊ－ＲＥＩＴ倒産第1号のニューシティ・レジデンスは、モリモト系のビ・ライフともども大和ハウス工業がスポンサーとなって引き受けた。その旧ビ・ライフの法人格や証券コードを引き継いだのが、現在の大和ハウスリートだ。

理屈のうえではＪ－ＲＥＩＴは設立母体との経営は遮断されており、設立母体の経営破たんの影響は受けないはずなのに、なぜ受けてしまったのか。Ｊ－ＲＥＩＴの保有物件が設立母体の会社の債務の担保になっているなどということは絶対にない。

それでも影響を受けたのは、設立母体の経営が破たんすると、設立母体が持っている系列Ｊ－ＲＥＩＴの株式を処分して債務の弁済に充てなければならず、その売り先＝新スポンサーだから。

リーマン後も生き残ったのはデベロッパー系

設立母体が保有する株式は、発行済み株式総数の何割、というほどの分量なので、市場で売って現金化するのは不可能だ。やはりまとめて買ってくれるところを探さねばならない。そうなると、結局他のＪ－ＲＥＩＴとの合併という形になるか、新たなスポンサーに買ってもらうかということになる。

リーマンショック後の再編で明らかになったのは、物件供給力に優る、「デベロッパーがスポンサー」の銘柄が生き残ったということだ。

デベロッパーは今や資産規模を競い合う時代ではなくなり、新たな物件を開発してはＪ－ＲＥＩＴに売却している。Ｊ－ＲＥＩＴ側は供給される物件が優良であるがゆえに、投資家からの資金集めも、金融機関からの借入も可能になる。

２００８年3月以降、新規に上場する銘柄は途絶えていたが、２０１２年4月以降復活、近年は有料老人ホームやホテル、物流施設などを投資対象とするリートの上場が増える一方、同一デベロッパー系の複数のＪ－ＲＥＩＴが合併し、資金力や購買力に規模のメリットを生かそうとする動きも活発だ。

J-REIT初の敵対的買収事例も登場

そんななか、J-REIT銘柄が別のJ-REIT銘柄に敵対的買収を仕掛け、成功するという事態が勃発した。

2019年5月、さくら総合リートの株式をわずか3・6%保有していたスターアジア投資法人の運用会社が、「おたくは運用がヘタだからウチと合併してウチがおたくの資産を運用したほうが、おたくの株主にとってハッピーだ」といって、さくらに合併を提案した。

スターアジアのスポンサーは、米国の大学の基金や財団の資金などを、主に日本の不動産で運用しているスターアジアグループ。対するさくらのスポンサーは日本管財とオーストラリアの不動産会社・ガリレオグループである。

たった3%強しか持っていない株主から、いきなりこんなことをいわれてさくらが抵抗しないわけがなく、さくらは三井物産系の投資法人みらいとの合併を計画した。だが、投資主総会（J-REIT版の株主総会）で株主たちが支持したのは、みらいとではなくスターアジアとの合併。

スターアジアのほうが、みらいよりもさくらの株主にとって有利な合併比率を提示したことを、さくらの株主は素直に評価したということらしい。

その後、さくらの株主から、さくらが訴えられるという一幕があり、2020年3月、さくらとスターアジアの合併契約が締結された。

そこへ新型コロナ禍である。J-REIT全銘柄の時価総額は、コロナ前の2020年1月末時点では17兆円だったが、9月末時点では13兆6600万円へと、約2割下落している。

物流施設中心の銘柄が上げ、ホテル、商業施設、オフィス銘柄が下げた結果だが、62銘柄中圧倒的多数を占める運用タイプは、オフィス型もしくはオフィスを中心とする総合型。テレワークの普及でオフィス不要論も跋扈するが、オフィスの需要動向次第で、J-REIT市場全体の市況も影響を受ける可能性がある。

ＲＥＩＴ上場銘柄一覧

投資法人名	主なスポンサー	上場日	投資対象
日本ビルファンド	三井不動産	平成13年9月	オフィスビル特化
ジャパンリアルエステイト	三菱地所	平成13年9月	オフィスビル特化
日本リテールファンド	三菱商事、ＵＢＳ	平成14年3月	商業施設特化
オリックス不動産	オリックス	平成14年6月	オフィスビル中心の複合型
日本プライムリアルティ	東京建物、大成建設	平成14年6月	オフィスビル
プレミア	ＮＴＴ都市開発	平成14年9月	オフィスビル・住宅
東急リアル・エステート	東急電鉄	平成15年9月	東急沿線のオフィスビル・商業施設
グローバル・ワン不動産	三菱系金融３社、近鉄	平成15年9月	オフィスビル特化
ユナイテッド・アーバン	丸紅	平成15年12月	オフィス・商業
森トラスト総合リート	森トラスト	平成16年2月	オフィスビル中心の総合型
インヴィンシブル	フォートレス	平成16年5月	住宅、ヘルスケア施設
フロンティア不動産	三井不動産	平成16年8月	商業施設特化
平和不動産リート	平和不動産	平成17年3月	住宅・オフィス・商業
日本ロジスティクスファンド	三井物産／三井住友信託銀行／ケネディクス	平成17年5月	物流施設特化
福岡リート	福岡地所	平成17年6月	九州特化
ケネディクス・オフィス	ケネディクス	平成17年7月	東京経済圏の中規模オフィス
いちごオフィスリート	いちごグループ	平成17年10月	オフィス
大和証券オフィス	大和証券	平成17年10月	都心5区オフィス
阪急阪神リート	阪急電鉄	平成17年10月	大阪の商業・オフィス
スターツプロシード	スターツ	平成17年11月	住宅
大和ハウスリート	大和ハウス工業	平成18年3月	住宅特化
ジャパン・ホテル・リート	共立メンテナンス他	平成18年6月	ホテル特化
大和証券リビング	長谷工ライブネット他	平成18年6月	住宅、ヘルスケア施設
ジャパンエクセレント	興和不動産／第一生命／積水ハウス	平成18年6月	オフィスビル
日本アコモデーションファンド	三井不動産	平成18年8月	住宅特化
MCUBS　MidCity	三菱商事／ＵＢＳ	平成18年8月	三大都市圏の大規模オフィスビル中心
森ヒルズリート	森ビル	平成18年11月	都心のオフィス・住宅・商業
産業ファンド	三菱商事／ＵＢＳ	平成19年10月	インフラ設備、物流施設
アドバンス・レジデンス	伊藤忠商事	平成20年3月	住宅特化
ケネディクス・レジデンシャル	ケネディクス	平成24年4月	賃貸住宅、社宅、学生寮、老人ホーム
アクティビア・プロパティーズ	東急不動産	平成24年6月	都市型商業施設、２３区内駅近オフィス
GLP	グローバル・ロジスティック・プロパティーズ	平成24年12月	物流施設特化
コンフォリア・レジデンシャル	東急不動産	平成25年2月	東京圏単身小家族向け賃貸住宅

日本プロロジスリート	プロロジス	平成25年2月	物流施設
星野リゾート・リート	星野リゾート	平成25年7月	ホテル、旅館
Oneリート	シンプレクス・インベストメント・アドバイザーズ	平成25年10月	東京経済圏のオフィスビル、商業施設
イオンリート	イオン	平成25年11月	イオングループの大型商業施設
ヒューリックリート	ヒューリック	平成26年2月	オフィス、商業施設、有料老人ホーム
日本リート	双日	平成26年4月	オフィス、商業施設、賃貸住宅
インベスコ・オフィス・ジェイリート	米国インベスコグループ	平成26年6月	大都市圏のオフィスビル
トーセイ・リート	トーセイ	平成26年11月	オフィス、商業施設、住宅
積水ハウス・リート	積水ハウス	平成26年12月	3大都市圏のオフィスビル
ケネディクス商業リート	ケネディクス	平成27年2月	4大都市圏のスーパーなど生活密着型商業施設
ヘルスケア&メディカル	三井住友銀行／シップヘルスケアHD他	平成27年3月	有料老人ホーム
サムティ・レジデンシャル	サムティ	平成27年6月	主要地方都市のシングル向け賃貸住宅
野村不動産マスターファンド	野村不動産	平成27年10月	オフィス、商業施設、物流施設
いちごホテルリート	いちごグループ	平成27年11月	ホテル
ラサールロジポート	ラサール	平成28年2月	大規模・高機能物流施設
スターアジア不動産	スターアジアグループ	平成28年4月	オフィス、商業施設、住宅東京圏79%
マリモ地方創生リート	マリモ	平成28年7月	地方のマンション、商業施設、ホテル、オフィス
三井不動産ロジスティクスパーク	三井不動産	平成28年8月	首都圏、大阪圏の大規模・高機能物流施設
大江戸温泉リート	大江戸温泉物語	平成28年8月	全国の温泉、温浴施設
みらい	三井物産／イデラキャピタル	平成28年12月	オフィス、商業施設、ホテル
森トラスト・ホテルリート	森トラスト	平成29年2月	ホテル
三菱地所物流リート	三菱地所	平成29年9月	物流施設
CREロジスティクスファンド	CRE	平成30年2月	物流施設
ザイマックス・リート	ザイマックス	平成30年2月	オフィス、商業施設、ホテル
タカラレーベン不動産	タカラレーベン	平成30年7月	オフィス、住宅、ホテル
伊藤忠アドバンス・ロジスティクス	伊藤忠商事	平成30年9月	物流施設
エスコンジャパンリート	日本エスコン	平成31年2月	商業施設
サンケイリアルエステート	サンケイビル	平成31年3月	オフィス、ホテル
SOSiLA 物流リート	住友商事	令和元年12月	物流施設

Chapter 4

不動産業界のプレーヤー

1 総合デベロッパー

不動産業界の花形的存在の総合デベロッパー。総合デベロッパーとは、オフィスビル、商業施設、住宅、ホテルなど、ほぼすべての領域で、開発、売買、仲介、管理を手がける会社をグループ内に抱える企業グループをいう。

左のページの一覧表に掲載した10社が、一般的に総合デベロッパー上位とされる企業グループで、中でも財閥系3社に東急、野村を加えた5社を総合デベ大手5社と呼ぶ。

売上高や利益、資産規模など、どの尺度で見ても、財閥系3社が突出しており、それに続く東急、野村と財閥系3社の格差も大きいが、東急、野村とそれ以下の格差も大きい。

ちなみに、この10社以外にも建設工事会社やハウスメーカーなど、隣接業界の企業が、自社の事業領域を隣接する事業に拡大していった結果、総合デベロッパーも同然の企業グループに変貌しているケースもあるが、そういった会社を総合デベロッパーとはいわない。

ハウスメーカー発祥の大和ハウス工業はその代表各だが、今もその立ち位置は総合デベロッパーではなくハウスメーカーである。

今では年商は4兆円を超え、マンションの分譲事業も手がけ、商業施設や物流施設の開発も手がけるが、あくまでその開発は顧客である地主が施主で、そのサポート役と施工の受注が主目的であり、建物完成後は自ら保有したり売却したりといった総合デベロッパーの商流とは異なる。

総合デベロッパー 10 社の業績

	売上高	順位	営業利益	順位	当期純利益	順位	総資産	順位	賃貸資産含み益	順位
三井不動産	19,056	1	2,806	1	1,839	1	73,953	1	29,184	3
三菱地所	13,021	2	2,407	2	1,484	2	58,582	2	42,225	1
住友不動産	10,135	3	2,343	3	1,409	3	53,176	3	31,761	2
東急不動産ＨＤ	9,631	4	793	5	386	6	24,873	4	2,570	7
野村不動産ＨＤ	6,764	5	819	4	488	4	18,012	6	2,096	8
東京建物	3,230	6	524	8	297	8	15,640	7	4,635	5
森ビル	2,502	7	657	6	313	7	22,003	5	9,136	4
森トラストグループ	2,336	8	587	7	403	5	11,713	9	-	-
日鉄興和不動産	1,793	9	308	10	188	9	9,326	10	2,925	6
ＮＴＴ都市開発	1,479	10	321	9	160	10	11,975	8	-	-

各社東京建物のみ19年12月期。それ以外は20年３月期　　（単位：億円）

1

1 三井不動産

ルーツは伊勢商人三井高利の越後屋

三井高利が江戸本町一丁目、現在の日銀のあたりに呉服店「越後屋」を創業したのは、徳川幕府四代将軍家綱治世下の延宝元年（1673年）。

この越後屋が後の三越で、日本橋三越本店が落成した1914年に三井合名会社が設立した不動産課が、現在の三井不動産のルーツである。

一般に、三井不動産の業歴を語る場合は、呉服屋だった時代は含めず、この三井合名の不動産課を起点とするので、業歴はざっと100年超。

三井不動産の本拠地である日本橋周辺は、江戸時代からこの地で何代にもわたって商売を続けている旦那衆が多く、この地で100年の三井は未だに新参者扱いを受ける。

その15年後の1929年、関東大震災の復興事業として日本橋三越に隣接する三井本館が完成。コリント式列柱を使ったこの建物が、重要文化財に指定されたのは1998年である。

太平洋戦争を挟み、1950年にはビル事業を再開、1968年には36階建て、高さ147mの日本初の超高層ビル・霞ヶ関ビルが竣工。商業施設事業では、ららぽーとTOKYO-BAY（1981年オープン）以降、全国各地に「ららぽーと」ブランドの商業施設を展開。京成電鉄との合弁事業・東京ディズニーランドも三井不動産の事業である。

住宅地の開発・販売に進出したのは1961年。マンション、戸建てへの進出は1968年。2006年にグループ各社のマンション、戸建ての開発・

販売事業を集約し、**三井不動産レジデンシャル**を設立している。リゾート事業でも蓼科高原三井の森別荘地、中軽井沢別荘地、北軽井沢王領地の森別荘地、八ヶ岳高原三井の森別荘地など、著名な別荘地の開発実績を持つ。

近年は大規模な再開発事業を多数手がけているが、ロンドンやサンフランシスコでのオフィスビル開発や、アジアでの商業施設開発など、海外でも実績を上げている。

分譲部門の営業利益は10年で10倍に

2020年3月期連結売上高は、総合デベロッパー中トップで1兆9056億円、連結営業利益は2806億円。

本体が開発したオフィスビル、商業施設、物流施設の賃貸部門、三井不動産レジデンシャル管轄の住宅分譲部門、そしてプロパティマネジメントや仲介などのマネジメント部門が主要3部門。

このほかにホテル運営や**三井ホーム**の新築請負工事などのその他部門の計4部門で業績開示を行っている。

売上高の構成比は賃貸が3割強、分譲が3割弱、マネジメントが2割強、その他が2割弱だが、営業利益の構成比は、順に4割強、4割弱、2割弱、1割弱。賃貸と分譲で連結全体営業利益の8割を稼ぎ出している。

連結売上高は2010年からの10年間で1・4倍、営業利益は2・3倍に増えている。売上高の伸びは、賃貸部門1・47倍、分譲部門が1・35倍と、賃貸部門のほうが若干高いが、営業利益は分譲部門の伸びが大きく10年で10倍。

三井不動産の概要

連結売上高	1兆9056億円
連結営業利益	2806億円
連結当期純利益	1839億円
総資産	7兆3953億円
純資産	2兆4865億円
賃貸資産含み益	2兆9184億円

主要グループ会社

三井不動産レジデンシャル
三井不動産リアルティ
三井不動産レジデンシャルサービス
三井ホーム
三井不動産ビルマネジメント
三井不動産ファシリティーズ
三井不動産商業マネジメント
三井不動産ホテルマネジメント
三井の森
東京ミッドタウンマネジメント

業績は2020年3月期

三井不動産の売上構成推移

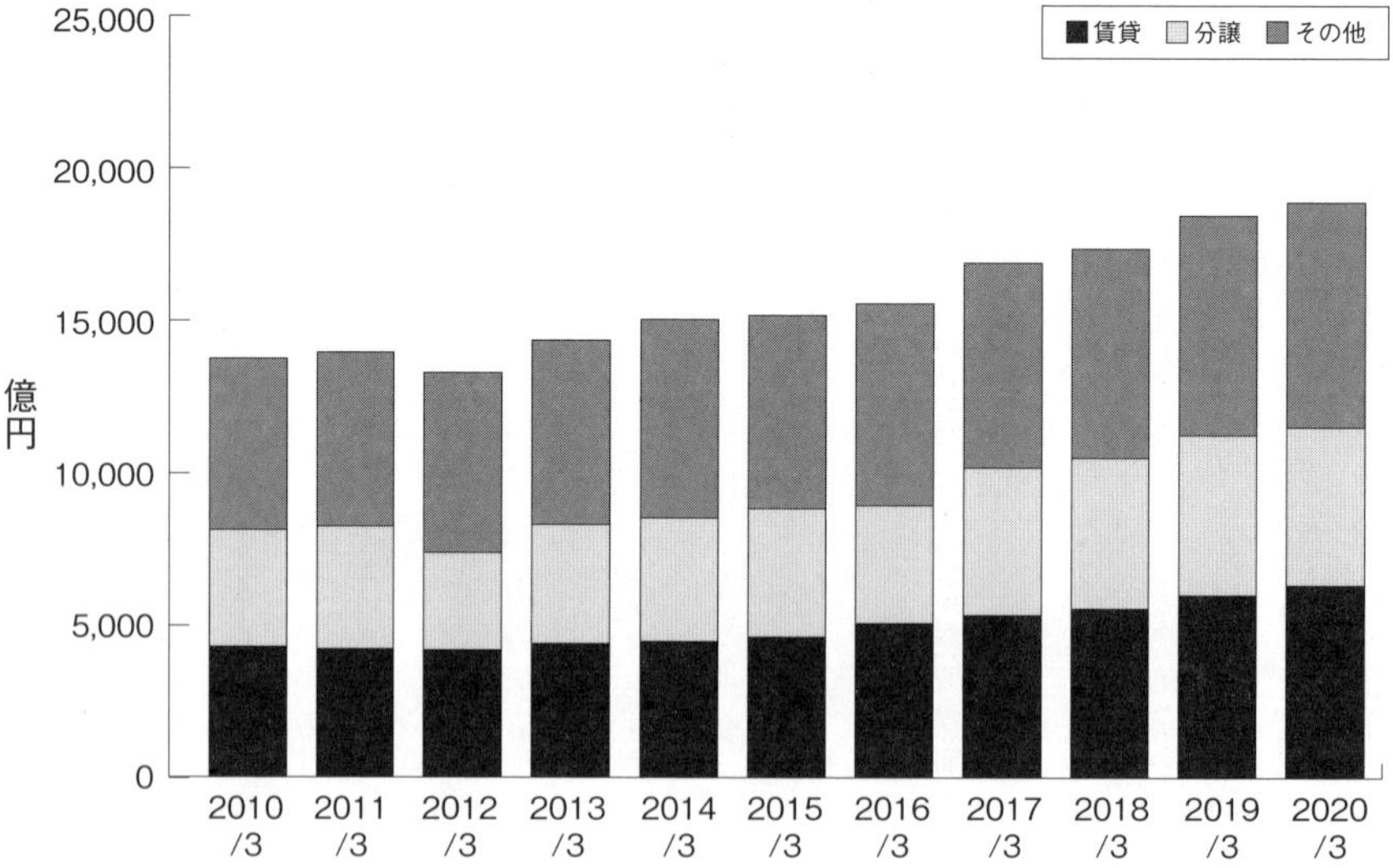

10年前は、稼ぎの柱はもっぱら賃貸で、賃貸が連結営業利益全体の8割を稼ぎ、分譲部門の営業利益は賃貸部門の営業利益の8分の1くらいだったが、今や肩を並べる水準になりつつある。

それでは分譲部門のいったい何がこの10年でそんなに伸びたのか。

現在、分譲部門は国内のマンションと戸建ての国内住宅分譲部門と、投資家向け及び海外住宅分譲部門の2つの部門で構成されている。

売上高こそ両部門はおおむね拮抗しているが、営業利益は投資家及び海外が国内の3倍以上の営業利益を稼ぎ出している。

国内の三井不動産レジデンシャルのマンションの販売戸数は10年前の4651戸から3194戸へと大きく減っている。

それでも、同社が不動産経済研究所の事業主別マンション発売戸数ランキングでは、常に上位4社以内に入っているのは、国内全体の発売戸数自体が減少しているためだ。

一方、販売金額は2564億円から2686億円

三井不動産の営業利益構成推移

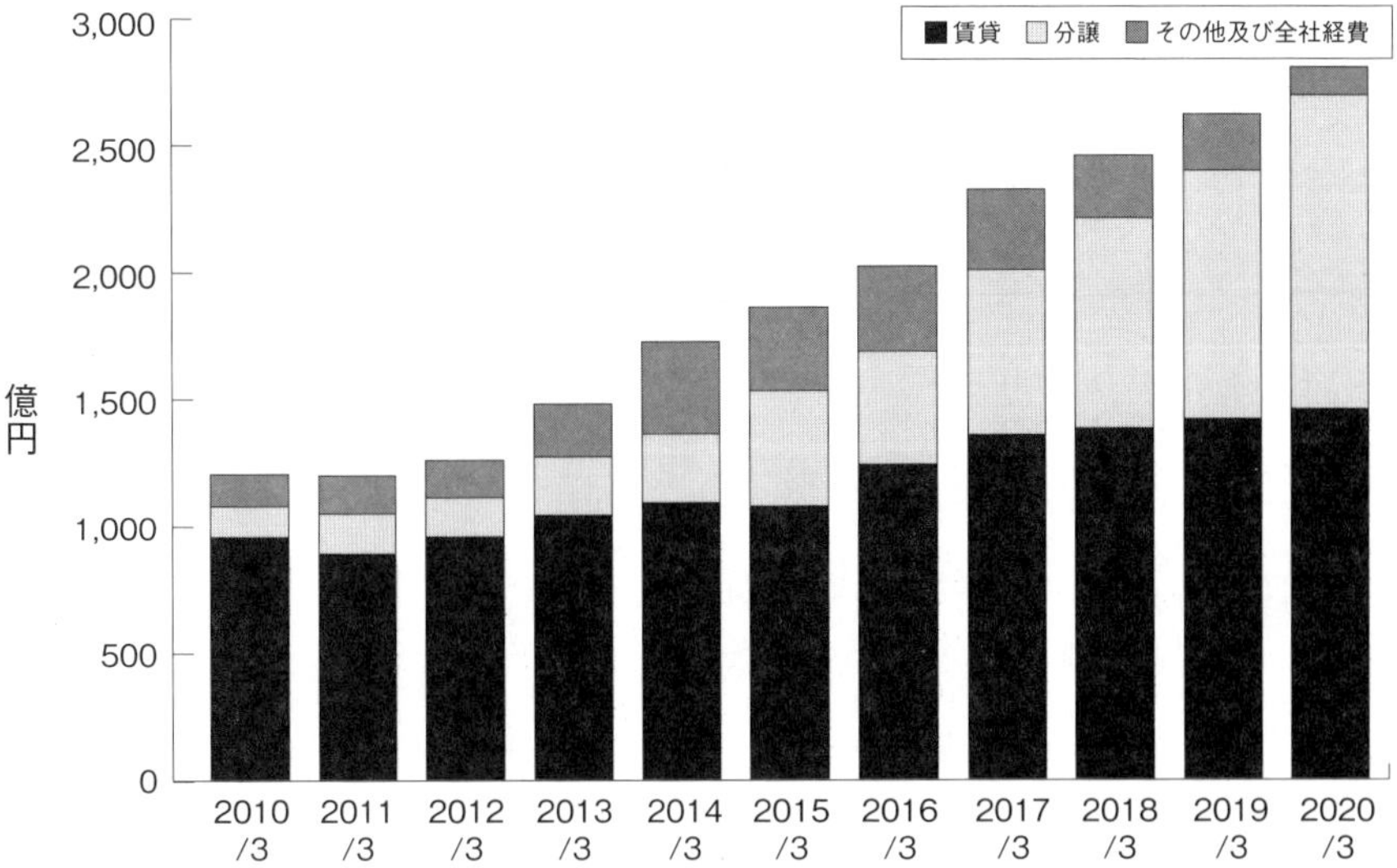

へと若干の増加。販売戸数が3割も落ちたのに、販売金額はわずかながら増えたのは、建設コストの上昇分を販売価格に転嫁し、1戸当たりの価格が上昇しているためだ。

これに対し、投資家向け及び海外の住宅分譲の売上高は10年で2・8倍になった。国内より格段に利益率が良い海外が伸びたことが、分譲部門全体の利益を大きく押し上げたといっていい。

現在、賃貸事業の連結売上高への貢献度は33・4%だが、10年前は8割だった連結営業利益への貢献度は、51・9%に下がっている。依然として高い水準ではあるが、総合デベ上位10社のなかでは野村不動産に次いで低い。

仲介やプロパティマネジメントなどのマネジメント部門の営業利益は分譲や賃貸の半分ではあるが、賃貸依存度緩和に貢献していることは間違いない。

2 三菱地所

不動の人気エリア・大丸有

通称「丸の内の大家さん」。東京駅と皇居の間に広がる大手町、丸の内、有楽町の120ヘクタールのエリア内のオフィスビル約100棟のうち、約3割を所有する日本を代表する総合デベロッパー。

1890年（明治23年）に丸の内陸軍省用地と神田三崎町練兵場の土地、合計約10万坪の払い下げを受け、旧丸ビルが竣工したのは1923年。

株式会社組織になったのは1937年。戦後の財閥解体でいったん3社に分割されるが、1953年に合併して元の姿に。同年、東証への上場も果たす。

1959年に「丸ノ内総合改造計画」が策定されると、オフィスビルが続々と完成。オフィスエリアとしての「大丸有」の人気は高く、バブルピークの頃は「入居待ちに70年」とすらいわれた。

1990年にはロックフェラーグループ社を約2000億円で買収したが、その後同社の経営が悪化。同社がマンハッタンに保有する14棟のビルのうち12棟を手放し、巨額の損失を出している。

1995年に丸ビルの建て替え構想が発表され、2002年に新しい丸ビルが竣工して以降、建て替えが順次進められている。

新しい丸ビル完成から18年が経過。大手町、丸の内地区の建て替えはほぼ一巡した。

2020年秋には、三井不動産の本拠地・日本橋に隣接する東京駅前常盤橋地区に、大阪あべのハルカスを抜いて日本一の高さとなるTOKYO TORCHの具体的な計画が公表されている。

賃貸資産含み益は三井の1・4倍

2020年3月期連結売上高は1兆3021億円で、連結営業利益は2407億円。

中核はオフィス・商業施設の賃貸を行うビル事業で、分譲・賃貸マンションや戸建てなどの住宅事業、収益用不動産開発事業、海外事業、不動産投資運用事業、設計監理事業のほか、ホテル運営、仲介事業などをグループ各社で手がける。

賃貸事業は基本的に三菱地所本体の事業だが、東京交通会館やサンシャインシティなど、子会社所有となっていて、子会社自身が賃貸事業を営んでいる場合もある。

商業施設や物流施設も同様で、基本は本体で所有し本体が貸し主になるが、横浜スカイビルなど子会社所有になっているものもある。

ビル運営会社の三菱地所プロパティマネジメントは、三菱地所グループ以外の物件の運営受託も手がけている。

三菱地所リテールマネジメントは、三菱地所グループ以外の外部のオーナーが所有している商業施設について、オーナーからプロパティマネジメント業務を請け負っている。

営業利益まで含めた部門別の業績開示は、2020年3月期から、ビル、商業施設賃貸とホテル運営事業をひとまとめにしたコマーシャル不動産事業で開示するようになったので、同部門の構成比は売上では連結全体の5割強、営業利益では8割弱に達する。

帳簿上の総資産は5兆8582億円と、7兆3953億円の三井不動産に次いで2位だが、帳簿価格

三菱地所の概要

連結売上高	1兆3021億円
連結営業利益	2407億円
連結当期純利益	1484億円
総資産	5兆8582億円
純資産	1兆9412億円
賃貸資産含み益	4兆2225億円
主要グループ会社	三菱地所プロパティマネジメント 三菱地所レジデンス 三菱地所ホーム 三菱地所コミュニティ 三菱地所ハウスネット アーバンライフ 三菱地所リテールマネジメント ロイヤルパークホテル 東京流通センター サンシャインシティ

業績は2020年3月期

三菱地所の売上構成推移

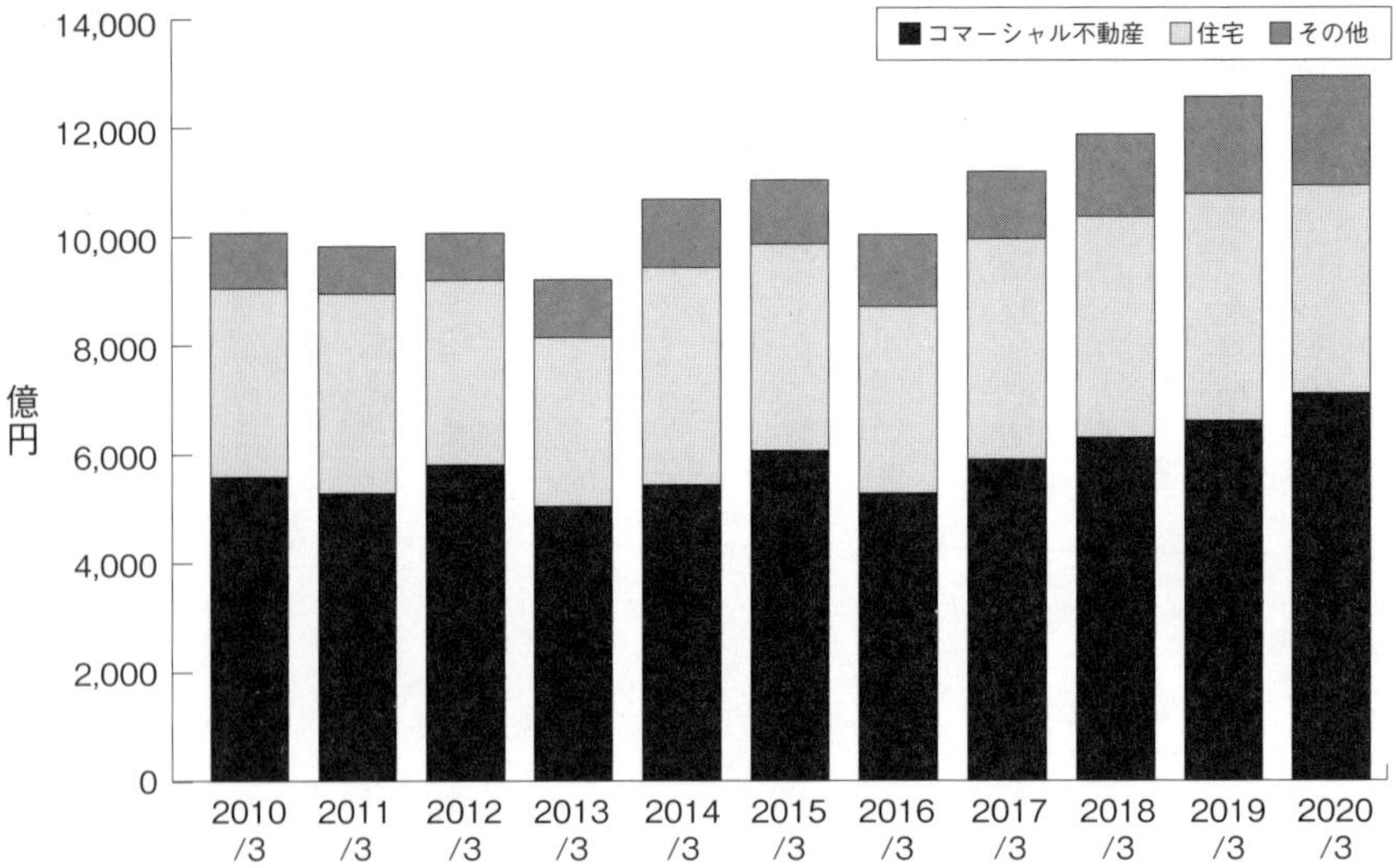

に反映されていない含み益は三井の２兆９１８４億円の１・４倍に相当する４兆２２２５億円ある。

賃貸事業の柱は全国主要都市に保有するビル群や商業施設からの賃料収入。賃貸面積は４００万㎡に上る。

藤和不動産との統合で住宅強化

住宅事業ではもともとハイグレードマンションの分譲が得意な一方、一次取得者向けは得意ではなかったため、分譲戸数はあまり多くなかった。

不動産経済研究所の事業主別発売戸数ランキングでもベスト10を出たり入ったりする程度だった。だが、２００９年にマンション分譲大手の藤和不動産を完全子会社化。２０１１年に藤和不動産の住宅分譲事業を本体に統合して誕生した**三菱地所レジデンス**が、２０１１年度の分譲戸数ランキングでは５３３１戸で首位に立った。

２０１５年度以降は4位もしくは5位が定位置となっている。

三菱地所の営業利益構成推移

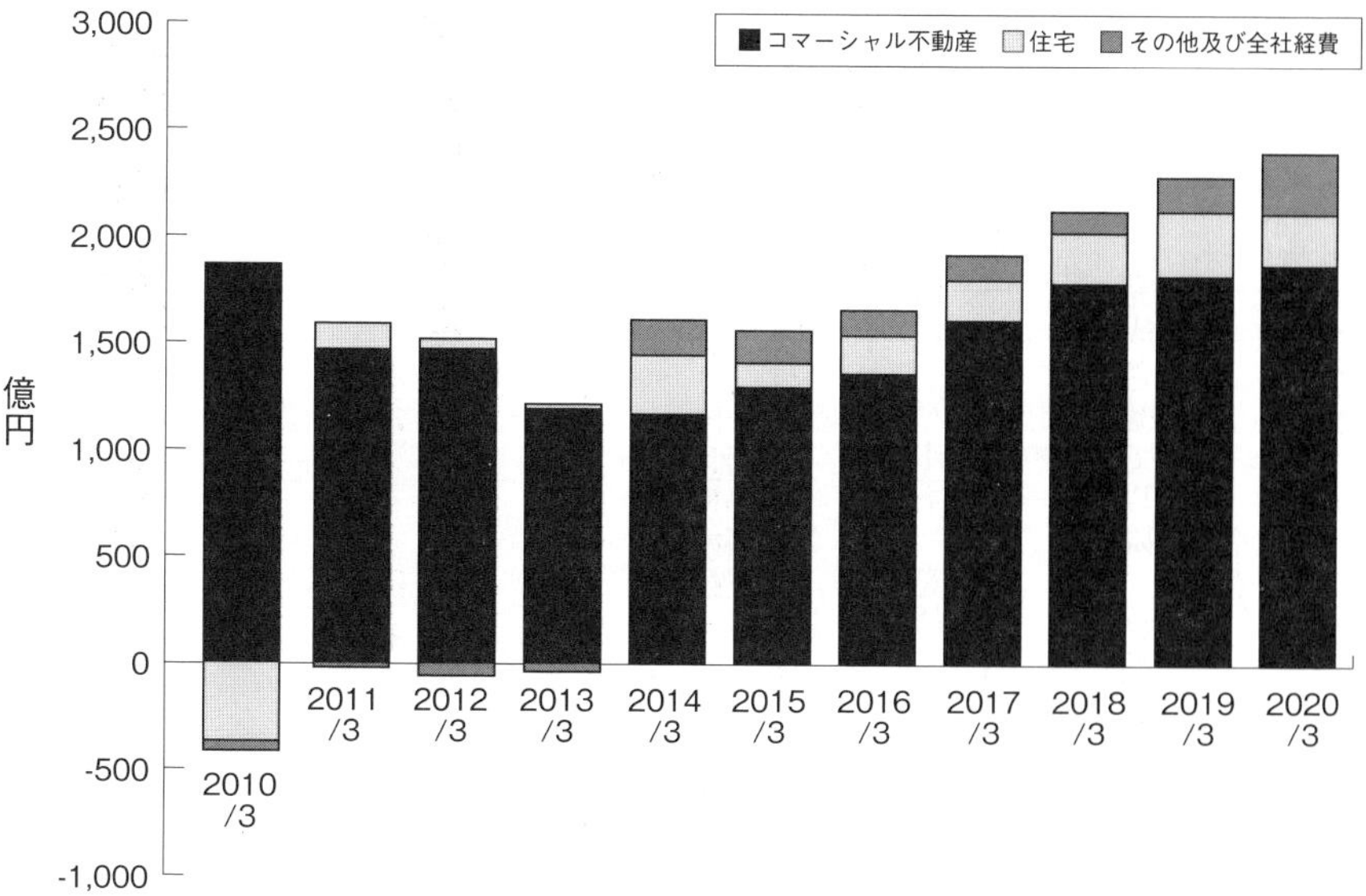

マンション管理業務を手がける三菱地所コミュニティにも、藤和不動産との統合効果は表れている。三菱地所コミュニティは、藤和と三菱地所双方のマンション管理部門を統合して誕生。

マンション管理新聞が毎年実施しているグループ別管理受託戸数ランキングでは、２０２０年５月25日公表分で、三井不動産レジデンシャルサービスグループをおさえて6位に入っている。

三菱地所ハウスネットはリテール対象の売買仲介会社。財閥系3社のうち、三井がリハウス、住友がＳｔｅｐブランドで業界を牽引、フランチャイズ制度を使って多店舗展開するなか、目立たない存在となっている。

２０１８年に買収したアーバンライフが関西地区の同業者であるため、２０２０年秋に統合したが、それでも店舗数は30店舗あまりと、三井、住友の背中は遠い。

3 住友不動産

賃貸資産は東京に集中

三井、三菱と並ぶ、戦前の3大財閥の一角・住友グループの不動産デベロッパー。1877年(明治10年)に住友本店で始めた土地建物業を、戦後の財閥解体で引き継いだ会社が泉不動産。1957年の社名変更で、現社名の住友不動産になった。

1962年、「目白台アパート」を竣工させ、高級賃貸アパート事業に参入。分譲マンション事業への参入は1964年。1974年に新宿住友ビル(通称三角ビル)を完成させて以降、新宿を中心にオフィスビル開発を積極的に展開している。

1984年に不動産担保融資専業ノンバンクの住友不動産ファイナンスを設立。ピーク時に融資残高は3300億円に達し、一時的にはグループの収益に多大な貢献を果たしたが、バブル崩壊で一転、巨額の不良債権を抱えた。新宿住友ビルの証券化などで、2000年3月期に2300億円もの借金を一挙に減らし、処理を終えている。

賃貸ビルの開発は1996年から再開させているが、現在同社が保有する賃貸資産は97%が東京に集中しており、全国展開を図る他のデベロッパーと一線を画す。

賃貸資産取得が成長戦略の中核

2020年3月期連結売上高は1兆135億円、連結営業利益は2343億円で大手5社中3位。営業増益は10期連続。

賃貸資産の含み益は3兆1761億円と、三菱地所に次ぐ水準で三井を上回る。

23・1％の営業利益率は、三菱地所の18・4％、三井の14・7％、野村不動産の12・1％、東急不動産の8・2％と比較すると断トツの高さである。

連結売上高全体に占める賃貸事業の割合は38・6％とさほど高くないが、営業利益では72・3％が賃貸事業である。賃貸事業の営業利益率は三井が22・9％、三菱が26・2％、野村が18・2％、東急が18・3％であるのに対し、43・2％と高水準。

東京都心での賃貸資産取得は3年ごとに更新される中期計画では常に中核に位置付けられており、2011年3月期から2019年3月期までの9年間で47万坪の増床を実施済み。

賃貸面積は105万坪から152万坪に増えているが、2020年3月期から2022年3月期までの3年間でさらに23万坪の増床を計画。

その次の2023年3月期からの3年間では60万坪近い増床目標を掲げている。

ちなみに、三井不動産が2010年3月期末からの10年間で増やした賃貸面積は31万坪（自社所有と他社所有の転貸計）。三井の10年前の賃貸面積は134万坪で、直近は165万坪。この10年で、住友不動産に大きく差を縮められたことになる。

ちなみに、三菱地所がこの10年間で増やした賃貸面積は、110万坪から120万坪へと、約10万坪でしかない。

ストレートに増床面積やそこについてくるであろう数字を前面に押し出して計画を語る姿勢も、開発の意義や街の発展という視点で計画を語る三井、三菱とは異なる。

住友不動産の概要

連結売上高	1兆135億円
連結営業利益	2343億円
連結当期純利益	1409億円
総資産	5兆3176億円
純資産	1兆2949億円
賃貸資産含み益	3兆1761億円
主要グループ会社	
住友不動産販売 住友不動産建物サービス 住友不動産ヴィラフォンテーヌ 住友不動産ベルサール	

業績は2020年3月期

大規模開発
物件種類別不動産業界最新事情
不動産ビジネスのしくみ
不動産業界のプレーヤー
不動産業界の仕事研究
待遇と勤務条件

住友不動産の売上構成推移

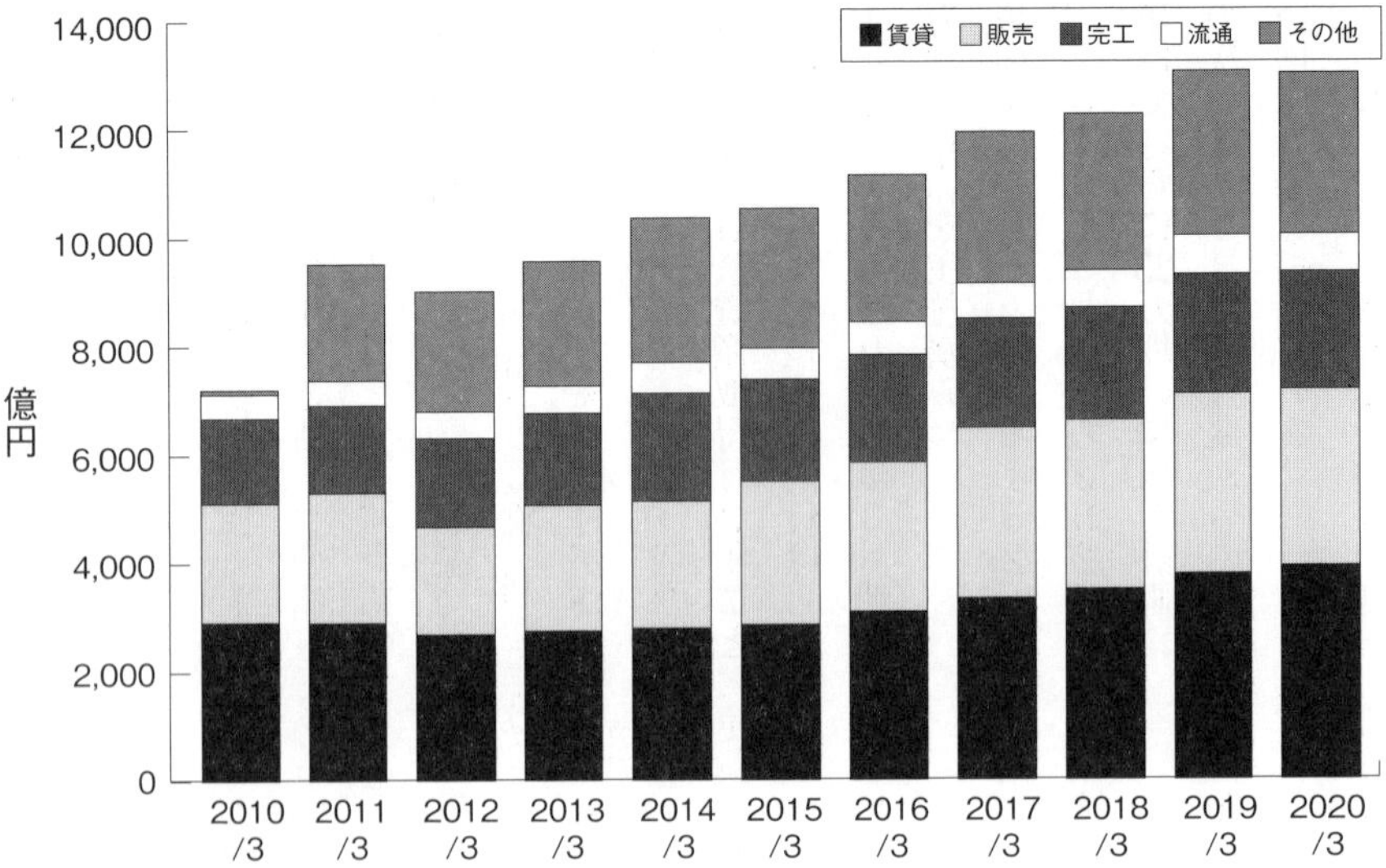

REITを持たない唯一の大手総合デベ

直系のREITを持たないという点も異色だ。建てた物件をREITに売るということは、物件を買ったREITに投資した投資家に、その物件がもたらす収益を差し出すこととイコールだ。REITに売って、利益を外部流出させることなく、自社で取り込むという思想なのだろう。

住宅の分譲収益は、保有ビルの売却収入も含めて不動産販売事業として開示しており、販売事業の売上高は全体の32%で営業利益への貢献度は20・1%。マンションは不動産経済研究所の事業者別発売戸数ランキングではベスト5の常連。2014年度以降、6年連続で首位を維持している。

不動産会社でありながら、建築工事部門の売上高が連結全体の2割、連結営業利益の1割近くあるというのも特異だ。

中古住宅の仲介を扱うなかで、リフォーム工事も請け負う必要に迫られてというデベロッパーは少な

住友不動産の営業利益構成推移

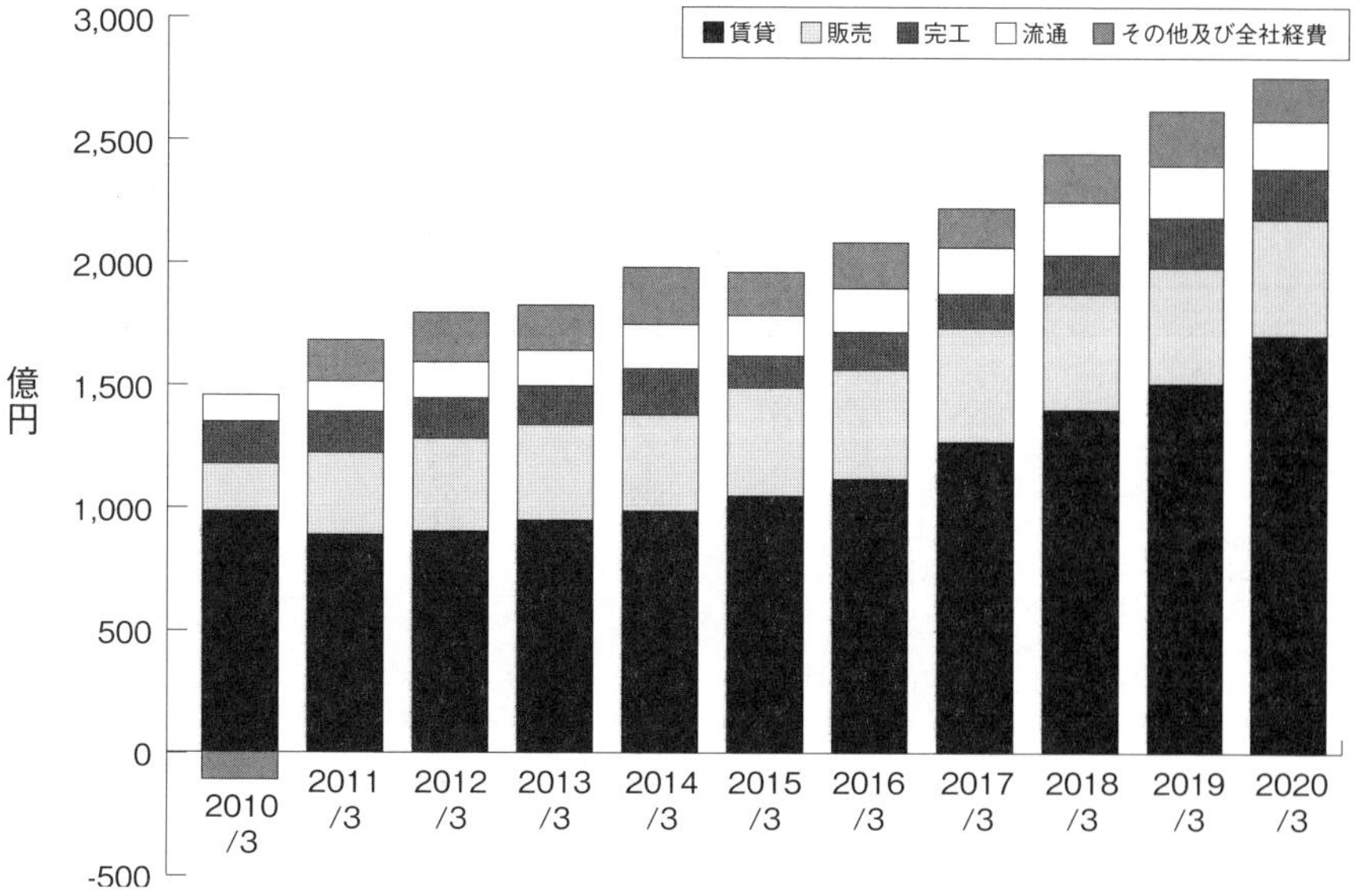

くないが、金額が少ないために、独立したセグメントで扱われるほどのボリュームが出ないのが普通だ。扱う会社も本体ではなく、別会社を設立するのが一般的だが、住友不動産の場合は本体で扱う。

この建築工事部門で扱っている主力商品が、ほかならぬ「新築そっくりさん」。文字通り新築のような仕上がりにすることをセールスポイントにしたリフォーム事業だ。

グループ会社の数が少ないという点も特徴的だ。本体から多くの事業を切り出し、別会社を設立するため、多くのグループ会社が存在するというのが一般的なデベロッパーの姿だ。

だが、住友不動産のグループ会社は、「不動産を売る」機能を担う会社としての住友不動産販売、マンション管理の住友不動産建物サービス、ホテル経営の住友不動産ヴィラフォンテーヌ、会議室運営の住友不動産ベルサールくらいしかない。

本体から切り出す事業は最小限度にとどめているということだろう。

4 東急不動産

マンション開発の先駆的存在

総合デベロッパー大手5社の一角。1953年に、親会社である東京急行電鉄の不動産部から業務の一部を移して分離・独立した。

東急電鉄の事実上の創始者といわれる五島慶太氏は、鉄道沿線の宅地開発で類いまれな才能を発揮。1923年に我が国初の田園都市計画に基づく多摩川台住宅地・田園調布の分譲に成功。東急グループは現在でも沿線の街づくりのうまさへの評価は高い。

東急不動産は東急電鉄からの分離独立後、1955年に日本初の外国人向け高級アパートである代官山東急アパートを完成。2年後の1957年に日本初の分譲マンション「東急スカイライン」を竣工させて、分譲マンション事業に参入した。

商業施設への参入は渋谷に東急プラザをオープンさせた1965年。オフィスビル開発への本格参入は1959年。

1986年に分譲を開始したあすみが丘ニュータウンは、当時としては民間最大級の区画整理事業で、千葉のビバリーヒルズを目指す超高級住宅地として注目を集めた。

東急不動産を分離した際、東急電鉄本体にも不動産部門が残ったうえ、東急不動産側の独立心が極めて旺盛だったため、分譲のマンション、一戸建て、ビジネスホテルなどは、今も東急不動産と東急電鉄がそれぞれ別々のブランドで展開している。

グループの仲介会社・東急リバブルや、マンション・ビル管理の東急コミュニティ、リゾート施設管理の東急リゾートなどを統合し、2013年10月、持ち株会社東急不動産ホールディングスが設立されており、現在東証一部に上場しているのはこの持ち株会社。

収益の柱は都市事業

持ち株会社の2020年3月期連結売上高は9631億円、連結営業利益は793億円。

連結売上高は大手デベ5社中4位だが、連結営業利益は売上高5位の野村不動産HDを下回っているので5位。

賃貸資産の含み益は2570億円と、三井、住友の10分の1以下、三菱の16分の1以下。東急電鉄からの分離の際、極端に簿価が低い好立地の優良資産が東急電鉄本体に残された影響と見られる。

売上高構成は、オフィスビルや、東急プラザ、キューズモールなどの商業施設開発と賃貸管理を手がける都市事業が全体の30%を占め、マンションや一戸建ての住宅分譲事業が14%、東急コミュニティーが手がけるマンションやビルの管理などの管理業務が18%、東急リバブルが手がける仲介事業が13%。

このほか東急リゾートが手がける会員制リゾートホテルやゴルフ場の運営、別荘の分譲、スポーツクラブオアシス、東京急行電鉄が展開する東急インとは別に展開しているビジネスホテルの東急ステイ、グランクレールブランドで展開しているシニア住宅などをひとまとめにしたウェルネス事業が12%。ハンズ事業が10%、残り3%が次世代・関連事業と、売上は各部門に分散している。

東急不動産ホールディングスの概要

連結売上高	9631 億円
連結営業利益	793 億円
連結当期純利益	386 奥苑
総資産	2 兆 4873 億円
純資産	5942 億円
賃貸資産含み益	2570 億円

主要グループ会社

- 東急不動産
- 東急リバブル
- 東急コミュニティー
- 東急ハンズ
- 東急住宅リース
- 学生情報センター
- 東急ビルメンテナンス
- 東急リゾート
- 東急スポーツオアシス

業績は2020年3月期

東急不動産HDの売上構成推移

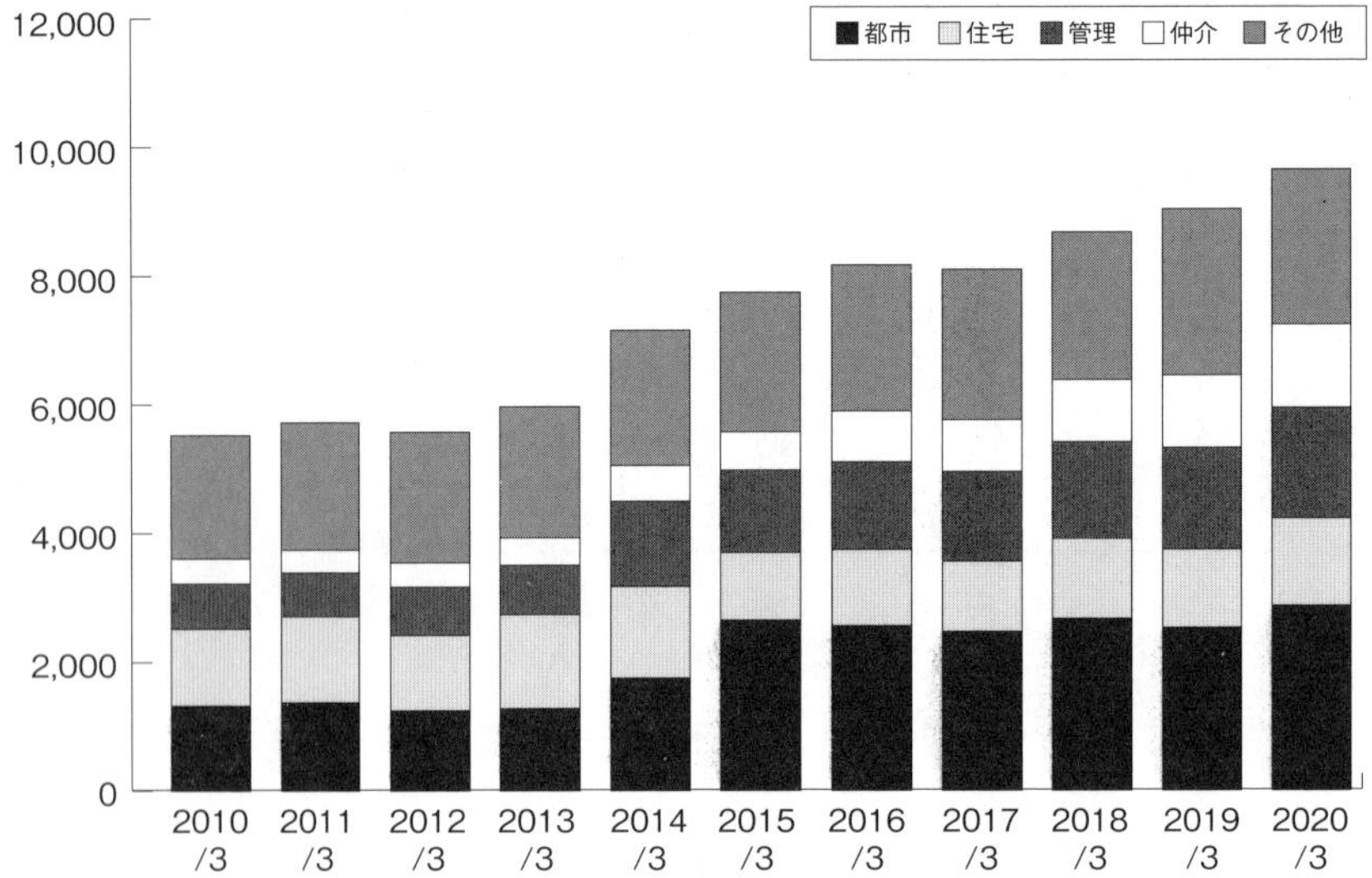

しかし営業利益となると、都市事業が60％で仲介が17％。住宅と管理が10％ずつ。都市事業への依存度は高い。

財閥系と伍して戦う仲介部門

都市事業に次ぐ収益の柱である仲介は、何かにつけて圧倒的に強い財閥系3社と互角に渡り合えている数少ない部門の1つだ。

売買仲介の世界は、取扱件数、取扱高ともに、リハウスブランドで展開している三井不動産リアルティが35年連続でトップの座を守り続けており、それを追う住友不動産販売とともに、東急リバブルも含めて売買仲介御三家として認知を得ている。

三菱地所が藤和不動産と統合するまで、リテール分野にあまり力を入れてこなかったことが、東急リバブルが御三家の一角に食い込めた原因だが、2018年3月期から2020年3月期までの3年連続で取扱件数こそ住友不動産の後塵を拝して3位となったが、取扱高では2018年3月期と2020

東急不動産ＨＤの営業利益推移

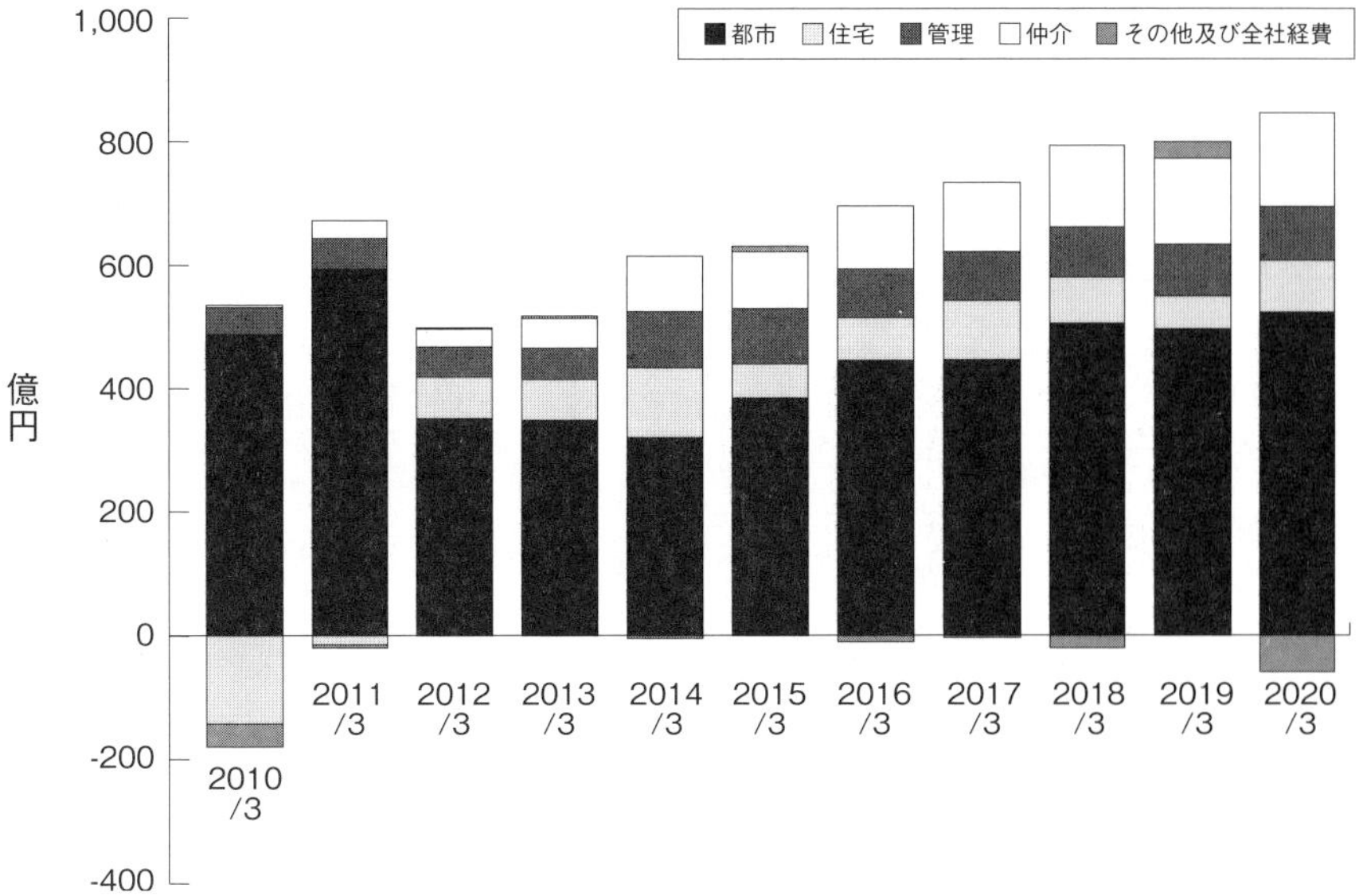

年３月期は住友を抑えて２位。

２０１７年３月期までは住友が三井を猛追し、取扱件数ではあともう一歩で追いつくというところまで追い上げたものの、２０１８年以降は再び三井と住友の差は拡大傾向にある。

そんななかで、東急リバブルは住友の７割前後の件数で、ほぼ同等の取扱高となっており、１件当たりの単価が高い取引の獲得率では住友を凌ぐ存在となっている。

マンションでは２０１０年に４つあったブランドを「ＢＲＡＮＺ」１本に統一。供給戸数は安定的に２０００戸弱の水準を維持していたので、不動産経済研究所の事業者別発売戸数ランキングでは、おおむね９位～10位前後となることが多かった。

２０１４年度は５位まで順位を上げたが、２０１７年度、２０１８年度は14位、13位へと順位を下げ、２０１９年度は７位に返り咲いている。

1

5 野村不動産HD

証券会社から分離独立

総合デベロッパー大手5社の一角で、1957年、野村證券から分離・独立する形で設立された、異色のルーツのデベロッパーである。

2004年に持株会社野村不動産ホールディングスが設立され、野村不動産、野村不動産アーバンネット、野村ビルマネジメントなどグループ各社を持株会社が統括する体制に移行。

2006年、持株会社が東証一部に上場した。現在では野村證券とは直接の資本関係はなくなっている。

野村不動産は、野村證券が保有しているビルの賃貸管理からスタート、その2年後から仲介業務を開始、1961年には鎌倉・梶原山住宅地の開発に着手。

「コープ」ブランドでマンション分譲事業に進出したのは1963年。1969年には「野村ホーム」ブランドで本格木造住宅の建築にも進出。1972年には海外事業にも進出している。

1978年には新宿淀橋浄水場跡地に新宿野村ビルを竣工。横浜ビジネスパークでは1987年から2001年までの14年間で全11棟を完成させたほか、2010年に日本橋にオフィスと商業施設の複合ビル日本橋室町野村ビルYUITOを完成させている。

オフィスビルでは「PMO」のブランドで都心の中規模オフィスを年間6棟ペースで開発、投資家むけに売却する事業も展開している。

同社のマンションは、その販売戦略への同業他社からの評価も高い。マンションのブランドは2002年以降「PROUD」に統一していたが、2011年8月、郊外型マンションの新ブランドとして「OHANA」を立ち上げている。

高い住宅比率

持ち株会社の2020年3月期の連結売上高は6764億円、連結営業利益は819億円。売上高では財閥系3社、東急不動産に次ぐ5位だが、営業利益では4位。

オフィスビル、商業施設の開発と賃貸業務を手がける都市開発事業、マンションや一戸建ての開発分譲を行う住宅事業、不動産ファンドの運営や不動産ファンドへの投資を行う資産運用事業、不動産仲介やコンサルティングなどの仲介・CRE事業、オフィスビルやマンションの管理業務を請け負う運営管理事業の5つの事業を展開している。

各事業の売上構成比は、都市開発が31・4%、住宅が49・3%、運営管理が11・9%、仲介・CREが5・5%、資産運用が1・7%と、住宅が圧倒的に高く、都市開発と住宅とで全体の8割に達する。

営業利益は都市開発が44・1%、住宅が28・4%、仲介・CREが10・4%、運営管理が9・2%、資産運用が7・8%と、都市開発が住宅を大きく上回った。

もっとも、営業利益の6~9割を賃貸事業で稼ぐ他のデベロッパーに比べれば都市開発への依存度は高いほうではない。

15年3月期までは都市開発よりも住宅のほうが利益貢献度は高く、16年3月期に初めて逆転した。都市開発の比率は年々上昇傾向にあり、売れたか売れ

野村不動産HDの概要

連結売上高	6764億円
連結営業利益	819億円
連結当期純利益	488億円
総資産	1兆8012億円
純資産	5651億円
賃貸資産含み益	2096億円

主要グループ会社
- 野村不動産
- 野村不動産投資顧問
- 野村不動産アーバンネット
- 野村不動産パートナーズ
- 野村不動産ビルディング
- 野村不動産ライフ&スポーツ

業績は2020年3月期

野村不動産HDの売上高構成推移

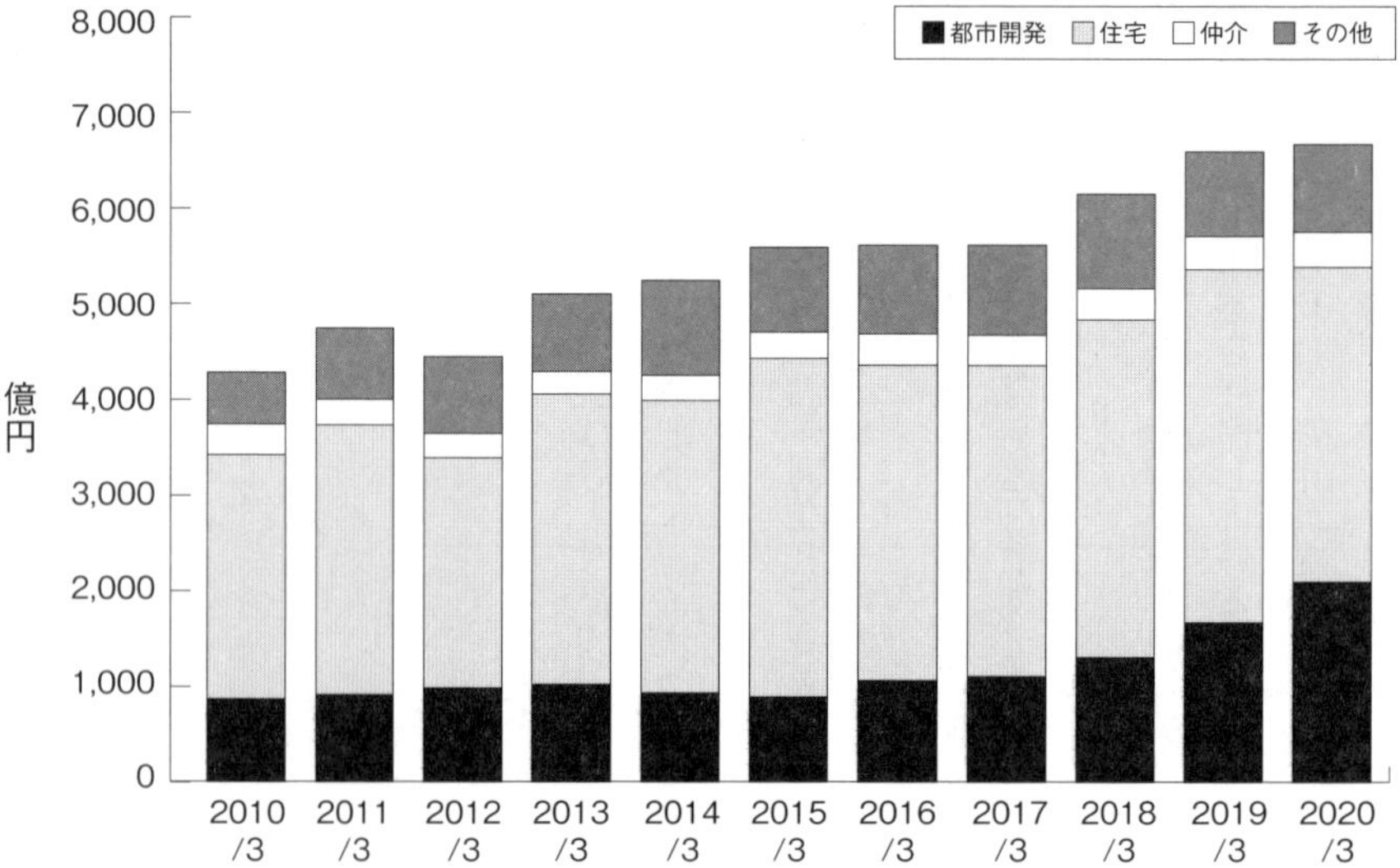

なかったかで業績が左右される住宅事業中心の事業構造から、安定収益の確保が可能な賃貸中心の事業構造にシフトしつつある。

営業利益率は大手5社のなかでは下から2番目。賃貸資産の含み益は財閥系3社に比べると圧倒的に少なく、三菱地所の20分の1以下。

東急不動産同様、母体の野村證券から切り離す際、簿価が低い好立地の資産は本体から切り出せなかったということなのだろう。

発売戸数ランキングではトップ3の常連

住宅部門では2012年度に全国で6181戸のマンションを供給。不動産経済研究所が毎年公表している、事業主別年間供給戸数ランキングでは財閥系3社を抑えて首位に立ったが、その後は3位がほぼ定位置になっている。

住宅に強いということは、住宅を売ったあとのサポート業務も獲得しやすくなる。マンション総合管理を手がける野村不動産パートナーは、マンション

野村不動産ＨＤの営業利益構成推移

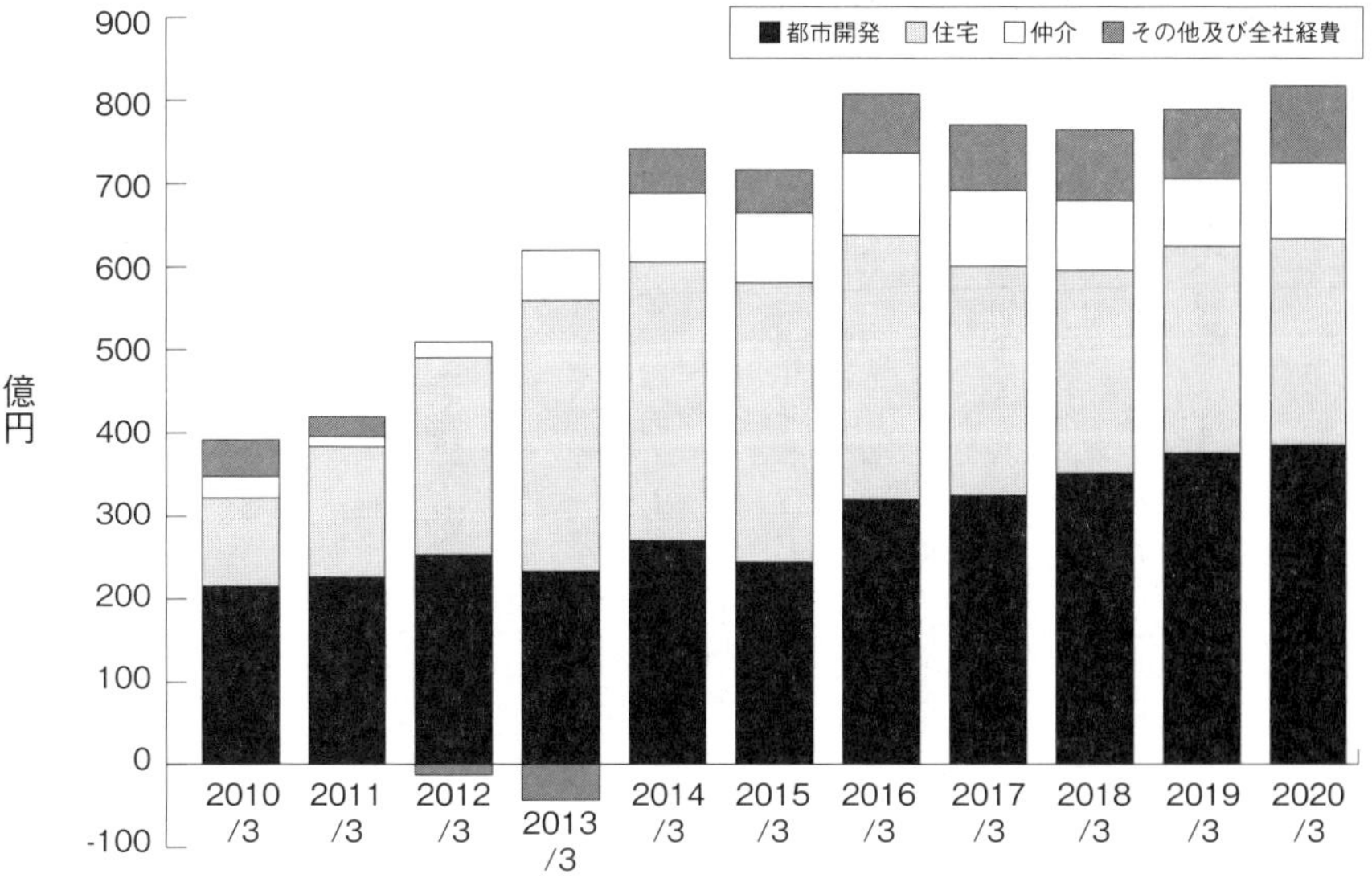

管理新聞が毎年実施している管理戸数ランキングでは、２０２０年５月25日公表分で、前年の12位から２つランクが上がって10位。

売買仲介を手がける野村不動産アーバンネットは、野村不動産が建てた新築物件の販売代理が主要業務だが、「野村の仲介プラス」ブランドで、リテール対象の店舗展開もしている。

もっとも、２０２０年３月期の取扱件数は９５１５件、取扱高は８７２３億円と、売買仲介御三家の背中はまだだいぶ遠そうだ。

1

6 東京建物

渋澤栄一が発起人の老舗不動産会社

旧安田財閥の創始者・安田善次郎氏が、渋澤栄一氏ら当時の経済界、金融界の有力者とともに発起人となり、1896年に設立された、主要デベロッパーのなかでは最も長い社歴を有する。

当初の事業目的は今でいう不動産担保金融と住宅ローン。1928年に宅地分譲事業、1937年には湯河原で別荘分譲事業をそれぞれ開始している。

終戦後の大陸における全資産没収と財閥解体を経て、宅地分譲を1963年から本格的に再開し、マンション分譲事業への参入は三井不動産、大京と同年の1968年である。

ビル開発に本格的に参入したのは1960年代初頭。国内初の区分所有型ビルとして横浜駅西口ビルが建設されたのは1964年。1979年に竣工した新宿センタービルは、池袋サンシャイン60ができるまでは日本一の高さを誇った。

1987年竣工の大崎ニューシティは日本精工や星製薬の工場跡地に建設された、オフィスと商業施設複合型の再開発事業としては先駆け的なプロジェクト。

2013年4月には京橋で進められていた再開発プロジェクト・東京スクエアガーデンが竣工。2014年4月には大手町の旧富士銀行本店跡地に大手町タワー、2015年2月には東京建物日本橋ビル、2016年には大手町フィナンシャルシティグランキューブ、京橋エドグランが竣工。2017年には八丁堀エンパイヤビル、都市型コンパクト商業施設

ＦＵＮＤＥＳ上野、２０２０年にはＨａｒｅｚａ Ｔｏｗｅｒが竣工している。

10年で賃貸面積１・４倍増を計画

２０１９年12月期連結売上高は３２３０億円、連結営業利益は５２４億円。

総合デベロッパー10社のなかでは、売上高は６番目、営業利益は８番目、賃貸資産の含み益は５番目。規模では大手５社に比べて小さいが、ビル開発、商業施設開発、分譲住宅開発、仲介と、総合デベロッパーとしての事業メニューはひと通り揃えている。

オフィスビル、商業施設を中心とした賃貸事業とオフィスビル販売、ビル管理受託事業を手がけるビル事業部門の連結売上高への貢献度は37・４％だが、連結営業利益は全体の61・２％をビル事業が稼ぎ出している。

住宅を中心とした分譲事業の連結売上高への貢献度は40・６％で、連結営業利益における貢献度は26・１％。マンションは「Ｂｒｉｌｌｉａ」ブランドで展開、年間１７００戸前後の供給で、不動産経済研究所の事業主別発売戸数ランキングでは10位前後がほぼ毎年の指定席だったが、近年は20位以内にも入らない年が増えている。

安定収益を生む賃貸事業拡大を志向しており、自社開発だけでなく、他社開発物件の取得も含め、２０３０年までに総額５６００億円を投じ、賃貸面積を現在の約80万㎡から１１２万㎡へと、１・４倍増させることを計画している。

東京建物の概要

連結売上高	3230 億円
連結営業利益	524 億円
連結当期純利益	297 億円
総資産	1 兆 5640 億円
純資産	3842 億円
賃貸資産含み益	4635 億円

主要グループ会社

- 東京不動産管理
- 東京ビルサービス
- 東京建物不動産販売
- 東京建物アメニティサポート
- プライムプレイス
- 東京建物リゾート
- 東京建物リゾート

業績は2019年12月期

東京建物の売上構成推移

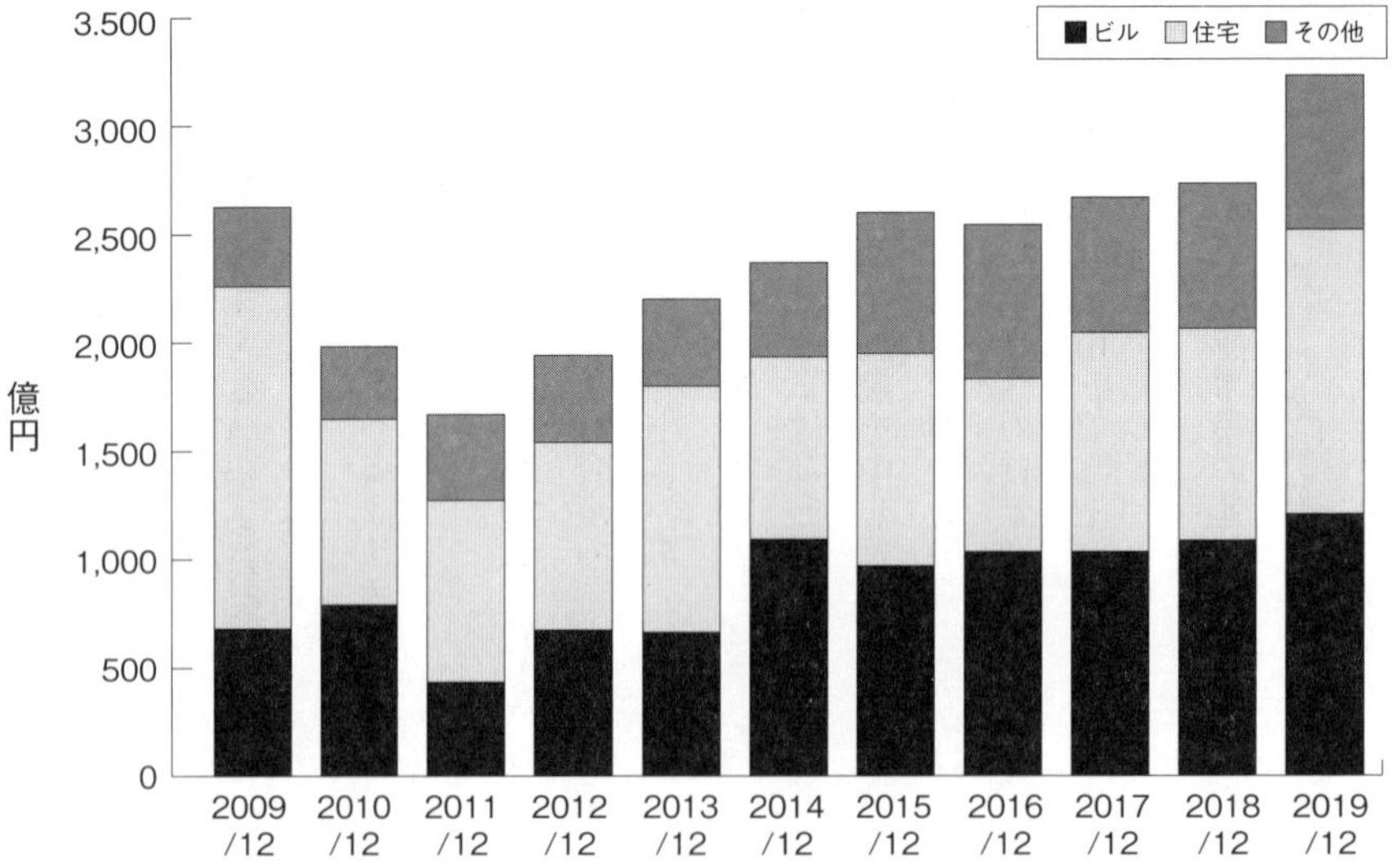

東京建物の営業利益構成推移

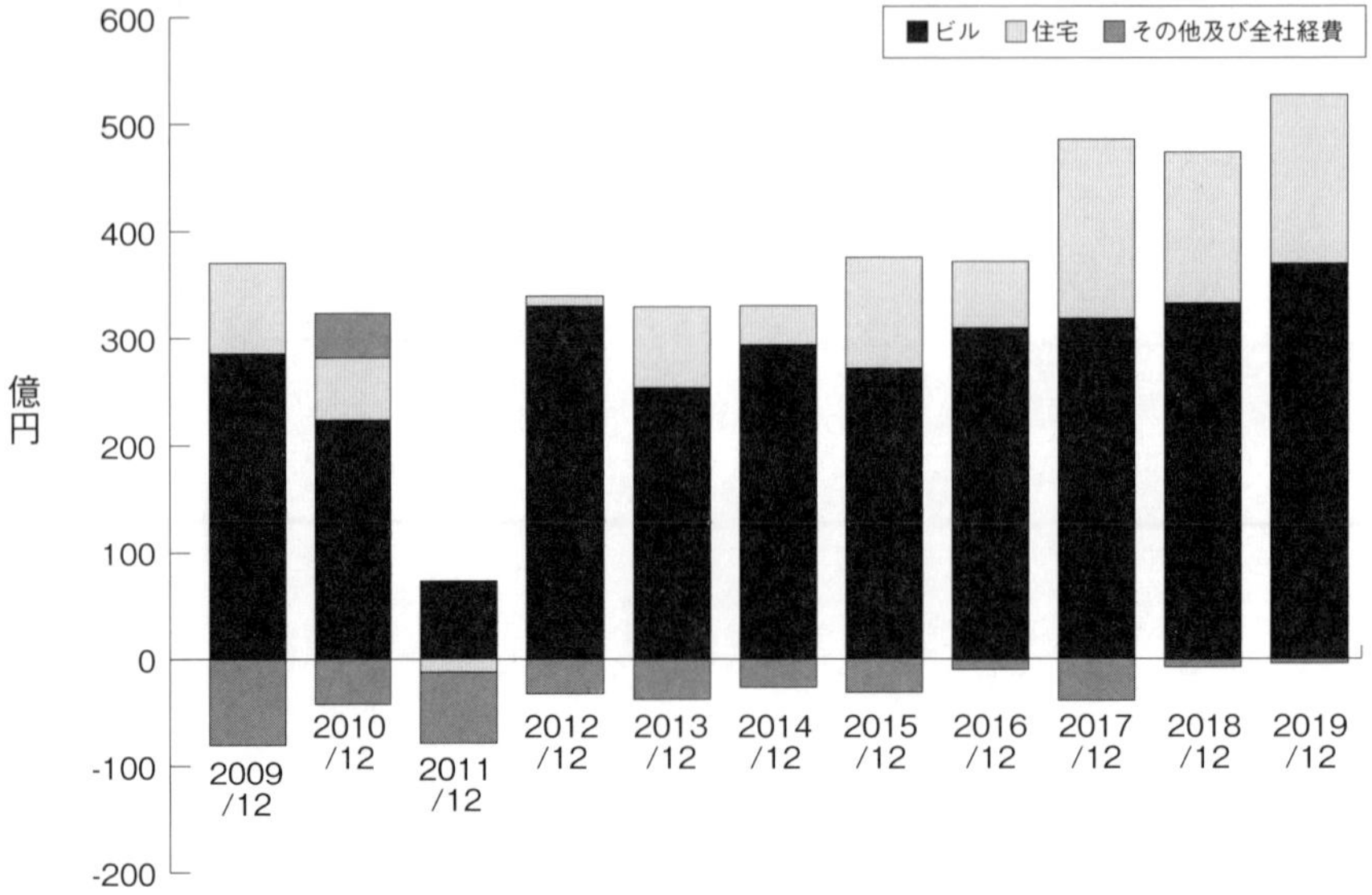

1

7 森ビル

ナンバービルが目印

通称〝港区の大家さん〟。新橋、虎ノ門周辺を中心に、約１００棟以上の賃貸オフィスビルを所有する。マルのなかに番号が入った看板が目印だ。

法人設立は１９５９年だが、前身となる森不動産の設立は１９５５年。森不動産を設立した森泰吉郎氏は、55歳にして大学教授から家業の不動産会社の経営者に転身した人物。

泰吉郎氏の祖父が愛宕下で家作の差配、今でいう貸し家の管理人を地主から頼まれて引き受けたのがルーツ。以来、不動産業は森家の稼業となり、のちに自ら賃貸住宅を取得、森不動産設立以降、貸しビル事業を開始する。

最初のビルが完成したのは１９５６年。次々と〝ナンバービル〟を竣工。１９７８年にはラフォーレ原宿が、１９８６年には用地とりまとめから17年を要した赤坂アークヒルズが竣工している。

１９９３年に泰吉郎氏が亡くなると、泰吉郎氏の次男・森稔氏が森ビルを、三男の森章氏がグループ会社の森ビル開発（現・森トラスト）を継ぐ。

森泰吉郎氏の死後、森ビルで手がけたビルは、赤坂溜池タワー、プルデンシャルタワー、そして六本木ヒルズ、愛宕グリーンヒルズ、表参道ヒルズ、アークヒルズ仙石山森タワーなど。

２００８年10月には、上海に１０１階建て、高さ４９２メートルの世界最高層ビル、上海ワールドフィナンシャルセンターがオープン。２０１４年６月には虎ノ門ヒルズがオープン。２０１７年４月には、銀座6丁目の松坂屋銀座店跡地に銀座エリア最大の複合商業施設GINZA　SIXを開業させた。

虎ノ門ヒルズでは2020年1月にビジネスタワーが開業。2021年1月にはレジデンシャルタワー、2023年7月には東京メトロ虎ノ門ヒルズ駅直結のステーションタワーが竣工予定。

分譲マンション部門の営業利益率は71％？

2020年3月期連結売上高は2502億円、連結営業利益は657億円。非上場だが有価証券報告書提出会社なので、開示は上場会社に準ずる水準。

事業規模は大手5社に比べるとだいぶ小さいが、賃貸資産の含み益は東京建物の倍近くある。

オフィス、商業施設、賃貸住宅の開発から、マンション分譲、プロパティマネジメント、不動産投資信託「森ヒルズリート投資法人」の資産運用業務までカバーする。

このほか、本体でテーマパーク型のアウトレットモールのヴィーナスフォート、グループ会社でグランドハイアット東京の運営も手がけている。高級会員制クラブ六本木ヒルズクラブ、アークヒルズクラブはセレブの若手経営者に会員が多いことで有名。

賃貸部門の構成比は売上高で63・1％、営業利益で49・5％。戸建ての分譲事業や一次取得者向けのマンション分譲は手がけていないが、付加価値が高い超高級マンションの分譲は手がけている。投資家向けオフィスビル販売も含めた分譲部門の構成比は売上高で16・2％、営業利益で37％だが、営業利益率は実に71％である。

森ビルの概要

連結売上高	2502億円
連結営業利益	657億円
連結当期純利益	313億円
総資産	2兆2003億円
純資産	5345億円
賃貸資産含み益	9136億円
主要グループ会社 森ビルエステートサービス 森ビル不動産投資顧問 森ビル都市企画 森ビルホスピタリティコーポレーション プライムステージ	

業績は2020年3月期

森ビルの売上高構成推移

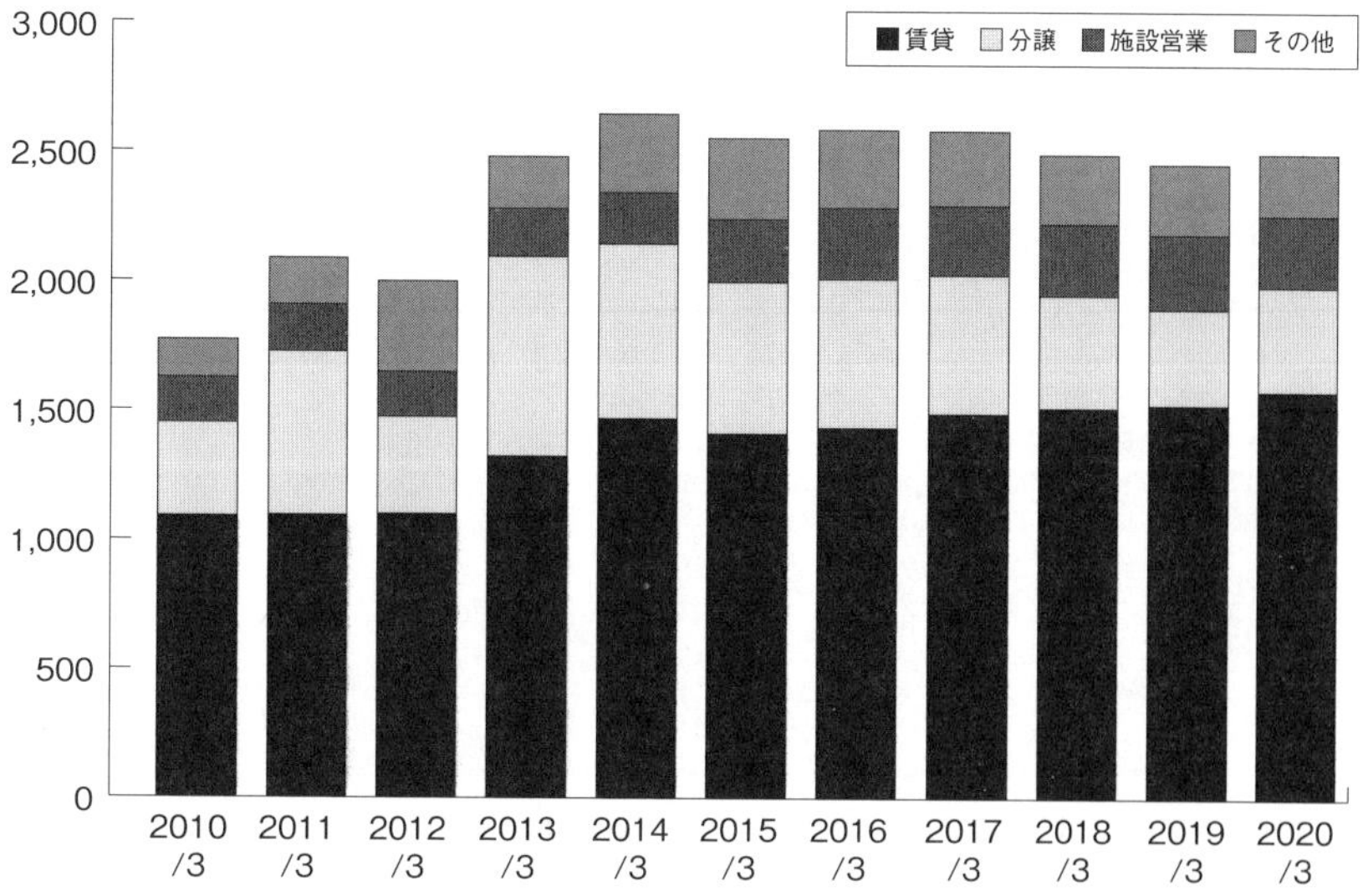

森ビルの営業利益構成推移

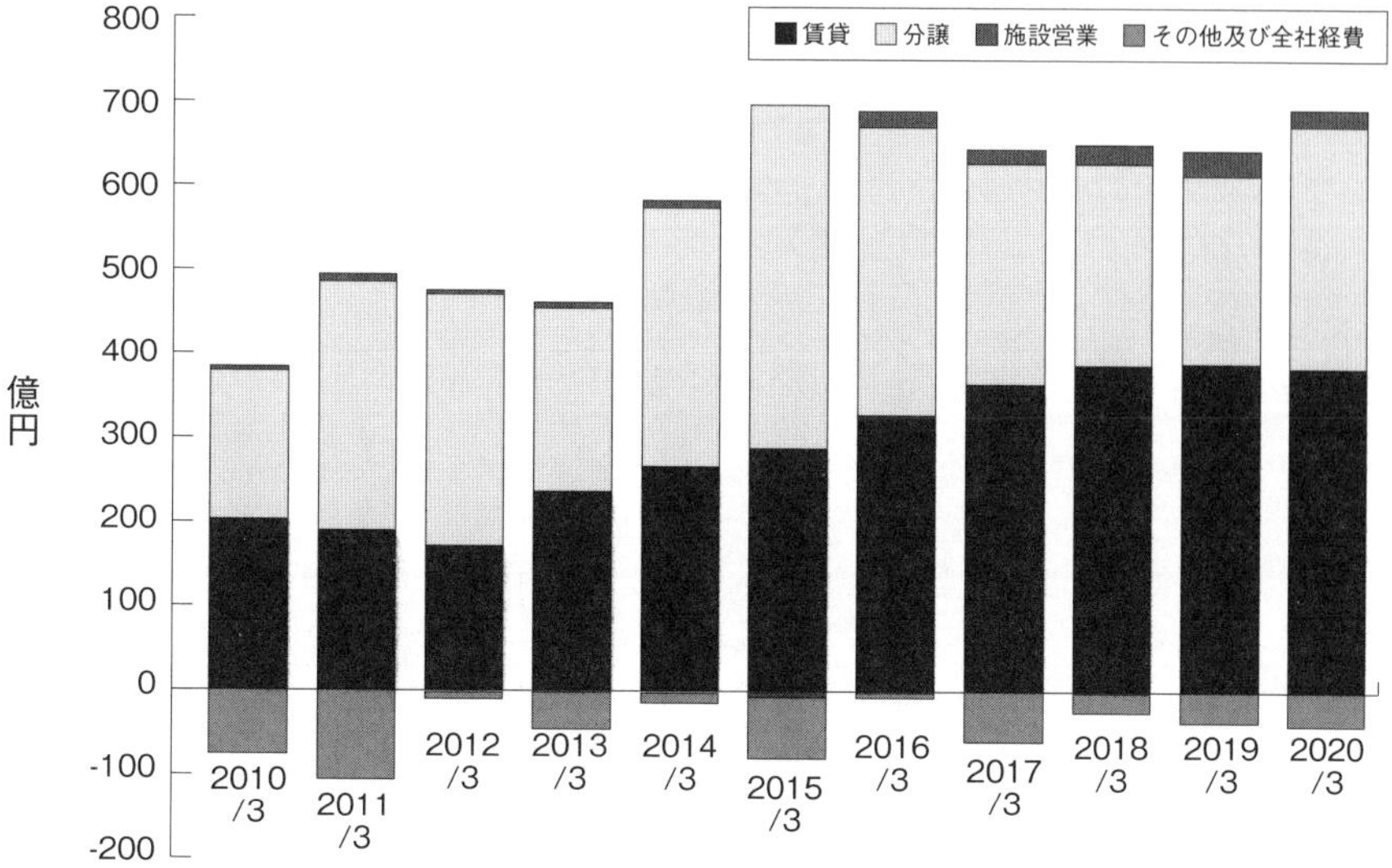

8 森トラストグループ

創業者の死後兄弟で会社資産を分割

森ビルのグループ会社として、森泰吉郎氏が森ビル開発の社名で1970年に設立。1993年に泰吉郎氏が亡くなり、森ビルは泰吉郎氏の次男稔氏が、森ビル開発は三男・森章氏が社長に就任。1999年に現在の森トラストに社名を変更している。

現在、千代田・港・中央・品川の都内4区及び仙台、大阪、京都、米国などに、合計約83棟（延べ床面積173万㎡）のビルや住宅を保有しているほか、24か所のホテルやリゾート施設に約3700室を保有している。

泰吉郎氏存命中に竣工に至った物件のうち、赤坂ツインタワー、御殿山トラストタワー、城山トラストタワーなど、「トラスト」の名がついているものが現在では森トラスト傘下。

森ビルがグリーンの円の看板を使用しているのに対し、森トラストはブルーの円を看板に使っており、森ビル系のビルと、森トラスト系のビルは、看板に使用している円の色で見分けることができる。

ホテル事業も森ビル、森トラストともに手がけているが、森ビルがハイアット系であるのに対し、森トラストはラフォーレ、マリオット、シェラトン、ヒルトン、ウエスティン、コンラッド、インターコンチネンタルなど。

2004年にJ－REIT「森トラスト総合リート投資法人」を上場させ、プロパティマネジメントなど投資事業も本格化させている。

住宅は超高級路線

２０２０年３月期連結売上高は２３３６億円、連結営業利益は５８７億円。非上場で業績は任意開示。含み益も不明だが、森ビルの含み益が９０００億円超なので、当社にも相応の含み益はあると考えられる。

近畿圏で一次取得者向けのマンションを供給しているエスリードを２０１３年に子会社化しているが、上記業績に同社の実績は含まれていない。

手がけている事業はオフィス、商業施設、住宅の賃貸、ホテル、リゾート施設の運営、オフィスや住宅の販売の3事業。

直近の２０２０年３月期の売上構成は、賃貸が31・３％、ホテル運営が16・５％、不動産販売が44・８％、その他が7・４％だが、この期はマンションとオフィス双方で分譲があったので、不動産販売の額が膨らんでいる。通常の状態だと賃貸が4割弱、ホテル運営が2割前後、不動産販売が3割前後、その他が1割前後。

住宅も森ビル同様、扱っているのは賃貸も分譲も超高級マンションのみ。２００４年から子会社のフォレセーヌで手がけているが、一次取得者向けのものではないので、供給戸数は極端に少ない。

オフィスビルはＭＴ、トラストタワー、賃貸住宅はトラストコート、ＭＴコート、テラス、ガーデンコートなどのブランドで展開している。

ルーツが同じだからか、ビジネスモデルも売上規模も利益水準も森ビルとよく似ているが、あえて違いをいうなら、ホテル部門の事業規模だろう。

森トラストグループの概要

連結売上高	2336 億円
連結営業利益	587 億円
連結当期純利益	403 億円
総資産	1 兆 1713 億円
純資産	4662 億円
賃貸資産含み益	非公開

主要グループ会社

- 森トラスト
- 森トラストビルマネジメント
- 森トラストホテルズ＆リゾーツ
- エスリード
- ＭＴ＆ヒルトンホテル
- ＭＴ＆Ｍホテルマネジメント
- 森トラストアセットマネジメント
- 万平ホテル

業績は2020年3月期

森トラストの売上構成推移

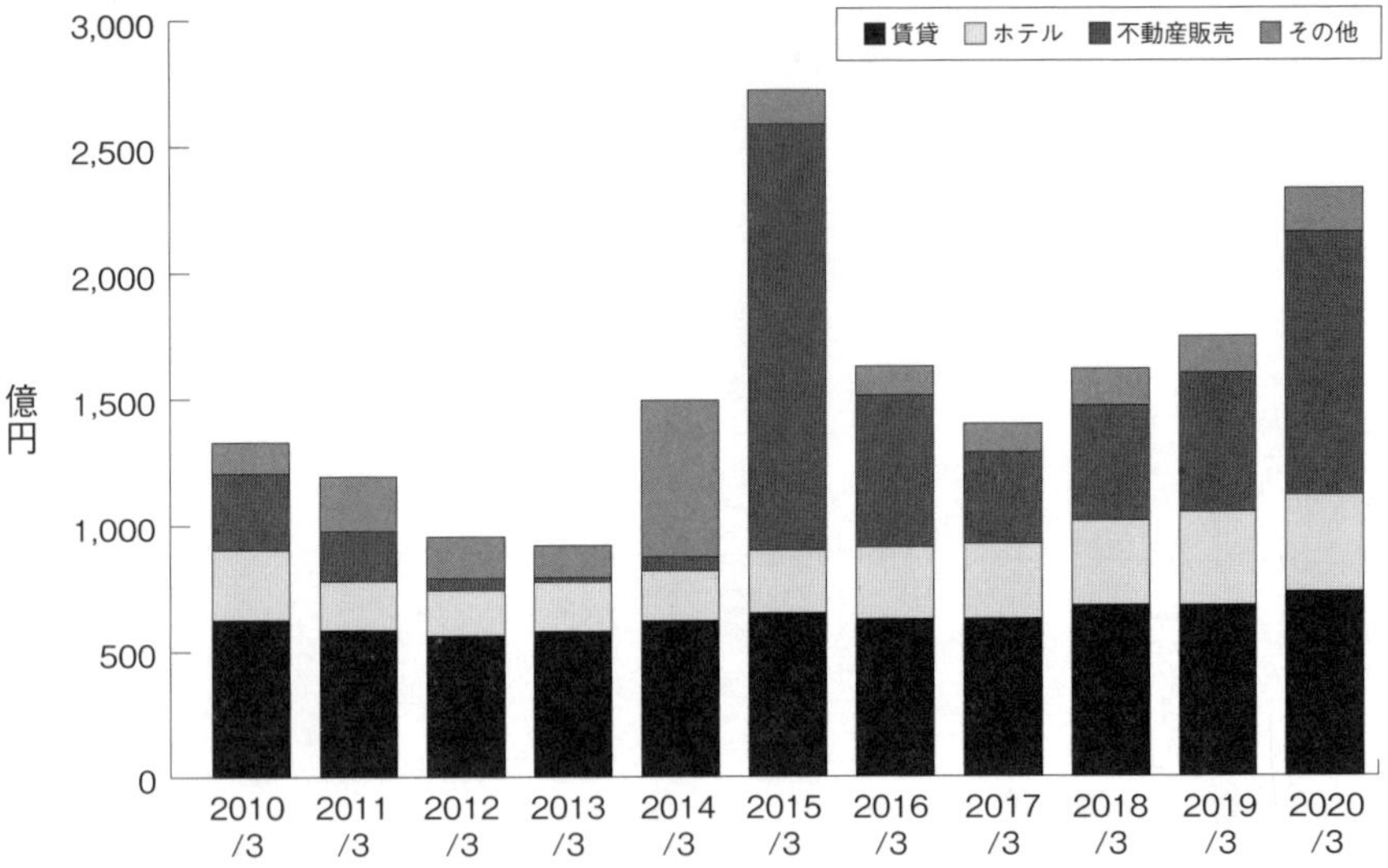

森トラストの営業利益推移

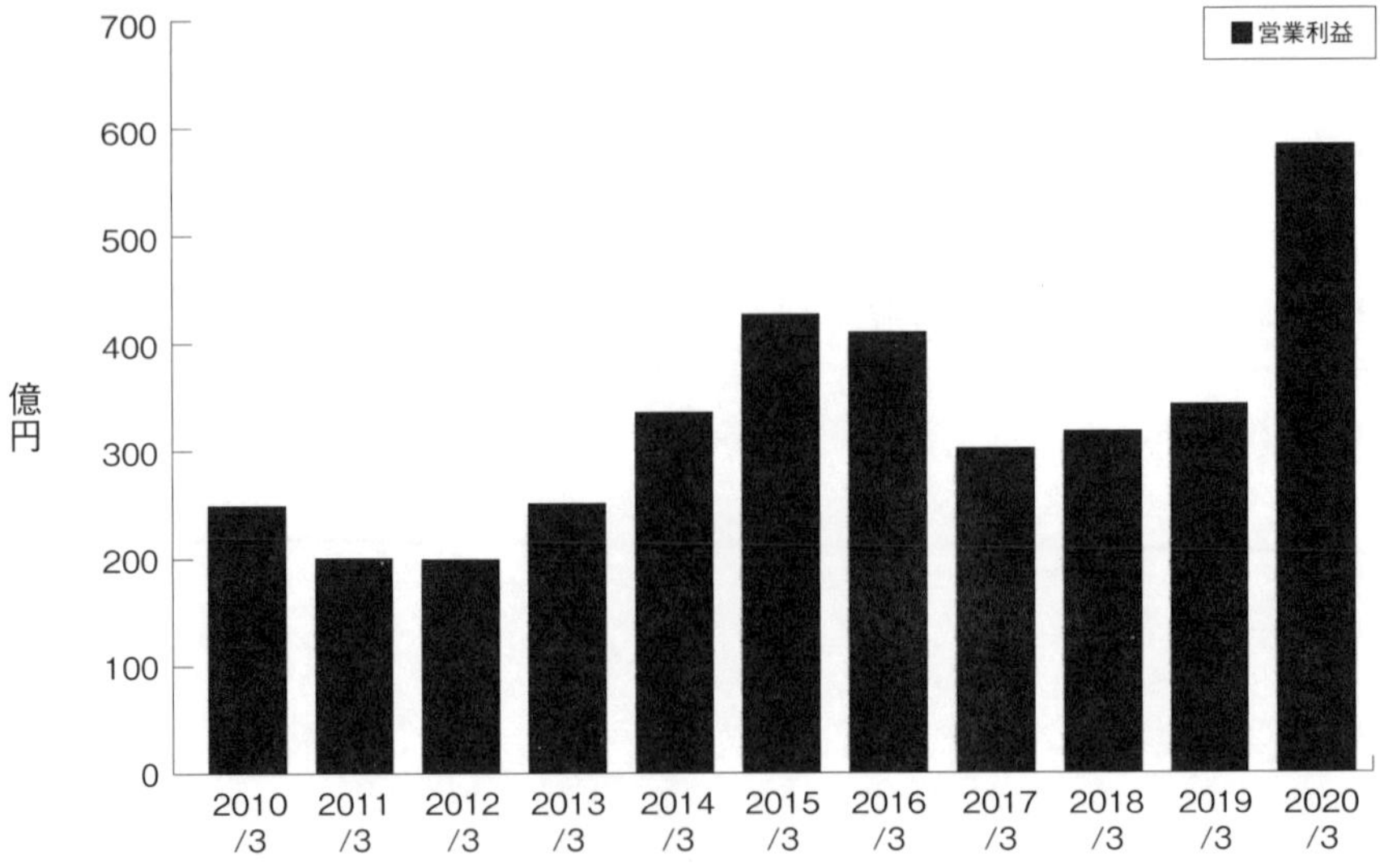

9 日鉄興和不動産

製鉄会社の子会社と銀行の子会社の統合会社

２０１２年10月に新日鉄住金グループの新日鉄都市開発と、旧日本興業銀行の流れを汲む興和不動産が経営統合して誕生した。

統合当時の年商は新日鉄都市開発が８６６億円で、興和不動産が７２４億円と、比較的規模の差が小さい企業同士の統合だったが、両社は来歴も強みもまったく異なる。

新日鉄都市開発のルーツは旧八幡製鐵系の八幡不動産と、旧富士製鐵系の富士鐵企業。どちらも住宅の分譲事業やグループが保有するビルの賃貸や社宅管理などを手がける会社だった。

新日本製鐵は八幡製鐵と富士製鐵が合併して１９７０年に誕生しており、両社傘下の不動産会社同士も合併して日鉄ライフが誕生したのは１９８５年。

生産効率が上がり、工場の規模縮小などで生じた工場跡地や遊休地の開発を行うため、１９８９年に新日本製鐵社内に都市開発事業部が誕生。

徐々にグループ所有地以外でもマンション開発なども手がけるようになり、この都市開発事業部のマンション事業を日鉄ライフが承継、社名を新日鉄都市開発に変更したのが２００１年である。

興和不動産は１９５２年に旧日本興業銀行系の不動産会社として設立され、大都市圏でオフィスビル「興和ビル」や、外国人向けの高級賃貸住宅「ホーマット」の開発・賃貸事業を主力に、マンションや戸建ての分譲も手がけていた。

だが平成バブル崩壊で経営が悪化したため、優良賃貸資産やマンション分譲事業と、それ以外の不良資産を分離して整理。前者の事業を引き継いだのが、合併前の興和不動産である。

旧興和を安定収益源にチャレンジも

2020年3月期の売上高は1793億円、連結営業利益は308億円。賃貸資産の含み益は2925億円。

オフィスビル、賃貸マンション、分譲マンション、戸建て住宅の開発から、物流施設開発、プロパティマネジメント業務、企業の不動産活用コンサル、不動産仲介まで手がける。

北九州市の八幡東田総合開発に代表される、旧新日本製鐵の工場跡地や大規模遊休地での大規模再開発では、用途地域の変更や区画整理、不動産証券化などの高度なノウハウを使い、実績を上げている。

売上構成は賃貸部門（オフィス、マンション）が28・4％で販売部門が52・0％、フィー等事業が19・5％だが、営業利益構成は賃貸が52・3％を占め、販売部門は37・6％と賃貸の貢献度が高い。

旧興和不動産が都内に保有するオフィスビル「興和ビル」や、「ホーマット」など優良賃貸資産からの賃料収入で安定収益を確保し、景気変動の波を受けやすい住宅分譲事業も積極的に展開している。

尚、親会社の新日鉄住金が社名を日本製鉄に変更した2019年4月、同社も社名から「新」が消えて現社名になっている。

日鉄興和不動産の概要

連結売上高	1793 億円
連結営業利益	308 億円
連結当期純利益	188 億円
総資産	9326 億円
純資産	1974 億円
賃貸資産含み益	2925 億円
主要グループ会社	興和不動産ファシリティーズ 日鉄コミュニティ 興和不動産投資顧問 赤坂インターシティマネジメント 品川インターシティマネジメント 品川熱供給

業績は2020年3月期

日鉄興和不動産の売上構成推移

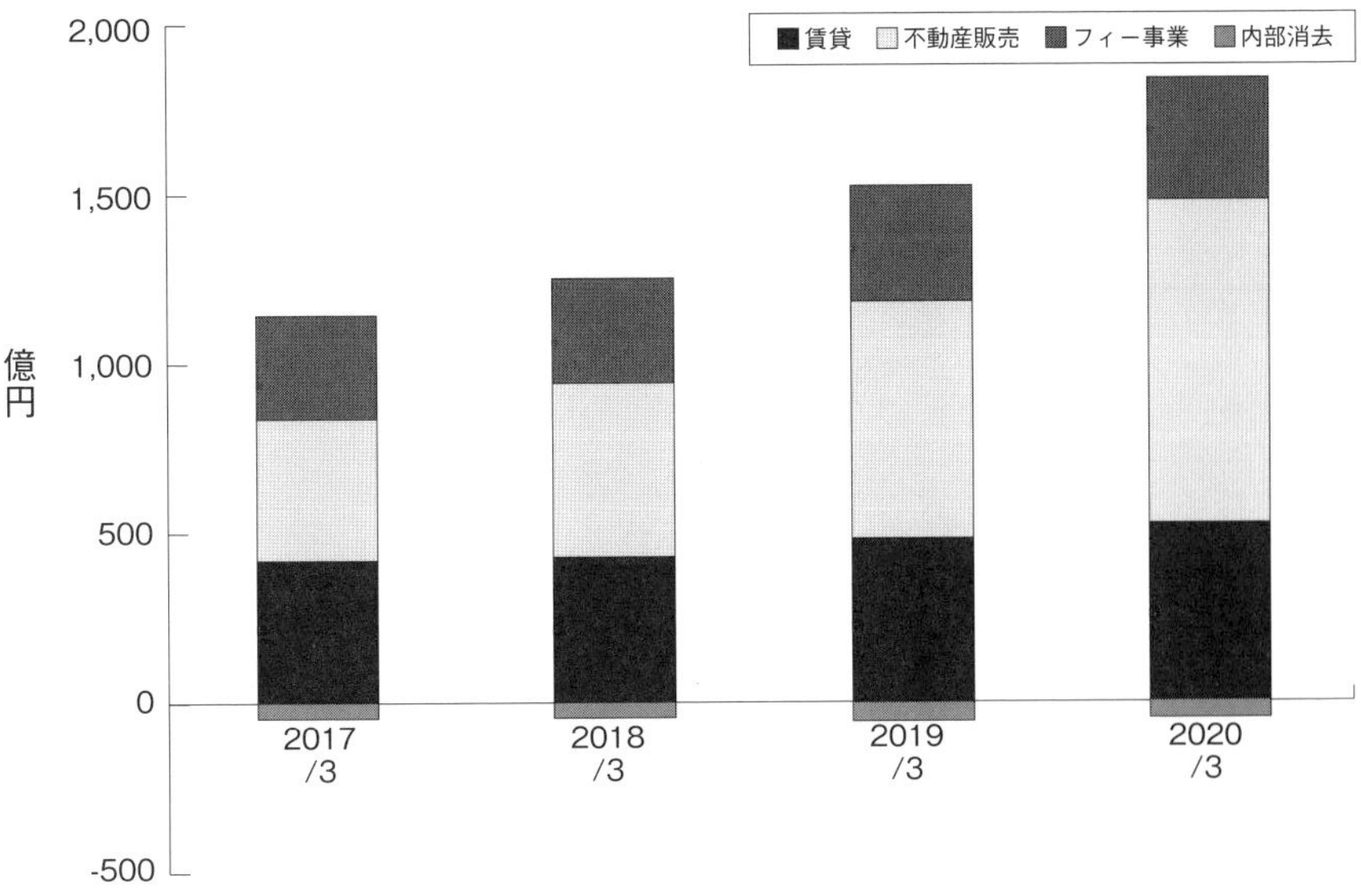

日鉄興和不動産の営業利益構成推移

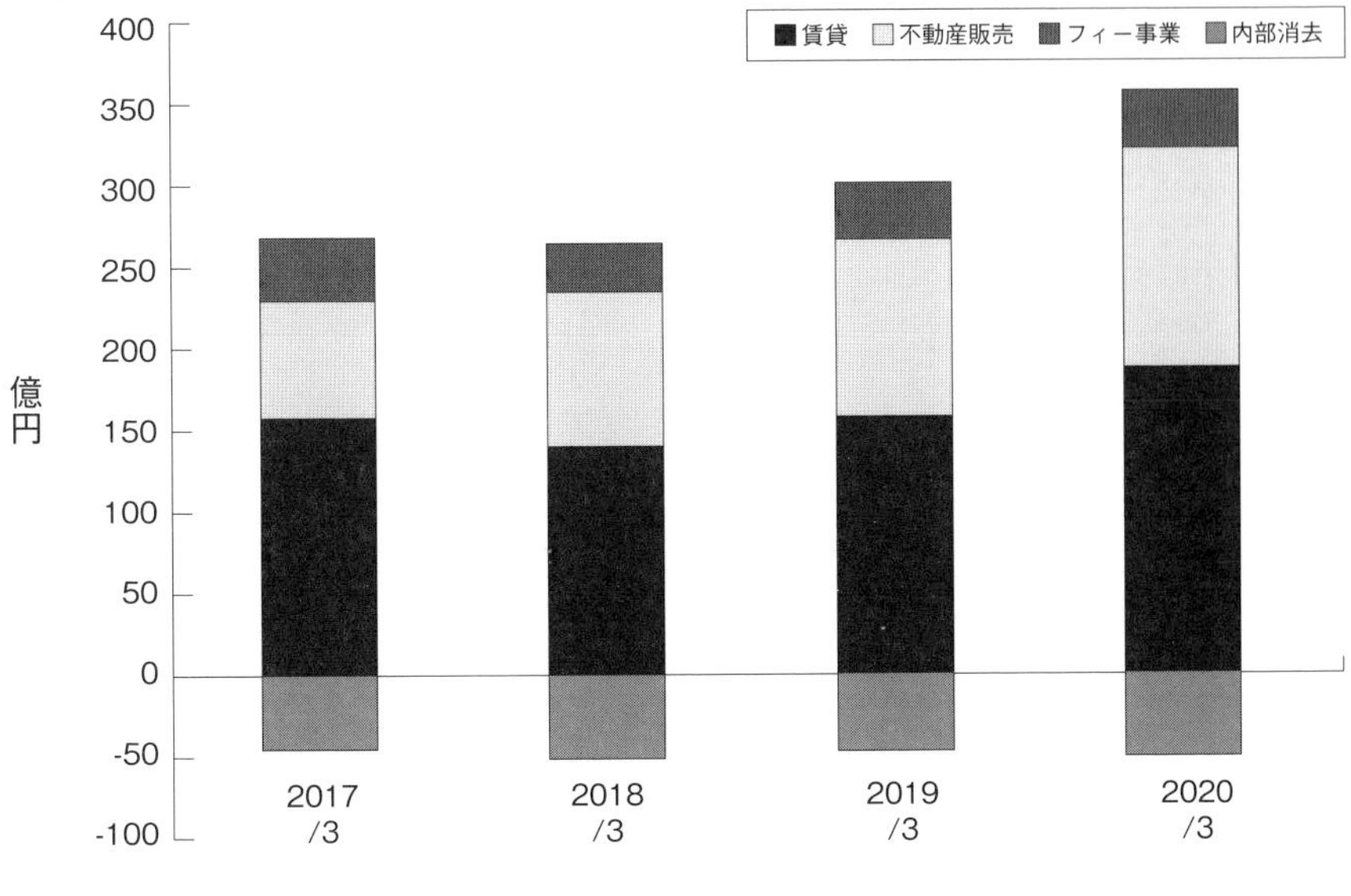

1

10 NTT都市開発

電電公社時代の名残の好立地を有効活用

1986年、NTTが保有する不動産の有効活用を目的に、NTTの100%子会社として設立された不動産会社。

1987年にオフィスビル第1号案件のアーバンネット麹町が竣工して以降、NTTグループ内の不動産会社を順次合併しながら、電話局跡地など、旧電電公社時代から所有している好立地の遊休土地に、「アーバン」、「クレド」などのブランド名のオフィスビルや商業施設、もしくはオフィス、商業の複合施設を建設してきた。

1999年に北海道から九州まで全国に5社あったNTTグループ内の不動産会社と統合、現在の姿になった。

近年は「ウェリス」ブランドで2000年に参入したマンション分譲事業が成長。年によっては不動産経済研究所の事業主別マンション発売戸数ランキングで、20位以内に入る年もある。

サービス付き高齢者住宅参入は2010年。ホテル事業は2015年10月に担当部署を設け、1号案件は2016年10月開業のTHE HIRAMATSU HOTELS&RESORTS熱海。

2004年に東証一部に上場したが、2019年1月、再びNTTが完全子会社化し上場廃止に。

2019年5月には、街づくりをする会社としてNTTが新たにNTTアーバンソリューションズを設立。同年7月1日に設計管理業のNTTファシリティーズとともに、NTT都市開発もアーバンソリューションズ社の１００％子会社になっている。

　同社の規模に比べてＮＴＴ本体の規模が大きすぎるため、ＮＴＴの決算説明でも同社についての数値に関する言及はなく、上場していた頃に比べると、公開情報は減っている。

営業利益の賃貸依存度は8割

　２０２０年３月期の連結売上高は１４７９億円、連結営業利益は３２１億円。２０１９年１月に上場廃止になっているので、有価証券報告書の提出も、部門ごとの数字の開示も、いずれも２０１９年３月期が最後。２０２０年３月期については主要な数値のみ任意で開示している。

　その２０１９年３月期は、会計基準を日本基準から国際会計基準に変更しているので、賃貸資産の含み益の開示は２０１８年３月期が最後。同時点での含み益は６７６５億円と、３大財閥、森ビルに次ぐ水準だった。

　２０１９年３月期の売上構成は、オフィス・商業施設の賃貸が54・６％、住宅の分譲と賃貸が34・１％、その他が11・３％。一方、営業利益構成は賃貸が81・４％、住宅が11・６％、その他が６・８％。利益面では賃貸に大きく依存している。

　２０１６年２月から私募リートの運営も開始。２０１８年８月には逓信ビル跡地に延べ床面積20万㎡の大手町プレイスを、２０１９年７月には、アーバンネット内幸町ビルを竣工させている。

　赤坂ツインタワー跡地でも、森トラストとの共同事業が進行中。

ＮＴＴ都市開発の概要

連結売上高	1479 億円
連結営業利益	321 億円
連結当期純利益	160 億円
総資産	1 兆 1975 億円
純資産	非公開
賃貸資産含み益	非公開
主要グループ会社	ＮＴＴ都市開発ビルサービス 大手町ファーストウクエア 東京オペラシティビル 品川シーズンテラス ＵＤホスピタリティマネジメント ＮＴＴ都市開発投資顧問 ＮＴＴ都市開発投資顧問

業績は2020年3月期

ＮＴＴ都市開発の売上構成推移

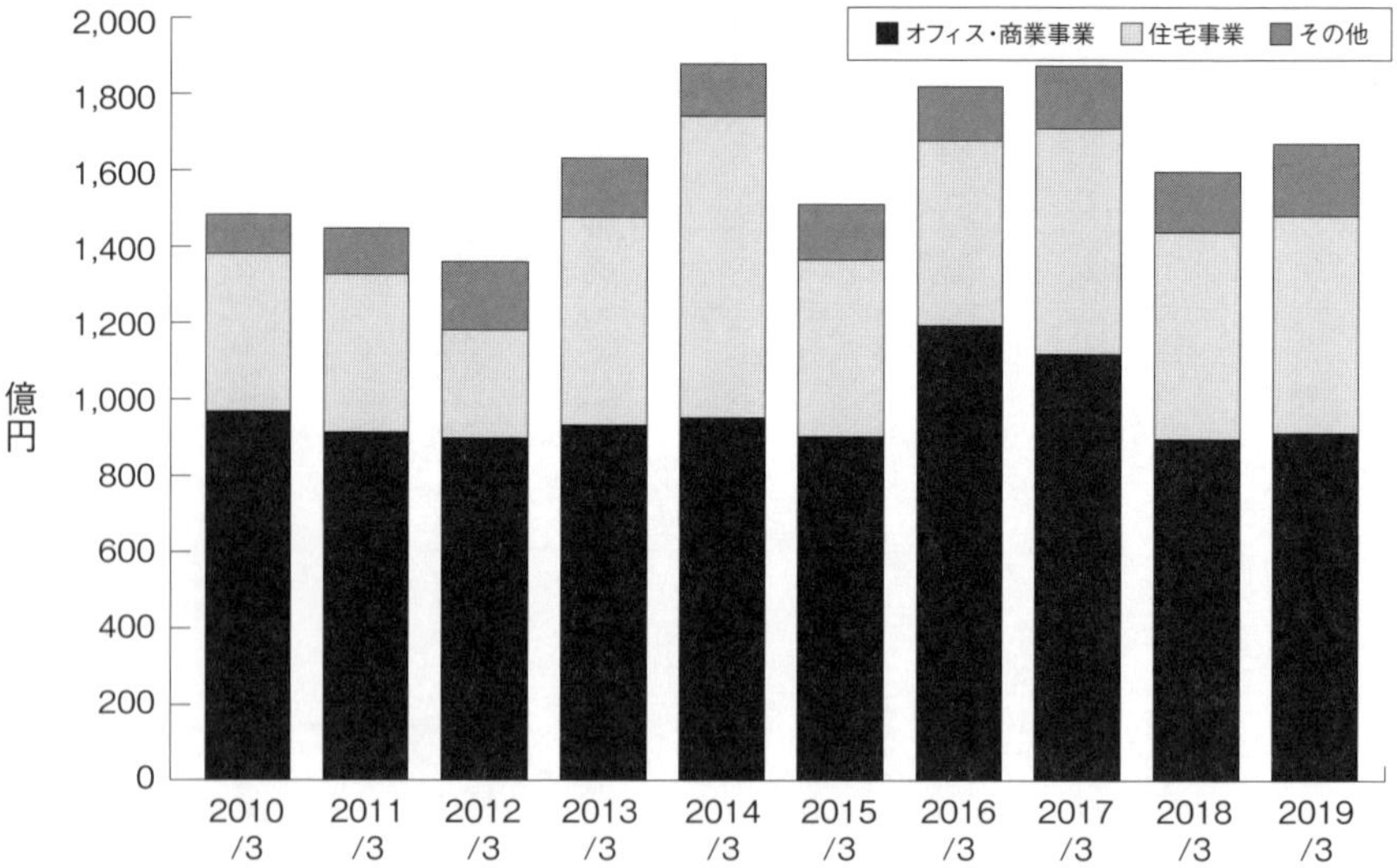

ＮＴＴ都市開発の営業利益構成推移

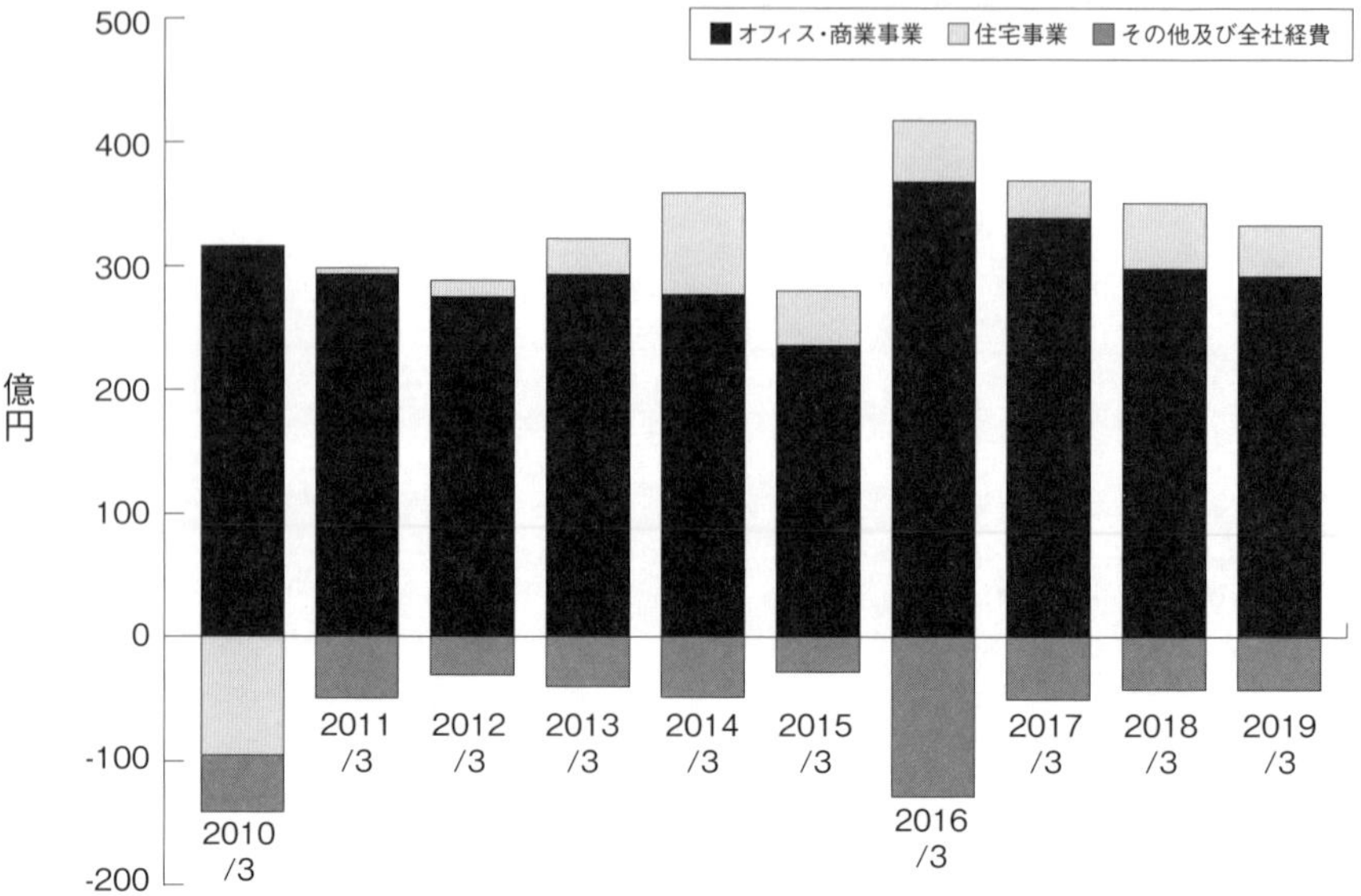

2 マンションデベロッパー

大和ハウス工業の子会社となった後も上場を維持しているコスモスイニシアは詳細な情報が開示されているが、オリックスの子会社となっている大京は２０１９年１月に上場を廃止。現在は大京単体の決算公告数値をＨＰに掲載しているが、上場していた頃の大京は、仲介や賃貸管理などグループ各社を含めた連結ベースで開示していた。上場時最後の決算となった２０１８年３月期の連結売上高は３３５１億円だった。

一方、上場している新興勢力は、マンション販売以外の売上があればそれも含めて連結開示している。

結局のところ、売上高での横比較は困難であり、だからこそ、不動産経済研究所の事業主別発売戸数ランキングが、マンション分譲事業の業界に身を置く各社の実力を示す指標として、高い信頼を得ている。

横比較が難しい各社の売上規模

マンションは総合デベロッパーがメインプレーヤーで、そこに新興勢力が挑んでいく業界構造になっている。

ただ、５大総合デベロッパーのなかでも、三井、三菱は別会社で従事している一方、住友、野村、東急は本体で扱っている。

業績開示の方法も各社まちまち。別会社にしていない住友、野村はマンションと戸建ての合算数値の形で開示している。

三井不動産レジデンシャルと三菱地所レジデンスは、三井不動産、三菱地所の有価証券報告書で売上高や経常利益など主要数値が開示されている。

マンションデベロッパー各社の売上状況

社名	業績
野村不動産	マンション、戸建ての合算売上高で 3,3339 億円
三井不動産レジデンシャル	3,286 億円
住友不動産	マンション、戸建ての合算売上高で 3,144 億円
三菱地所レジデンス	2,696 億円
プレサンスコーポレーション	連結売上高 2,240 億円
タカラレーベン	連結売上高で 1,684 億円
コスモスイニシア	1,105 億円
東急不動産	マンション売上高 961 億円
あなぶき興産	連結売上高で 953 億円
フージャースコーポレーション	連結売上高で 852 億円
エスリード	連結売上高で 616 億円
大京	決算公告で単体売上高 533 億円
穴吹工務店	決算公告で単体売上高 524 億円

あなぶき興産のみ2020年6月期、それ以外は2020年３月期

るのだろう。

上の一覧は公表資料からマンションデベロッパー各社の売上高を読み取れる範囲で抽出、ランキングしてみたが、正確性、公平性に欠けるものであることは前述した通り。

ここからいえることは、総合デベ５社のうち東急不動産を除く４社がおおむね３０００億円規模で拮抗、それ以外のマンションデベロッパーとの開きは大きいということくらいだろう。

次ページ以降で、住宅事業を別会社にしている財閥系２社を含む、マンション大手のプロフィールを紹介していく。

1 三井不動産レジデンシャル

住宅部門を別会社化

２００６年に三井不動産グループ各社の住宅事業を集約する形で設立。

三井不動産本体にあったマンション、一戸建ての開発・分譲業務と、三井不動産販売の事業のうち、三井不動産本体や他社で開発した物件の販売を受託する業務を切り出して統合した会社である。

三井不動産レジデンシャルサービス、三井不動産レジデンシャルサービス関西、三井不動産レジデンシャルサービス北海道など、全国各地の管理業務会社は三井不動産レジデンシャルの子会社。

三井不動産本体から本体所有の賃貸住宅の運営を受託している、三井不動産レジデンシャルリースも三井不動産レジデンシャルの子会社だが、三井ホームグループや、三井不動産リフォームは三井不動産本体直の子会社。

旧三井不動産販売も、リテール仲介の「三井のリハウス」事業、法人や投資家対象の仲介、駐車場運営の「三井のリパーク」事業、カーシェアリングの「カレコ」事業を手がける会社となり、社名も三井不動産リアルティに変更。三井不動産レジデンシャルの子会社とはならず、三井不動産本体直の子会社のままとなっている。

２０１５年秋、当社が分譲した横浜市内のマンションで傾斜問題が発覚。「売り主としての責任を果たす」として全棟建替を提案。２０１７年春から解体が始まり、２０２１年2月完成予定。

開発から販売後の品質管理までワンストップ

以前は三井不動産本体でマンションや一戸建てを開発し、販売を三井不動産販売が受託していたが、当社誕生後は用地取得から開発、販売、販売後の品質管理まで一貫して同社が手がけるようになった。

一戸建ては「ファインコート」1ブランドだが、マンションは現在、グレードや形態に応じて7つのブランドを展開している。

三井不動産時代からある「パークホームズ（スタンダード）」、「パークシティ（環境創造型大規模開発）」、「パークタワー（超高層住宅）」「パークマンション（最高位グレード）」、「パークコート（ハイグレード）」の5ブランドに、同社発足後「パークリュクス（小世帯向け都心住宅）」と「パークシーズンズ（日本のリゾートレジデンス）」が加わった。

シニア向けサービスレジデンス事業は「パークウエルス」ブランドで展開しているほか、マンション建て替えのアドバイスや、住宅を中核に位置付ける再開発のサポートも手がけている。

不動産経済研究所の事業主別マンション発売戸数ランキングでは、2013年に首位を獲得。それ以外の年でも2016年までは上位3位の常連だったが、2017年以降は新興勢力のプレサンスコーポレーションがベスト3に食い込んだことから、ここ3年は4～5位となっている。

旧三井不動産販売から切り出した「販売受託業務」では、他のデベロッパー・商社・建設会社などが事業主となる全国のマンション・戸建て住宅などの新築物件の販売受託を行っている。

2010年には海外事業部を新設。2011年に中国広東省沸山市で現地デベロッパーが展開する住宅分譲事業に参画したほか、丸紅、三菱地所と共同で、上海市嘉定地区での大規模住宅開発も手がけている。

2

2 三菱地所レジデンス

母体は旧藤和不動産

三菱地所が２００９年4月に完全子会社化したマンション専業デベロッパー・旧藤和不動産に、三菱地所本体の住宅分譲事業と、三菱地所リアルエステートサービスの住宅販売受託事業を２０１１年1月1日付で統合させた会社。法人格は旧藤和不動産のものを継承し、現社名への社名変更も２０１１年1月1日付。

旧藤和不動産は、１９５７年6月、ゼネコンの藤田組（のちのフジタ）の民間工事受注促進の一環で、藤田組１００％出資で設立された不動産会社。

マンション事業参入は１９６４年12月。オイルショックで資金調達に窮したため、地主への用地取得代金を現金で支払うのではなく、建てたマンションの何部屋かを渡す「等価交換方式」を考案。その1号案件が１９７６年10月発売の藤和吹田コープ。ビル事業やゴルフ場事業に進出、多角化を図ったものの失敗。平成バブル崩壊後、マンション以外の事業から撤退し、マンション専業となる。

三菱地所との関係では、２００４年12月締結の業務資本提携契約で三菱地所が33・4％を保有。２００８年1月に出資比率を51・88％に引き上げたため連結子会社となり、翌年、完全子会社化された。

一方、買収した側の三菱地所は、１９６９年5月、赤坂パークハウスを発売しマンション分譲事業に参入。三井不動産、住友不動産、第一生命保険との共同事業で１９８６年に竣工させた広尾ガーデンヒルズ、１９９３年8月竣工のパークハウス多摩川、２

大規模開発
物件種類別 不動産業界最新事情
不動産ビジネスのしくみ
不動産業界のプレーヤー
不動産業界の仕事研究
待遇と勤務条件

000年12月竣工のガーデンセシア、2003年10月竣工のM．M．TOWERSなど、都心部でのハイグレードマンションの供給を得意としていた。

総合デベ大手5社中では4番手

2020年3月期の連結売上高は2696億円、連結経常利益は231億円。三井、住友、野村が年商3000億円級という総合デベ大手5社マンション事業のなかでは4番手という位置付け。

三菱地所グループの住宅開発部門の集約を目的に、郊外型マンション開発に定評がある旧藤和不動産と、都心部のハイグレードマンションを得意とする三菱地所の住宅開発部門、及び三菱地所リアルエステートの販売機能を統合。

この統合によって、藤和は2007年に新ブランド「BELISTA」を立ち上げていたが、ブランドを「ザ・パークハウス」に統一した。

藤和買収以前は、不動産経済研究所が毎年公表している、事業主別マンション発売戸数ランキングでは、旧藤和不動産が5～7位前後、三菱地所が10位前後だった。統合前の最後の年度となった2010年度は、藤和不動産が3380戸で5位、三菱地所レジデンスが2044戸で7位。

2011年度は統合効果で5331戸となり首位、2015年度以降は4～5位が定位置となっている。

マンション以外では、分譲一戸建てはパークハウステージ、高級賃貸マンションはパークハビオ、資産家向けの賃貸住宅はパークワンズのブランドで展開している。

分譲事業以外にも、中古マンションのリノベーション、競争力が低下したオフィスビルや社宅、倉庫などを再生して賃貸する事業や、旧藤和が蓄積したノウハウを活かし、等価交換方式や定期借地権を使った土地活用コンサルも展開している。

2

3 プレサンスコーポレーション

関西発祥、投資用からファミリー用に展開

1997年、大京出身の山岸忍代表が日経プレステージの社名で設立、2002年に現社名に変更。「プレサンス」ブランドの投資用マンションの分譲からスタートし、2007年に東証二部に上場。2013年に東証一部に昇格している。

本体で投資家向けマンションの分譲と分譲後の賃貸管理、グループ会社のプレサンス住販でエンドユーザー向けマンションの売買、プレサンスコミュニティで建物管理、プレサンスリアルタで中古の買取販売も展開している。

大阪が発祥であるため、当初は大阪で分譲実績を伸ばし、近畿圏、東海圏に拡大、近年は沖縄や東京でも分譲実績を徐々に積み上げている。

2016年9月に三栄建築設計と合弁会社・プロスエーレを設立し、ベトナムでの住宅分譲事業に参入している。1号案件は24階建て348戸の高層マンション。

ホテル用地不足が顕著になり始めた2016年頃からは、ワンルームマンション用地として取得した土地を、ホテル事業者に売却するビジネスも始めたが、新型コロナ禍でホテル需要そのものが激減。ワンルームマンション用地としての利用に回帰するものと見られる。

なお、2019年12月、学校法人の土地取引に絡み、創業者・山岸忍氏による横領が発覚。山岸氏が逮捕されたことを機に、2020年5月にオープンハウスが同社の発行済み株式総数の約3割を取得。11月

プレサンスコーポレーションの業績推移

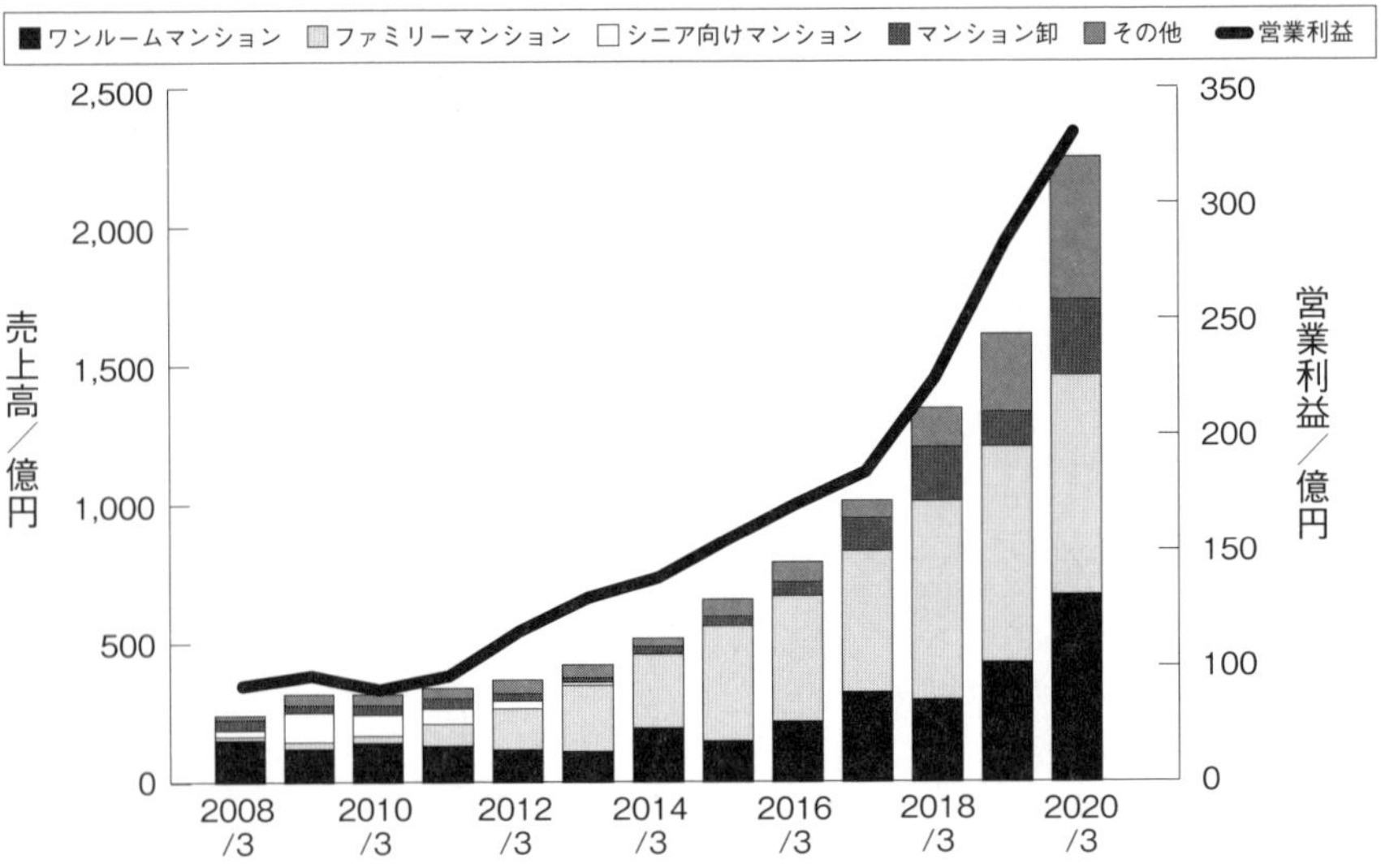

には連結子会社化すべく、発行済みの65％程度の取得を目指して株式公開買付の実施を公表している。

22年間で年商10倍の急成長企業

２０２０年３月期の連結売上高は２２４０億円、連結営業利益は３２６億円。売上構成は、ファミリータイプの分譲マンションが35％、投資家向けワンルームマンションが30％、開発したマンションをマンション販売業者へまるまる１棟卸売りする１棟売り事業が12％。その他23％が、同社が販売した投資家向けマンションの賃貸管理など。

売上高は上場からの22年間で10倍、営業利益は６・６倍という急成長企業。

投資用ワンルームマンション一辺倒から、エンドユーザー向けのファミリーマンション分譲に事業領域を拡大。不動産経済研究所の事業主別発売戸数ランキングでは、２００７年度に全国版で初めてランクインし、２０１７年度からは３年連続で全国２位。近畿圏では２０１０年から10年連続で1位。

4 タカラレーベン

8年で売上3倍増、営業利益倍増

一次取得者向けマンション分譲を手がける新興のマンションデベロッパー。リーマンショック後数年間足踏み状態が続いたが、2013年頃から成長が再開。過去8年で売上高は3倍増、営業利益は倍増という急成長企業。

1972年設立で工務店からスタートし、翌年から不動産業を開始。1982年に賃貸事業も開始し、自社分譲マンションの発売は1994年。

一戸建て分譲、中古物件の買取再販、マンション総合管理、賃貸管理などのほか、自社での太陽光発電事業も手がける。

マンション事業参入は1990年代半ば。メインブランドの「レーベン」、ハイグレードの「ザ・レーベン」、単身者・DINKS向けの「ネベル」の3ブランドで展開している。

一戸建ては「レーベンプラッツ」ブランドで展開。太陽光発電住宅の供給にも力を入れている。

子会社のレーベンゼストックでは、賃貸中の投資用中古物件を取得、テナント退去時にリノベーションを行って再販売する買取再販事業を営んでいるほか、レーベンコミュニティでマンション総合管理、タカラレーベンリアルネットで仲介、レーベントラストで賃貸管理業務を手がける。

2001年にJASDAQ市場に上場、2003年に東証二部、2004年に東証一部に昇格。

2018年7月にはオフィス、住宅、ホテルなどを投資対象とするJ-REIT「タカラレーベン不

大規模開発
物件種類別 不動産業界最新事情
不動産ビジネスのしくみ
不動産業界のプレーヤー
不動産業界の仕事研究
待遇と勤務条件

タカラレーベンの業績推移

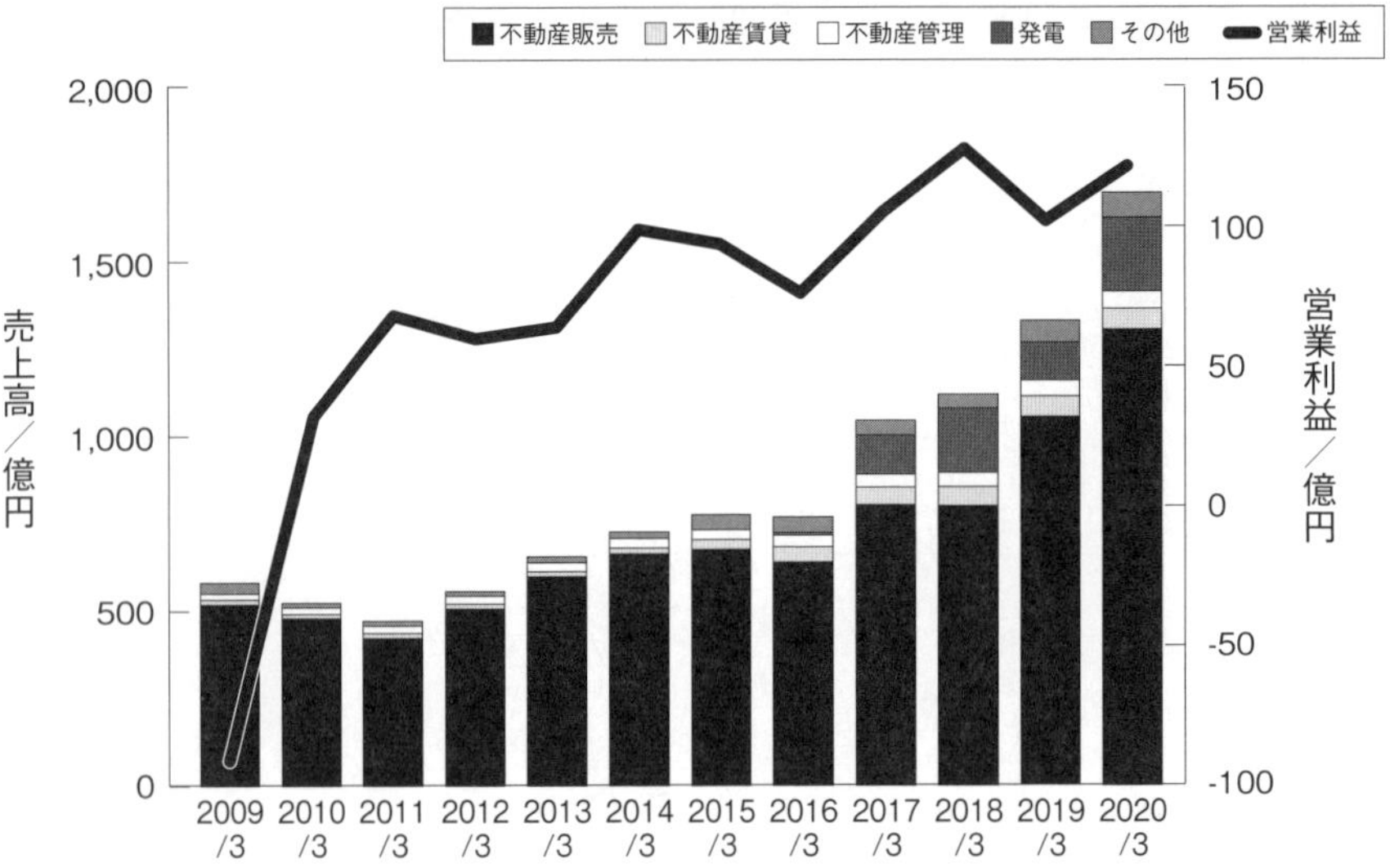

動産投資法人」を上場。このほか、私募ファンドの運営も行っている。

自社でメガソーラー発電

２０２０年３月期連結売上高は１６８４億円、連結営業利益は１１９億円。連結売上高の約８割、連結営業利益の約６割強が不動産販売事業。

不動産経済研究所の事業主別発売戸数ランキングでは２０００年代前半は20位内に出たり入ったりだったが、毎年１５００戸前後の発売戸数を維持し、２００５年度以降20位以内が定着。

２０１３年度は１７０５戸で10位へと順位を上げ、以降、10位以内が定着している。太陽光発電マンションの供給戸数は全国１位。

２０１３年からは、メガソーラー発電事業も自社で手がけ、２０１６年６月、東証のインフラファンド市場上場第１号となる太陽光インフラファンドを上場させた。２０２０年３月期の発電事業売上高は２０９億円、営業利益は33億円。

5 コスモスイニシア

紆余曲折経て大和ハウス傘下へ

旧リクルートコスモス。1969年にリクルートグループの映画会社として設立されたが、1974年に事業目的を不動産業に変え、社名も環境開発に変更してマンション分譲事業に参入した。

1985年にリクルートコスモスに社名を変更。翌1986年に株式の店頭公開を果たすも、その2年後に戦後最大の政界スキャンダル・リクルート事件が勃発。値上がり確実な同社の未公開株の政治家への譲渡が収賄の罪に問われた。

バブル到来による恩恵で業績悪化は回避したが、その後のバブル崩壊で業績が悪化。親会社リクルートがダイエーに買収されたため、ダイエー傘下に入ったが、そのダイエーも経営が悪化。リクルートグループのダイエーグループ離脱とともにダイエー傘下を離れ、2005年には和製ファンドの草分けであるユニゾンキャピタルと機関投資家の資金支援で、当時の経営陣がリクルートが保有する同社株を買い取り、リクルートグループからも独立。現社名に社名を変更するとともに、マンションのブランド名も、「コスモス」から「イニシア」に変更した。

サブプライムショック以降の市況悪化とともに業績も悪化。2009年4月に事業再生ADRの手続きを開始。1683億円あった債務のうち約300億円のカットと、1000億円についての返済スケジュール緩和で金融機関と合意。

2013年3月、計画通り弁済を終え、大和ハウス工業が第三者割当増資を引き受けて子会社化。

大規模開発
物件種類別不動産業界最新事情
不動産ビジネスのしくみ
不動産業界のプレーヤー
不動産業界の仕事研究
待遇と勤務条件

コスモスイニシアの業績推移

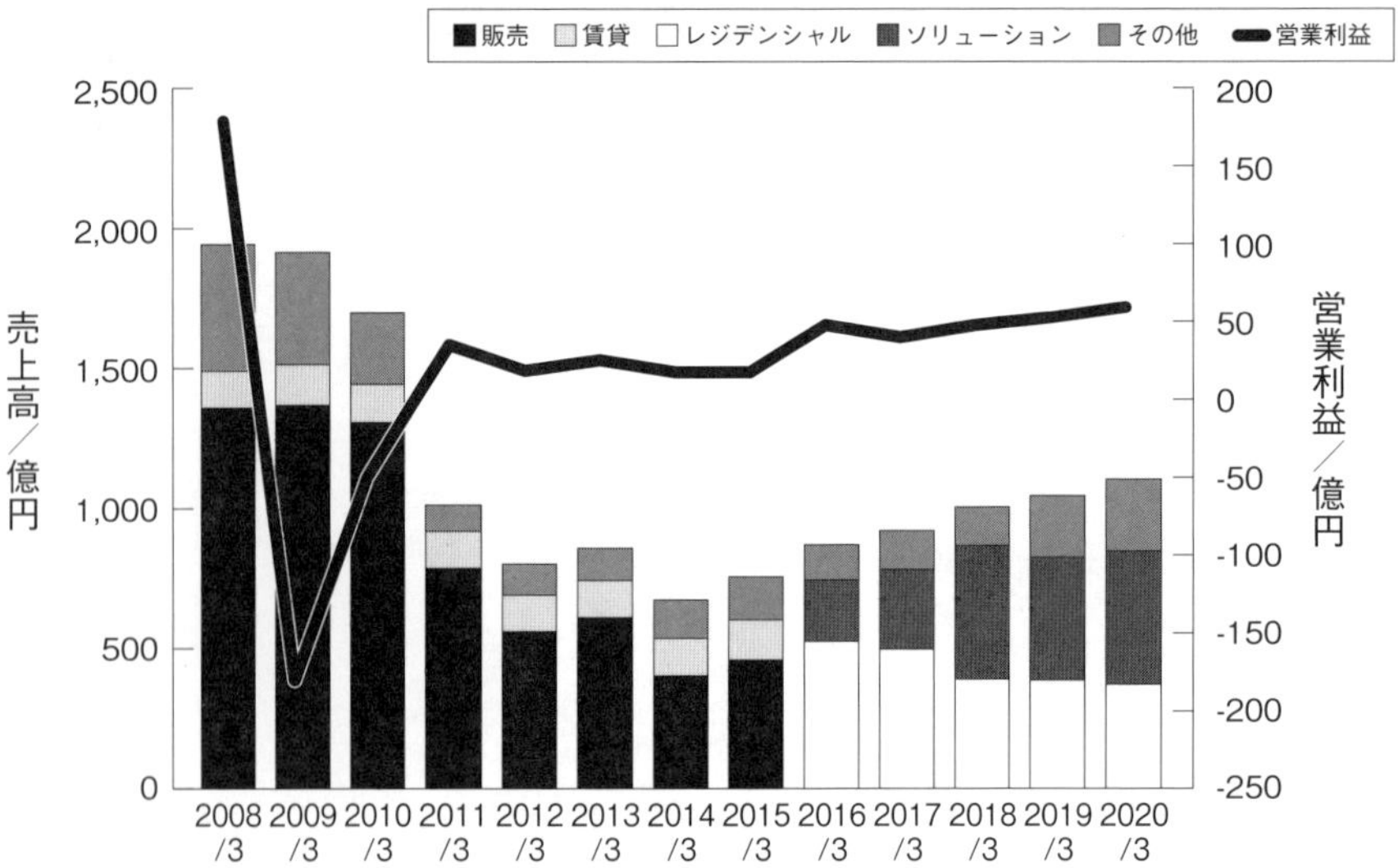

マンション管理のコスモスライフは大和ハウスの同部門と統合し、連結対象からはずれている。

投資用不動産販売に軸足移す

２０２０年３月期連結売上高１１０５億円、営業利益60億円。２０１５年３月期までと、２０１６年３月期以降で、部門別の業績開示における部門分類を変更しており、厳密な意味での連続性は絶たれているが、旧分類での販売（主にマンション分譲事業）が、おおむね現在のレジデンシャルとイコール。

２０２０年３月期の売上構成比はレジデンシャルが33・８％であるのに対し、ソリューション（投資用不動産販売と賃貸管理）が42・９％。営業利益もレジデンシャルが19・４％でソリューションが61・５％と、分譲事業中心から投資用不動産販売中心へのシフトが進展している。

6 あなぶき興産

マンション事業参入機に穴吹工務店から独立

実父が創業した建設業の穴吹工務店を、法人改組して初代社長に就任した穴吹夏次氏が、穴吹工務店のグループ会社として1964年に設立。本社は穴吹工務店と同じ香川県高松市に置いた。

主力は「アルファ」ブランドで展開している分譲マンション事業。

不動産経済研究所の事業主別マンション発売戸数ランキングでは、2015年頃までは年によって順位にバラつきがあったが、2016年以降はベストテンの下のほうに入る状況が続いている。

本体ではこのほか、中古マンションの買取再販事業や、経営が悪化したホテルや旅館の再生なども手がけている。

グループ会社では、あなぶきホームで戸建て事業、あなぶき不動産流通で新規分譲物件の受託販売事業、あなぶきリアルエステートで新規分譲物件の仲介事業、エステートサポートで賃貸事業、きなりの家で注文住宅の設計や建築請負を手がけている。

このほか日本電力で、高圧一括受電で分譲したマンションに電力を供給するエネルギー関連事業、クリエアナブキで人材派遣事業、穴吹エンタープライズでホテル、レストラン、ブライダル施設、ゴルフ場、サービスエリア運営も展開している。

マンション事業には1985年に参入、この時点で穴吹工務店もマンション事業を手がけていたため、競合先となる同グループから離脱している。

実績は四国4県、九州が中心だが、関東圏でも実

大規模開発
物件種類別 不動産業界最新事情
不動産ビジネスのしくみ
不動産業界のプレーヤー
不動産業界の仕事研究
待遇と勤務条件

あなぶき興産の業績推移

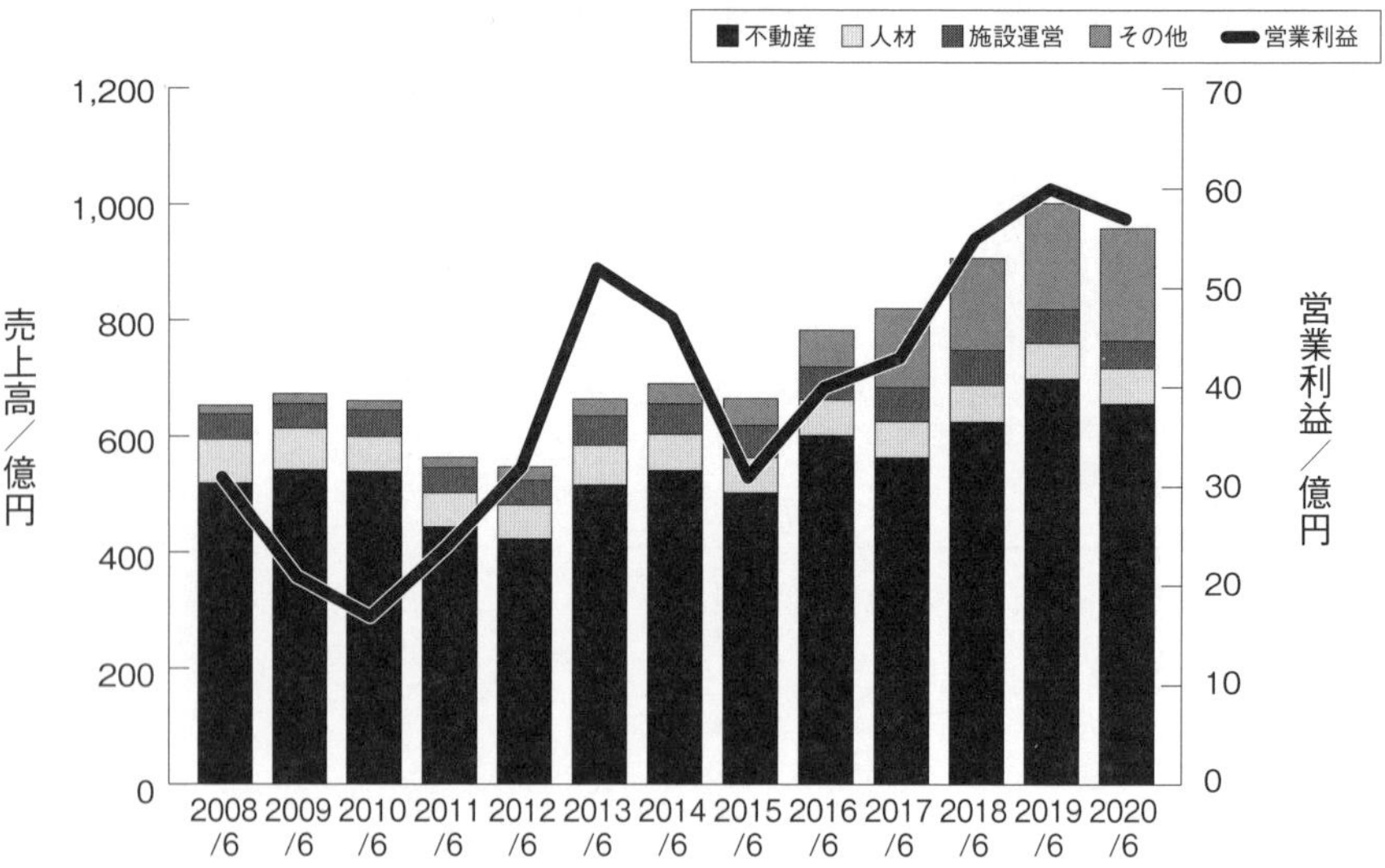

績あり。

営業利益の不動産依存度は9割超

２０２０年６月期の連結売上高は９５３億円で連結営業利益は57億円。

戸建てや仲介、賃貸といったマンション分譲の隣接業務に加え、電力供給やスーパーマーケット経営、有料老人ホーム運営、タクシー事業、旅行代理店業務、イベント企画にベンチャー投資と、不動産事業以外の事業領域は広範囲。

だが、不動産事業で連結売上高の7割弱、連結営業利益の93%を稼ぎ、他部門の赤字を埋め、全社経費も賄っている。

7 フージャースホールディングス

生活全般で事業領域を拡大

リクルートコスモス（現コスモスイニシア）出身の廣岡哲也氏が1994年12月に設立した有限会社が前身。1995年6月に株式会社に改組し、フージャースコーポレーションに社名を変更。

マンション分譲は、当初は企画をデベロッパーに持ち込んで販売代理業務を獲得するところからスタート。1999年10月に共同事業の形で分譲事業に参入。2000年9月に自社単独分譲を開始した。

マンションのブランドは、ファミリータイプがデュオヒルズ、コンパクトタイプがデュオヴェール、アクティブシニア向けがデュオセーヌ、ヘルスケアコンドミニアムがデュオサンテ。新築一戸建てはデュオアベニュー。

分譲したマンションの交通アクセスを確保するため、2004年10月にバス運行会社を設立。

2015年4月にはPFI事業への参入のため、アイ・イー・エーを設立したほか、7月にはアクティブシニア向け物件開発のためフージャースケアデザイン設立。

2016年4月にはスポーツアカデミー社から21か所中15か所のスポーツクラブを取得し、スポーツクラブ運営に本格参入。

2019年2月にはホテル運営事業への参入のため、フージャースアコモデーションサービスを設立している。

2002年10月店頭公開、2003年10月東証二部上場。11か月後の2004年9月に一部昇格を果

フージャースの業績推移

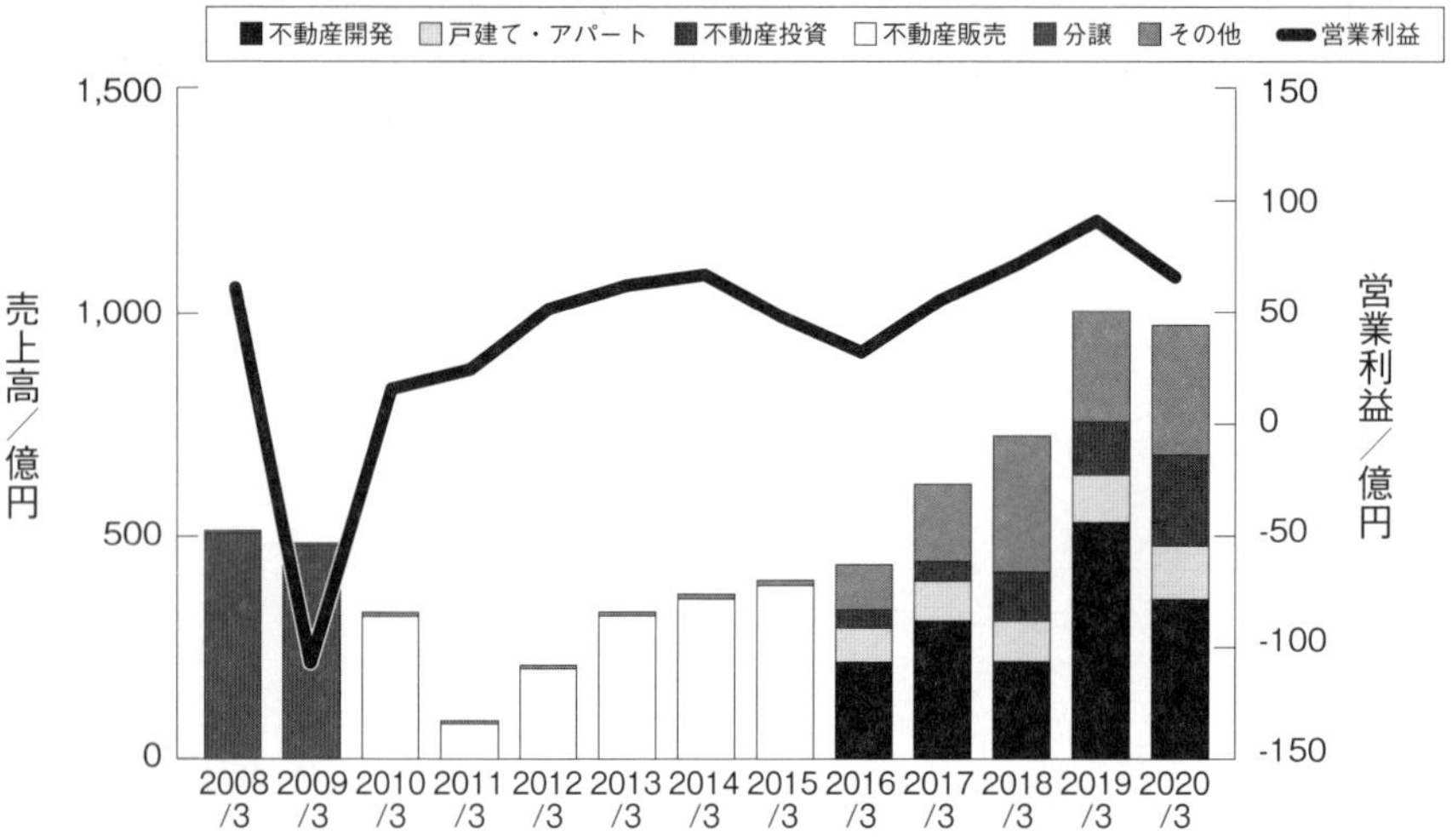

2013年3月期までフージャースコーポレーション、2014年3月期以降はフージャースホールディングスの業績

たしている。２０１３年３月、持ち株会社化するためフージャースコーポレーションを上場廃止にし、翌４月にフージャースホールディングスとして上場している。

利益の稼ぎ頭は投資事業

２０２０年３月期の連結売上高は８５２億円、連結営業利益は66億円。部門別の業績開示のための部門分類は２０１０年３月期と２０１６年３月期に変更しており、厳密な意味での連続性は遮断されてはいるが、２００９年３月期まで使われていた分譲事業、２０１５年３月期まで使われていた販売事業、２０１６年３月期から使われている不動産開発が、ほぼ分譲マンションの業績。

２０２０年３月期の不動産開発の売上高は、連結全体の42％、営業利益は連結全体の38％。

不動産投資事業の貢献度が高く、売上高は連結全体の23％だが、営業利益は52％と不動産開発を大きく上回る。

8 エスリード

近畿のみの供給で全国ランキング6位

近畿圏地盤のマンションデベロッパー。1992年に大京の大阪支店営業部長だった荒牧杉夫氏が創業・設立。「エスリード」ブランドのマンション分譲のほか、建替分譲や賃貸、管理、仲介、中古マンションの買取再販売事業も手がける。

1999年大証二部に上場、2001年に東証一部に昇格している。

2012年に業務・資本提携を締結した森トラストが、荒牧代表らから32・3％の株式を取得したため筆頭株主に。その後2013年に株式公開買付も実施、保有割合を53・5％に高めたため、現在は森トラストの連結子会社になっている。

マンション管理業務はエスリード建物管理、マンションの賃貸管理はエスリード賃貸、建設・リフォームはイー・エル建設、仲介・買取再販はエスリード住宅流通、戸建て分譲はエスリードハウス、宿泊施設の運営・管理はエスリードホテルマネジメントで手がけている。

マンションはファミリー向けのほか、投資用マンションも展開。2005年1月に供給戸数が1万戸を突破。

ファミリー向けでは同年度の不動産経済研究所の事業主別発売戸数ランキングで20位以内に初めてランクインした。

近畿圏のみの供給で、近畿圏限定ではプレサンスに次ぐ2位。全国合計では20位以内に登場したりしなかったりという状態が続いたが、2012年度は

エスリードの業績推移

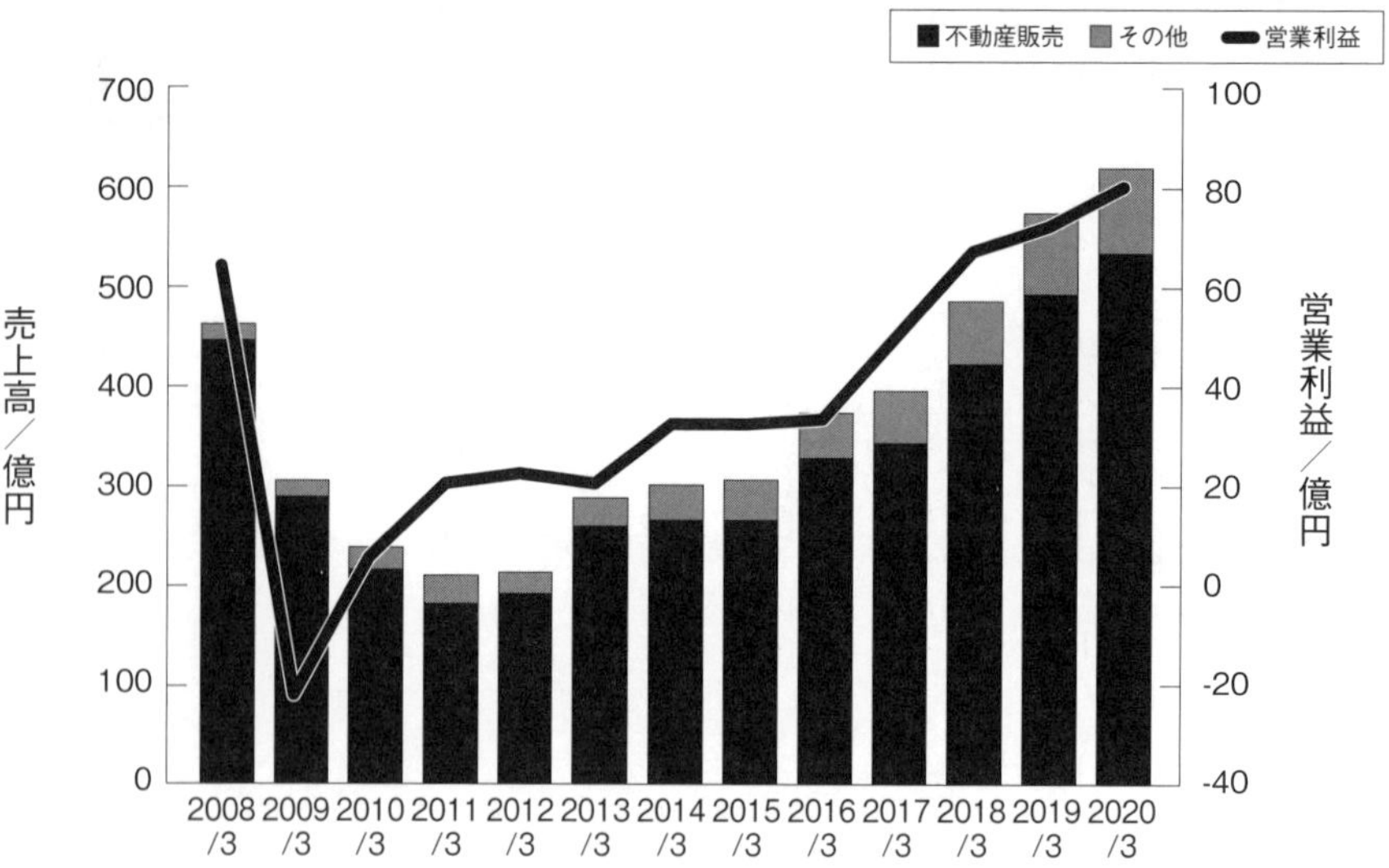

18位と、久々に20位以内に返り咲いた。

２０１５年度は他社が戸数を減らすなか、一気に11位まで順位を上げ、２０１６年以降はベストテン入りが続いており、２０１９年度は６位に順位を上げている。

売上、利益ともにマンション分譲が柱

２０２０年3月期連結売上高は６１６億円で連結営業利益は79億円。

マンション分譲事業が連結売上高の86％を占め、賃貸や管理、仲介の貢献度は14％。営業利益への貢献度もマンション分譲事業が高く84％。

売上、利益ともにマンション分譲が柱。２０１９年10月、マンションブランドのブランド力強化を目的に、日本エスリードからエスリードに社名を変更している。

2

9 大京

かつてはマンションデベのトップ企業

２００６年度まで、29年連続で分譲マンション発売戸数トップを守ったかつてのマンションデベ大手。東京五輪の年の１９６４年創業。強力な販売力を武器に、先行した東急、野村、住友、藤和をまたたく間に抜き、１９７８年に発売戸数でトップに。

総タイル張りで統一された外観のライオンズマンションは全国に６０００棟以上。

バブル期には総合デベロッパーを目指し、オフィスビル事業や海外でのホテル事業などに進出。連結売上高の過去最高は１９９２年３月期の７１１１億円だが、マンションの発売戸数で過去最高は90年３月期の１万９８０５戸。

バブル崩壊でオフィスビルや海外のホテルの大半は収益を生まない負の遺産に。２００４年９月に産業再生機構の支援を仰ぎ、２００５年４月、スポンサーがオリックスに決定。オリックス傘下へ。２０１３年、経営再建中で、自社施工が売り物のマンション大手・穴吹工務店を買収した。

２０１９年に上場を廃止し、現在は単体業績のサマリーのみ決算公告で確認できるのみ。２０２０年３月期の単体売上高は５３３億円。

上場最後の本決算２０１８年３月期連結売上高は３３５１億円、連結営業利益は２０１億円。

リーマンショック後の市況悪化でマンション分譲事業の収益力が落ちたため、分譲事業のウエイトを段階的に引き下げ、不況に強いストック型のマンションの建物管理事業の拡大を志向している。

大規模開発
物件種類別
不動産業界最新事情
不動産ビジネスのしくみ
不動産業界のプレーヤー
不動産業界の仕事研究
待遇と勤務条件

10 穴吹工務店

プロの評価が高い隠れ有名ブランド

高松の建築工事業からスタートしたマンションデベロッパー。ブランド名は「サーパス」。マンション、一戸建ての分譲、建物管理、不動産仲介などの不動産業と建築工事が柱。

穴吹喜作氏が1905年に建築業で創業、当初は賃貸アパートや一戸建ての建築工事請負が中心だったが、次第に生コンの販売やミサワホームの販売代理業に事業領域を拡大。分譲マンション事業への参入は1978年。

当初は高松地盤で首都圏に拠点がなく、なおかつ未上場だったため、全国的に知名度が上がるまでに時間がかかった。もともとプロの評価が高い隠れ有名ブランドで、1984年に東京に拠点を開設して以降、供給実績も順次全国に拡大。「あなぶきんちゃん」をイメージキャラクターにした広告宣伝を行い、不動産経済研究所の事業主別マンション発売戸数ランキングでは、2007年度に首位に立つ。

が、リーマンショック以降販売不振が続き、2009年11月、会社更生手続きの開始を申し立てた。スポンサーには投資ファンドと大京が共同で就任。2013年3月、更生手続き終結と同時に大京がファンド保有分の株式を取得、100%子会社化した。

マンションは自社施工による高品質がウリで、他のデベロッパー物件の施工も請け負う。再建中も一定量の用地仕入れを継続していたため、年間800～900戸の供給を維持、不動産経済研究所のランキングでは、11位～15位前後を維持している。

2

11 長谷工コーポレーション

ゼネコンなのに年商の4分の1が不動産売上

マンションデベ各社の最後に、異業種ながら、マンションデベロッパーにとって必要不可欠な会社を紹介しておきたい。

準大手ゼネコンの長谷工コーポレーションである。2020年3月期の連結売上高は8460億円だが、このうち完成工事高は、ゼネコンらしく連結売上高全体の約6割に相当する5228億円なのだが、実は不動産売上高も24％を占めるほどある。売上総利益ベースでも不動産の貢献度は17％もある。

長谷工はマンション建設工事の請負シェアは実に4割と断トツ。ゼネコンなのに不動産売上のシェアが高く、多くのマンション工事を受注できるのは、マンション用地を仕込む部隊を持っているから。

用地を仕込み、その土地にプランを入れ、場合によっては許認可まで取得し、マンションデベロッパーに売却している。当然、建設工事を長谷工に発注する条件付きでだ。用地は長谷工のお世話になっているというマンションデベは実はかなり多い。

不動産売上高のなかには、長谷工自身が分譲主となって販売した売上も入ってはいるが、多くはこうしてマンションデベに販売した土地代金。

マンション開発の一番川上を押さえているから、長谷工から用地をプラン付きで買ったマンションデベは、竣工の暁にも長谷工の不動産部隊に販売代理を任せ、分譲後のマンション管理も長谷工コミュニティに任せる。それが長谷工のビジネスモデルである。

大規模開発
物件種類別 不動産業界最新事情
不動産ビジネスのしくみ
不動産業界のプレーヤー
不動産業界の仕事研究
待遇と勤務条件

3 オフィスビルデベロッパー

総合デベ並みの規模と利益水準のヒューリック

オフィスビル開発は基本的に総合デベの独壇場だが、専業プレーヤーも数は少ないながら存在する。ヒューリックはその代表格。2012年7月に芙蓉グループの**ヒューリック**と、同グループと縁が深い**昭栄**が合併。法人格は昭栄のものを引き継ぎ、社名はヒューリックになった。

旧ヒューリックは、銀行法の改正で銀行本体での不動産賃貸業務などが営めなくなったため、1957年に旧富士銀行グループの所有不動産の管理会社として日本橋興業の社名で誕生。

全国各地の富士銀行の店舗不動産の所有権を引き継ぎ、富士銀行に賃貸する事業と、富士銀行が扱っていた保険代理店業務が永らく2本柱だった。

保有不動産が老朽化するなか、成長路線に経営方針を転換したのが2006年。2007年1月に社名をヒューリックに変更するとともに、建て替えの推進、新規の物件取得積極化、PPP（官民連携事業）への参入を同時に開始。必要資金を市場から調達すべく上場も目指し、経営方針転換から約2年半後の2008年11月、東証一部に上場した。昭栄との合併直前期の2011年12月期の売上高は747億円、営業利益は198億円。

一方、**昭栄**は1931年に安田銀行（後の富士銀行、現みずほ銀行）が設立した生糸メーカーで、上場は1949年5月。生糸相場に常に翻弄され続けたうえ、高度経済成長期前後から化学繊維が台頭したため、1969年には保有不動産を有効活用する形で不動産賃貸業に進出。

生糸工場の閉鎖に伴い、工場近隣の縁で始めた電子部品事業やコンクリート二次製品の製造は利益貢献に結びつかず撤退。２０００年代に入ると不動産開発を積極化。ヒューリックとの合併直前期の２０１１年12月期の売上高は１１６億円、営業利益は54億円。

営業利益は10年で6倍

合併後は従前の旧ヒューリックの経営方針を引き継ぎ、２０１４年2月にはＪ－ＲＥＩＴの「ヒューリックリート」が上場したため、ヒューリックリートへの物件供給開始とともに成長が加速。

２０１９年12月期の連結売上高は３５７２億円で、連結営業利益は８８３億円。旧ヒューリックが経営方針を転換した２００７年12月期からの10年間で、連結売上高は12倍、営業利益は6倍になっている。

事業は保有資産の賃貸、新たなオフィスビル開発、アセットマネジメントに保険事業。

賃貸資産の含み益は２０１９年12月末時点で３７００億円。売上規模、営業利益規模、賃貸資産の含み益のいずれも財閥系3社には及ばないものの、総合デベ４位以下のクラスと同等もしくはそれ以上。

２０１９年12月末時点で全国に所有する物件は２５４棟。このうちオフィス、商業施設、ホテル等が１９８棟で、オフィス・商業の86％が首都圏。高水準の稼働率で安定収益を確保している。

２０２０年12月期は第３四半期までの累計売上高は昨対で13・６％減だが、営業利益は２・９％減にとどまっている。

第３四半期末（２０２０年9月末）時点でもコロナの影響を受けているのはホテル・旅館のみで、オフィスビルへの影響はまだほとんど現れていない。

通期の連結業績予想は売上高が昨年対10・４％減の３２００億円だが、連結営業利益は13％増の１０００億円。

証券取引所の大家さん・平和不動産

通称「証券取引所の大家さん」。戦前、全国に11か所あった証券取引所を束ねる半官半民の営団組織だった日本証券取引所が終戦後に解散。

新たに証券会社を会員とする証券会員法人形式で各地に証券取引所が復活した。

それまで日本証券取引所の所有だった施設の受け皿会社として、証券取引所が発起人となって、1947年7月に文字通り取引所に施設を貸すための会社として設立されたのが**平和不動産**。

2002年にはJ－REIT「クレッシェンド投資法人」のスポンサーとなって物件供給を開始。リーマンショック後の2009年10月、クレッシェンド投資法人の資産運用業務を手がけていたカナルを子会社化し、平和不動産アセットマネジメントに社名を変更。

翌2010年8月には、アパマンショップ、リーマンブラザーズ証券、ダヴィンチがスポンサーとなっていたJ－REIT「ジャパン・シングルレジデンス投資法人」を合併。「平和不動産リート投資法人」に社名を変更している。

2020年3月期の連結売上高は466億円、連結営業利益は109億円。

連結売上高の48％に当たる225億円が賃貸収入で、内訳は各地の証券取引所への賃貸による収入が33億円、一般オフィス賃貸が139億円、商業施設賃貸が33億円。このほかに賃貸資産の売却が50億円。不動産ソリューション事業が222億円。

東京証券会館や東京証券取引所など複数の保有ビルが分散する、全体で約10ヘクタールに及ぶ兜町地区一帯を「日本橋兜町街づくり構想」の対象エリアと位置づけ、このうち永代通りと平成通りに面した兜町7地区で、2023年の完成を目指し、地上15階地下2階建てのビル建設プロジェクト「KABUTO ONE」が進行中。完成後は国際金融都市・東京の金融拠点となる計画だ。

ルーツは大阪商船ビルの管理会社・ダイビル

１９２３年に大阪商船とその傘下の宇治川電気（現関西電力）、日本電力の3社が合弁で、大阪商船の本社ビルの管理会社として設立した会社が**ダイビル**で、設立当時の社名は大阪ビルヂング。

１９２５年に中之島に大阪商船の本社ビル（旧ダイビル）が竣工。東京分館として日比谷ダイビルが竣工したのはその2年後の１９２７年。

現在、新橋第一ホテルの筋向かいに建つ日比谷ダイビルは、１９９１年に建て替えられた2代目の建物である。大阪・堂島浜に2棟目のビル（新ダイビル）が竣工したのは１９５８年。１９６７年には八重洲ダイビル、１９８３年には日比谷ダイビルの隣接地に内幸町ダイビルが竣工している。

現在は東京に15棟、大阪に12棟のオフィスビルを所有しているが、大半は１９８０年代後半以降に建設されたもの。２０１３年2月に建て替えられた中之島の旧ダイビルは、ネオ・ロマネスク様式で建てられたビルのなかでは現存する最古のビルだったため、日本建築学会から保存要望書が出たほどだった。

だが保存は実現しなかったため、本館部分の外観に旧ビルの外装に使用されていたレンガや石材が再利用されている。２０１５年3月には堂島浜の新ダイビルの建て替え工事が竣工した。

２０１９年10月には、２０１８年から２０２３年までの新中期経営計画の目玉である商業ビルの新シリーズ「ＢｉＴＯ」の1号案件「ＢｉＴＯ　ＡＫＩＢＡ」が竣工・開業している。

オフィスビルのほかに「ランテルナ」「パラシオ」「ラインハウス」などのブランドで賃貸用住宅も展開、東京エリアに10棟、大阪エリアに2棟保有している。

２０２０年3月期の連結売上高は４２８億円で、連結営業利益は１１５億円。事業部門は賃貸部門とビル管理部門、工事請負等の3部門があるが、連結営業利益への利益貢献はほぼ全額賃貸部門。賃貸資産の含み益は２３５４億円と、総合デベ並み。

4 一戸建てデベロッパー

注文住宅か、分譲か

一戸建てのデベロッパーの世界は大きく分けると注文住宅系と分譲系に分けられる。

注文住宅事業は建築請負工事業であって不動産業ではない。一方分譲は土地を買い、プランを立て、許認可を取り、建物を建てて売るので、ど真ん中の不動産業である。

ハウスメーカーは注文住宅の請負もやれば分譲もやる。その意味で不動産業の分野にも足を踏み入れている隣接事業者である。

また、マンション分譲も手がけていれば、その分野ではど真ん中の不動産業である。

注文住宅系の業界は、年商4兆円規模の大和ハウス工業が頂点で、年商2兆円規模で大和ハウスを追う積水ハウスとの差も大きいが、その積水ハウスを追う3番手は1兆円規模の住友林業で、積水ハウスとの差もまた大きい。

大和、積水ともに戸建て分譲もマンション分譲も、売買仲介、賃貸仲介、賃貸管理も手がけており、その意味で不動産会社だが、建築請負のウエイトが圧倒的に高く、不動産事業の貢献度は高くない。

これに対し、分譲型の代表格が、パワービルダーと呼ばれる、一次取得者が買える価格で大量の戸建てを供給する事業者だ。

パワービルダーの代表格は飯田グループホールディングス。成長著しいオープンハウスなどもメインプレーヤーである。

4

1 大和ハウス工業

祖業はパイプハウス

奈良の材木商の五男・石橋信夫氏が1955年にパイプを用いた「パイプハウス」の建設販売会社として創業。建材を規格化、工業化してあらかじめ工場で製造、建設現場で短時間に組み立てられる利点が買われ、国鉄や官公庁の施設で採用された。

ベビーブームで誕生した子どもたちが就学年齢に達し始めた1950年代半ばになると、校舎不足を補うプレハブ教室や、庭先に建築確認申請なしで建てられる子供部屋「ミゼットハウス」が大ヒット。このミゼットハウスにキッチンやバス、トイレを付けてプレハブ住宅が誕生。1962年に発売された。

共同選果場や缶詰工場向けなど、農協にもパイプ建築の販路ができると、農地の所有者から資産運用の一環でアパート建築を依頼されるようになり、さらに完成後の入居者募集や賃貸管理業務も依頼されるようになる。現在の稼ぎ頭である賃貸管理業務へはこうしたいきさつで参入している。アパート建築そのものの提案も手がけるようになり、資産家の土地活用事業も事業領域に加わった。

プレハブ住宅の販売棟数を伸ばすために宅地分譲事業に進出したのが1961年。マンション分譲事業への進出は1977年。現在の事業の柱である、戸建て住宅事業、マンション事業、土地活用事業、建築事業は、いずれも1970年代後半までに参入した事業である。

2013年には、1月にゼネコンのフジタをゴールドマン・サックス系のファンドから、6月には事

大規模開発
物件種類別 不動産業界最新事情
不動産ビジネスのしくみ
不動産業界のプレーヤー
不動産業界の仕事研究
待遇と勤務条件

業再生ADRで再建を果たしたマンションデベロッパーのコスモスイニシアを買収している。

全国に張り巡らされた情報網が武器

積水ハウスとともにハウスメーカーの代表格だが、注文住宅建築以外に戸建てやマンションの分譲、物流施設開発まで手がけ、土地活用事業の一環で外食産業や量販店などに貸す店舗の開発でも実績はトップクラス。

海外では中国、ベトナム、マレーシア、アメリカなど、グループ全体で20か国に拠点を持つ。中国ではマンションの分譲、ベトナムでは工業団地の開発、北米では賃貸住宅の管理業務を手がけており、一見、総合デベロッパーに匹敵する事業内容に見える。

ただ、その大半が地主や投資家から建物の工事を請け負う事業であるため、やはり総合デベロッパーとは業態が異なる。

全国47都道府県下に200以上ある支社・営業所から細かく不動産情報を吸い上げ、市況を的確に判断できることから、マンション分譲事業における地方での強さは圧倒的。

大手マンションデベロッパーが情報不足で進出できない地方では、ほぼ独壇場。首都圏での供給戸数は少ないが、不動産経済研究所が毎年公表しているマンション発売戸数ランキングでは上位の常連。2007年度に2位に浮上したことがあり、ほぼ常時ベスト10圏内。

2020年3月期の連結売上高は4兆3802億円で、連結営業利益は3811億円。賃貸部門の数字に賃貸物件の建築請負金額と完成後の賃貸管理業務の数字が混在しているので、正確ではないものの、不動産関連部門は、売上高で連結全体の11%、営業利益で7%と、その貢献度は低い。

マンション分譲は大和ハウス本体とコスモスイニシアが手がけ、マンション管理は大和ハウス本体とコスモスイニシア双方の部門を統合し、大和ライフネクストが担当している。

仲介は子会社の日本住宅流通が「リブネス」ブランドで展開している

大和ハウス工業の売上構成推移

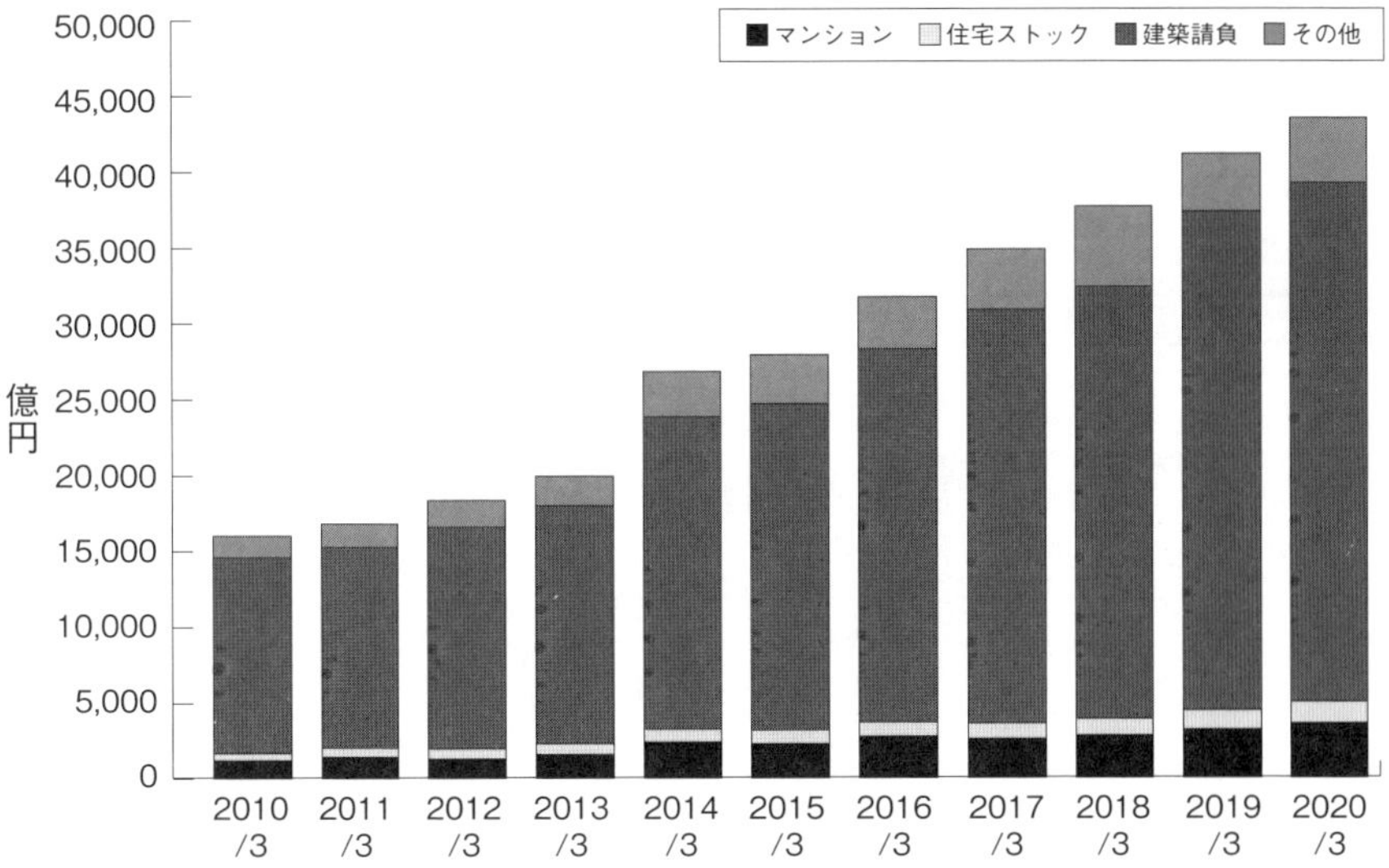

大和ハウス工業の営業利益構成推移

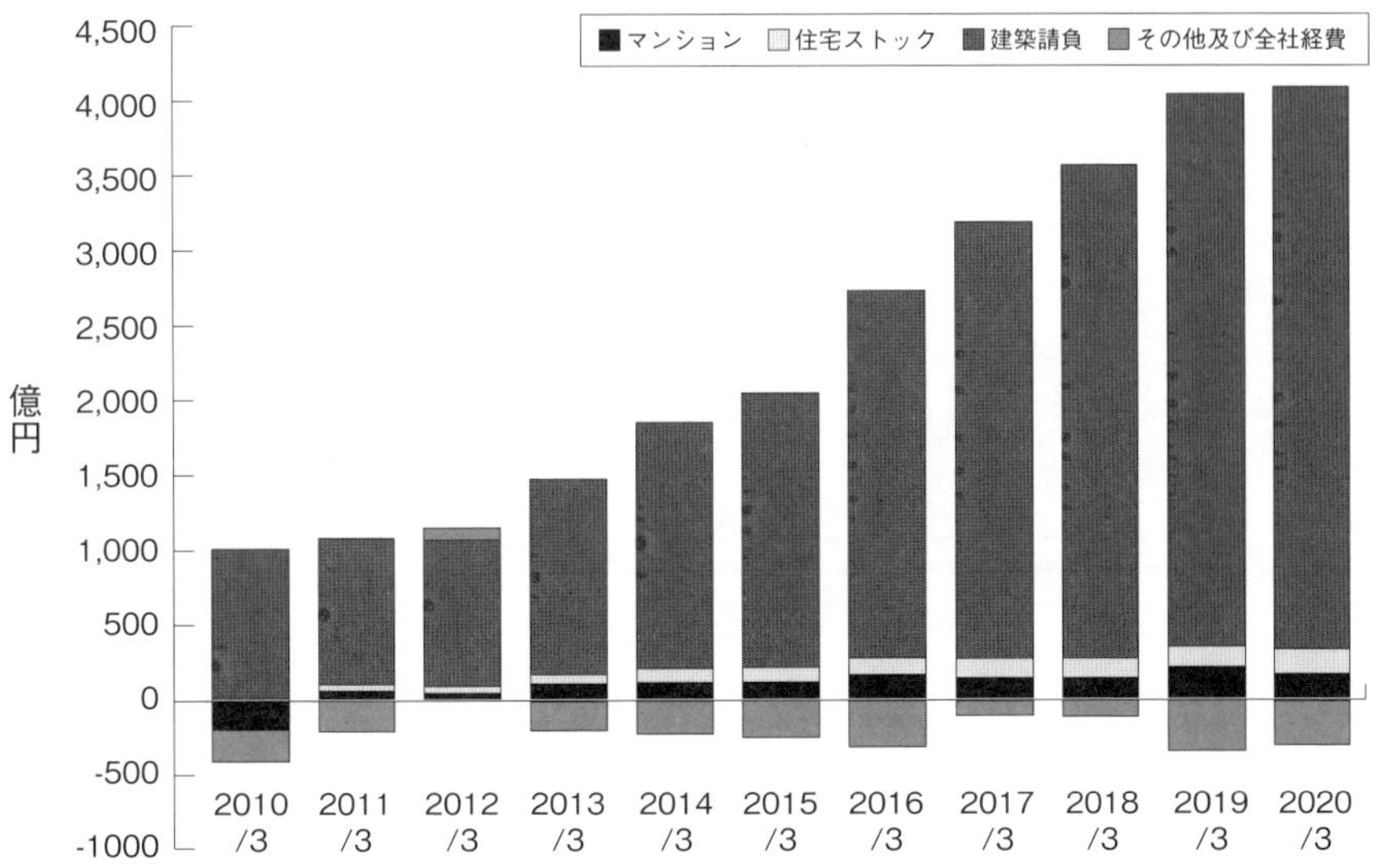

4

2 積水ハウス

プレハブ販売のために分譲事業に参入

1960年に積水化学工業内に一戸建て用プラスチック建材を手がけるハウス事業部が発足。同年8月の分社化で誕生した。

分譲事業への進出は1962年。大阪府住宅供給公社が千里ニュータウンでプレハブ住宅を発注、その際の条件が土地を公社から取得したうえで上物を建て、土地も含めた在庫リスクをハウスメーカー側で引き受けるものだったため。

同時期に千葉県松戸市の京成電鉄分譲地でも住宅金融公庫融資付き建売事業に同社のプレハブ住宅が採用され、土地も含めた分譲事業を手がけている。

この時期はプレハブ住宅を販売するための条件として土地取得を受け入れる形だったが、自ら土地を取得して分譲地として開発し、土地付きで建物を売る戦略に転換したのは1960年代後半から。

大阪府高槻市の春日台団地を皮切りに、滋賀、名古屋、神戸ほか全国での分譲地開発を展開していく。

地主向けの資産活用事業を手がけ始めたのは高度経済成長期後半。民間アパートの需要の高まりと、土地保有者の資産活用ニーズを合致させる形で、アパート建築を地主に奨め、自社でプレハブのアパートを建築。完成後の入居者募集と賃貸管理までフォローするようになる。

この入居者募集と賃貸管理を手がける会社として発足したのが、全国各地に設立された、積和不動産グループ（現積水ハウス不動産グループ）である。

1970年代後半になると、資産活用の対象がアパートだけでなく、寮、商業施設やマンションにも拡大。エンドユーザー向けのマンション分譲事業への参入は１９７７年。

「建てたあと」担う積水ハウス不動産グループ

２０２０年１月期の連結売上高は２兆４１５１億円で連結営業利益は２０５２億円。

不動産事業関連の部門業績を細かく開示しているが、建築請負部門のウエイトが圧倒的に高いという点は大和ハウス工業と同じ。

連結売上高に占める不動産事業の割合は、戸建て分譲が６％、マンション分譲が４％強、都市再開発が５％強で、仲介手数料などの不動産フィー事業が22％と、分譲事業よりも高い。

その不動産フィー事業の収益を稼ぎ出しているのが、積和不動産関東など地域ごとに全国に７社ある旧積和不動産グループ。

これまで積和不動産のあとに地域名が入っていたが、２０２０年２月１日付で社名を変更。積水ハウス不動産のあとに地域名が入る形になった。

積水ハウスの稼ぎ頭は、投資家から発注を受ける、アパートや商業施設などの建築請負業務だが、完成した物件の入居者探しなどの賃貸仲介、物件の建物管理、家賃の督促などの賃貸管理、物件を売りたいときの売買仲介など、建てたあとのサポートを一手に引き受けているのがこのグループだ。

コモンシティ、コモンステージブランドで戸建て分譲、グランドメゾンブランドでマンションも手がけている。

不動産経済研究所の事業主別発売戸数ランキングでは、年によってはベストテン内に入ってくることもあるが、例年おおむね15～20位あたり。

賃貸住宅はシャーメゾン、高齢者向け賃貸住宅はグランドマストブランドで展開している。

積水ハウスの売上構成推移

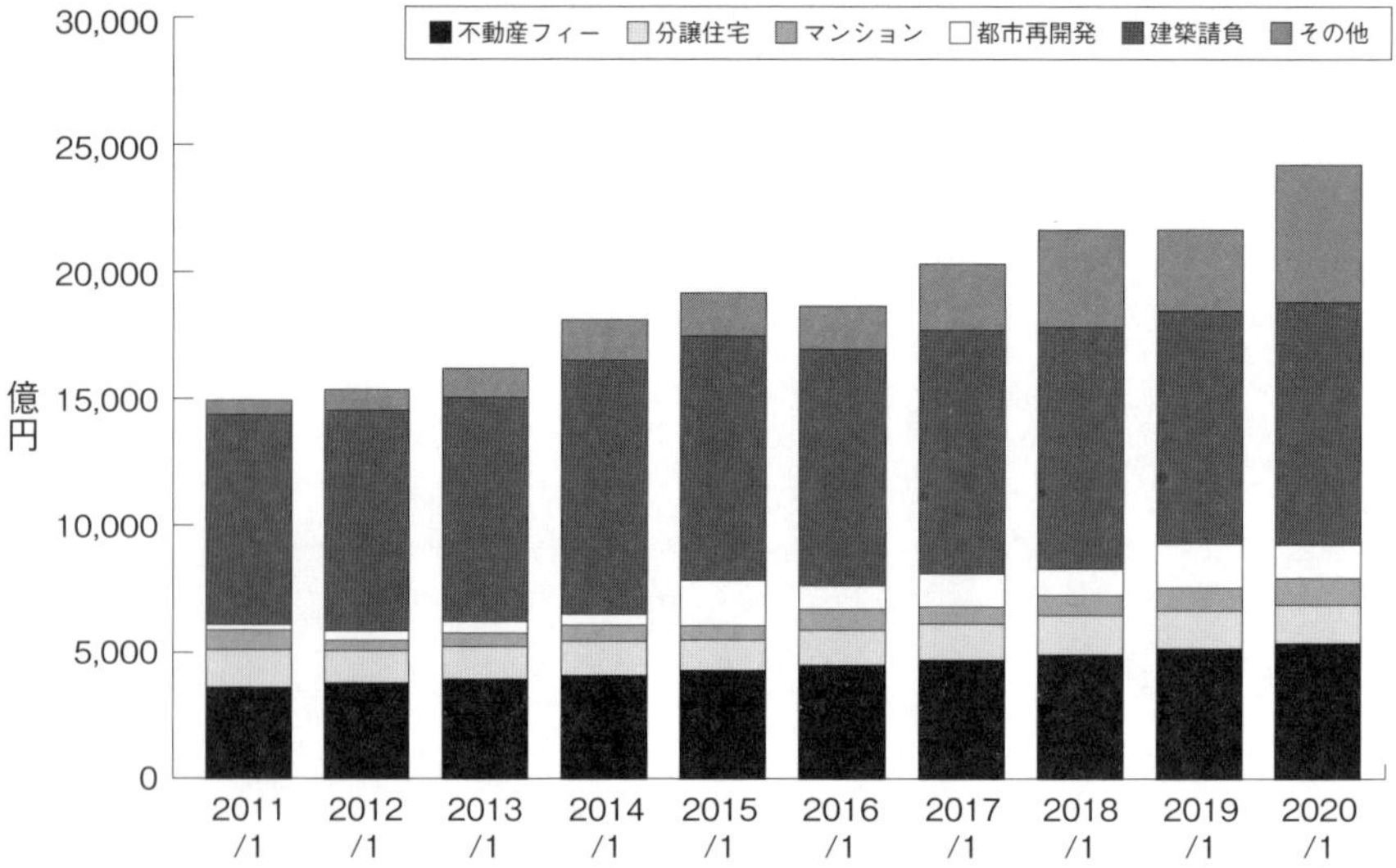

積水ハウスの営業利益構成推移

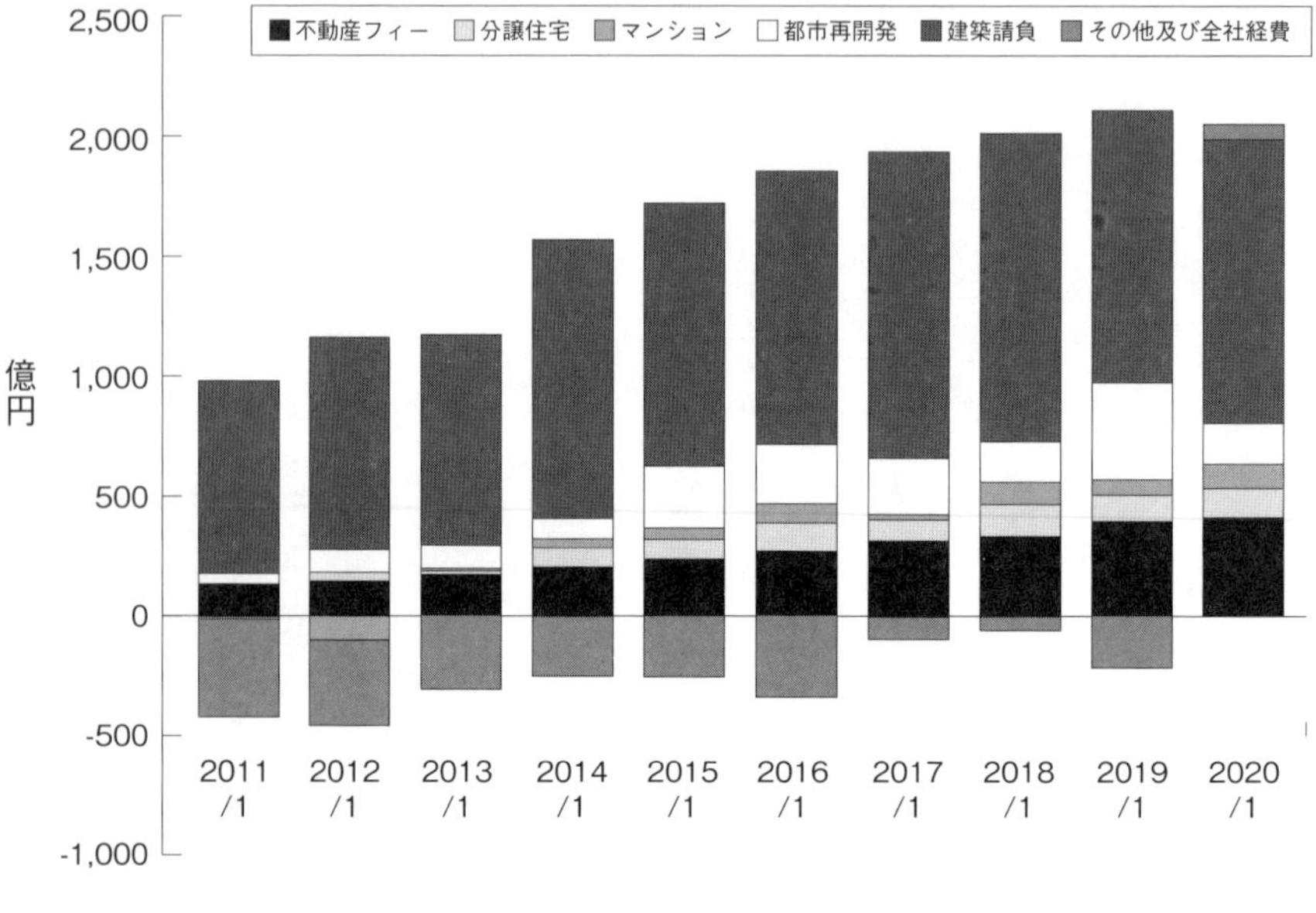

4

3 飯田グループHD

戸建て業界のガリバー

一建設（はじめ建設）、飯田産業、東栄住宅、タクトホーム、アーネストワン、アイディホームの上場パワービルダー6社が2013年11月1日付で経営統合して誕生した。

6社はいずれも一建設の創業者である飯田一男氏となんらかの縁がある会社で、床面積30坪前後、2階建てで2000万～3000万円の低価格住宅を、年収500万円クラスの一次取得者向けに供給するパワービルダー。2014年5月に住宅部材メーカーのファーストウッド、2016年7月に複層ガラス製造販売のIGウィンドウズ、2018年4月に販売・仲介会社のホームトレードセンター、2019年10月にシステムキッチン製造販売のファーストプラスを傘下に加えている。

統合後7期目の決算となった2020年3月期の連結売上高は1兆4020億円で連結営業利益は835億円。グループ6社の合計供給戸数は4万5733棟で、積水ハウスと大和ハウス工業の合計戸数2万1235棟（戸建て分譲込み）を大きく上回る。全国シェア3割、戸建て業界のガリバー。

【一建設】

飯田グループの中核会社で、飯田一男氏が独立後最初に設立した会社。1967年2月の設立で、設立当時の社名は飯田建設工業。2004年に現社名に社名変更。2020年3月期の売上高は4010億円、営業利益は220億円。分譲マンションも手がけ、不動産経済研究所の事業主別発売戸数ランキングでは2014年度に1330戸で12位に初登場。2015年度は14位だったが、2016年度以降は販売戸数が大幅に減りランキング外。

【飯田産業】

1977年7月設立。分譲マンションも手がけるが、供給戸数は少なく、2020年3月期は265戸。2020年3月期の売上高は2607億円で、営業利益は182億円。売上高の89％が戸建て事業。

【東栄住宅】

1951年設立で1976年に飯田建設工業（現一建設）に買収されている。2020年3月期の売上高は1718億円で、営業利益は114億円。マンションは手がけず、売上高の95％が戸建て事業。

【タクトホーム】

1984年4月設立。1985年10月に飯田産業が完全子会社化した後、1986年に株式の一部が一建設に異動。その後飯田産業、一建設保有分が飯田家の関係者に譲渡されるなどしている。2020年3月期の売上高は1473億円で、営業利益は73億円。売上高の96％が戸建て。

【アーネストワン】

1981年5月に伏見建設工業の社名で設立。2000年9月に現社名に変更。2020年3月期の売上高は3026億円で、営業利益は183億円。マンションも手がけ、2020年3月期の販売戸数は713戸。

【アイディホーム】

1995年9月設立。2020年3月期の売上高は1071億円で、営業利益は55億円。マンションは手がけず、売上高の98％が戸建て。

5 売買仲介

頂点はリハウスの三井不動産リアルティ

個人向けの売買仲介部門はたいていのデベロッパーが持っているが、規模で他を圧倒しているのが、**三井不動産リアルティ**、**住友不動産販売**、**東急リバブル**の通称売買仲介御三家。

何事につけ、圧倒的な強さを誇る財閥系3社だが、売買仲介に限っていえば、法人対象のビジネスが中心で、リテールにはあまり力を入れてこなった三菱は東急不動産グループの後塵を拝している。

3社のなかでも筆頭格なのが、「三井のリハウス」ブランドで展開している三井不動産リアルティ（旧三井不動産販売）。

１９６９年に三井不動産の１００％出資で設立され、設立当初は三井不動産が開発した新築マンションの販売代理だけを手がけていたが、１９７１年からは他のデベロッパーの開発案件の販売代理も手がけるようになる。

売買仲介事業への参入は１９７５年。１９７８年に現在のリハウスの原点となる住宅販売会社10社を千葉県、埼玉県、神奈川県内に設立、１９８１年に「三井のリハウス」ブランドを導入した。

２００６年までは三井不動産及び三井不動産以外のデベロッパーが開発した新築物件の販売代理業務、売買仲介業務、賃貸仲介業務、リパーク事業、自社所有のオフィスビル、マンションの賃料収入が主要業務だったが、２００６年に三井不動産レジデンシャルの設立とともに、新築物件の販売代理業務を三井不動産の開発物件だけでなく他社の開発物件についても移管。

現在は売買仲介、賃貸仲介、リパーク事業が主要業務になっている。売買仲介、賃貸仲介ともに法人向けは三井不動産リアルティ本体が扱い、個人向けはリハウスの各店舗で扱っている。

リハウス店舗を統括する地域子会社や本社組織は何度か再編が繰り返されているが、現在は、首都圏と関西、名古屋は三井不動産リアルティ内のリハウス営業本部とリハウス営業統括部で対応し、地方は札幌、東北、中国、九州の各エリア会社で対応している。

２０２０年３月期の売上高は１７７２億円。仲介取扱高は１兆７８３２億円で取扱件数は４万２８１８件。取扱高、取扱件数ともに、住友不動産販売を抑えて1位。1位は34年連続だが、近年は住友不動産の猛追を受けている。

個人向けは住宅の売買仲介のほか、一部店舗で賃貸仲介も扱う。資産家を対象に、都心部の不動産の売却、購入、資産活用のコンサルも「リアルプラン」ブランドで展開しているほか、子会社のすまいサポートでリフォームや引っ越しのサポートなども手がけている。

法人向けは事業再編や企業合併などに伴う保有資産の見直し、組み替えニーズに対応する形で展開。オフィスビルや商業施設の賃貸仲介も手がける。

コインパーキング業務のリパーク事業は、地主か

売買仲介大手３社の仲介実績

	決算期	件数（件）	取扱高（億円）
三井不動産リアルティ	18/3	40,658	15,680
	19/3	41,533	17,068
	20/3	42,818	17,832
住友不動産	18/3	37,058	12,575
	19/3	37,643	13,263
	20/3	37,715	12,875
東急リバブル	18/3	24,410	13,156
	19/3	25,570	12,455
	20/3	26,437	13,159

ら三井不動産リアルティが土地を借り、設計・施工、管理、運営まですべて行い、地主には土地代を支払う形をとっている。２０２０年3月末時点で管理台数は26万８７７１台。最大手タイムズの3分の1程度だが業界2位。

三井追う住友不動産販売

三井不動産リアルティ、東急リバブルと並ぶ不動産仲介御三家の一角が住友不動産販売。住友不動産が開発した新築分譲マンション、戸建ての販売代理業務を手がける会社として、１９７５年に住友不動産の１００％出資で設立された。

設立翌年からは他のデベロッパーの開発物件の販売代理業務にも参入。１９７９年には住友不動産本体で手がけていた仲介業務も移管を受ける。

１９８２年に仲介店舗を「Ｓｔｅｐ」ブランドに統一している。

２０２０年3月期の仲介取扱高は1兆２８７５億円で取扱件数は3万７７１５件。取扱高は3位だが、取扱件数は2位で、2位は１９８７年から34年連続。首位の三井不動産リアルティを猛追しているが、直近2年はやや後退気味。

仲介店舗全店が直営で、主力は「Ｓｔｅｐ」店舗で扱う住宅の売買仲介。売買仲介は全店舗で扱うが、一部の店舗で賃貸仲介も扱う。

仲介以外では、新築分譲住宅の受託販売業務を手がけている。住友不動産本体に新築分譲物件の販売部隊があるので、住友不動産以外のデベロッパーが開発した物件も積極的に受託している。

非財閥系ながら3位・東急リバブル

三井不動産リアルティ、住友不動産販売と並ぶ不動産仲介御三家の一角。仲介事業を手がける会社として、東急不動産の１００％出資で１９７２年にエリアサービスの社名で設立。その後、１９７８年に東急不動産地域エリアサービスに商号を変更し、現社名への変更は１９８８年。当初は「東急の仲介『青い空』」のブランドで展開していたが、現社名への社名変更と同時にブランドも「ＬＩＶＡＢＬＥ」に変更した。

１９８０年から１９８４年にかけて、東急不動産の首都圏営業店舗を順次移管。１９８２年に札幌、仙台、福岡に営業所を開設して全国展開を開始し、東急不動産本体が行っていた新築物件の受託販売業務を順次手がけるようになる。

東急不動産本体から新築物件の販売業務の全面移管を受けたのは１９９０年。

１９９３年からは東急不動産の開発物件だけでなく、他社の開発物件の受託販売も本格化させ、１９９５年には賃貸仲介にも本格参入。翌１９９６年には賃貸管理業務も開始している。法人向けの仲介業務参入は２０００年。

２０１３年11月１日、新たに設立された東急不動産グループの持株会社・東急不動産ホールディングスの１００％子会社になった。

２０２０年３月期の売上高は１３１３億円、営業利益は１５３億円。仲介の取扱高は１兆３１５９億円で、取扱件数は２万６４３７件。

取扱件数は住友不動産販売に次ぐ業界３位だが、取扱高は住友を抑えて２位。

販売受託は他社が開発した新築マンションの、新規分常時の販売だけ手がける事業。東急不動産本体に新築物件の販売部隊がないため、東急不動産の新築物件はすべて同社が販売している。

さらに、東急電鉄が「ドレッセ」、東急不動産が「ＢＲＡＮＺ」のブランドで分譲マンションを供給しているが、東急リバブルでも独自に「ルジェンテ」ブランドで開発、供給している。

働く女性向けのコンパクトタイプのシリーズが「ルジェンテ」、リノベーションマンションが「ルジェンテ・リベル」、投資用コンパクトマンションが「ルジェンテ・バリュ」。

不動産販売の売上高は、基本的にルジェンテシリーズの売上高である。

このほか、空き家や相続の相談サービス、レンタル収納スペースサービスなども手がけている。

御三家追う信託銀行系3社

三井、住友、東急の御三家を追う存在なのが、みずほ信託銀行、三井住友信託銀行、三菱ＵＦＪ信託銀行のメガバンク系信託銀行3行系列の不動産会社。

親会社である信託銀行のネットワークを活かし、法人と富裕層向けの売買仲介で件数を伸ばしている。

【みずほ不動産販売】

安田信託銀行系の不動産会社として１９８６年に設立され、日本興業銀行、富士銀行、第一勧業銀行の経営統合を経て２００４年にみずほ信不動産販売に社名を変更、２０１５年に現社名になった。

２０２０年10月末日時点の店舗数は全国で41店舗。このうち首都圏が26（都内16）、近畿圏7、東海2、北海道、東北、甲信越、九州が1ずつで中国が2。

【三井住友トラスト不動産】

住友信託銀行系で１９８６年設立の住信住宅販売、中央信託銀行系で同じく１９８６年設立の中信住宅販売、三井信託銀行系で１９８８年設立の三信住宅販売の統合会社。

２０２０年10月末日時点の店舗数は全国で76。内訳は首都圏が39（うち都内23）で近畿が21、東海7、中国2、九州7。

【三菱ＵＦＪ不動産販売】

三菱銀行とＵＦＪ銀行の経営統合に伴い、三菱信託銀行系で１９８７年創業の菱信住宅販売と、東洋信託銀行系のＵＦＪ住宅販売が合併して２００５年に誕生。２０２０年10月末日時点の店舗数は全国で33。内訳は首都圏が25（うち都内19）、関西5、名古屋3。

6 賃貸仲介

店舗網が命、チェーン展開の賃貸仲介

地元の資産家から賃貸アパートを預かり、入居者を募集、賃料の集金や日々の細かいサポートをする、駅前不動産屋の業務を全国展開しているのが、大手の賃貸仲介会社。

賃貸物件を保有している資産家から物件を預かるという商流には2通りあり、1つは物件の建設を請け負うアパート建築会社。もう1つは資産コンサル系もしくはプロパティマネジメント系。

賃貸仲介最大手の**大東建託**は、土地の所有者にアパート経営を薦め、工事を請け負い、完成後の入居者募集業務や賃貸管理業務まで請け負う。入居者を募集するための店舗のブランドは「いい部屋ネット」。

東建コーポレーションもビジネスモデルは大東建託と同じで、店舗ブランドは「ホームメイト」。**スターツコーポレーション**も建築系で、店舗ブランドは「ピタットハウス」。

一方、資産コンサル系の代表格は**ミニミニ**。店舗ブランドも「ミニミニ」。

松山発祥の**ハウスメイトパートナーズ**もプロパティマネジメント系で店舗ブランドは「ハウスメイト」。

入居者確保が物件オーナーへの最大のアピールになるので、店舗数と知名度が命。大量のテレビＣＭで知名度の向上を図っている。

7 マンション総合管理

トップ企業は独立系

分譲後のマンションの管理組合の運営補助から建物管理まで請け負うマンションの総合管理。

次ページのランキングはマンション管理新聞が毎年5月に公表している、管理受託戸数ランキング。20位まで掲載してあるのが企業単位、15位まで掲載してあるのは、同一の企業グループを括ったもの。

地域ごとに別会社になっていたり、親会社がデベロッパーを買収した際に、もれなくついてきたマンション総合管理の子会社などがあると、個別企業ランキングとは若干順位や顔ぶれが変わる。

大手マンションデベロッパーの子会社の独壇場かといえば、さにあらず。

管理戸数トップの日本ハウズイングは、清掃会社が祖業で、マンションデベロッパーの子会社ではない。合人社計画研究所も広島発祥の独立系で祖業は建築設計。

コミュニティワンはもともとはダイア建設系のマンション管理会社で、新興マンションデベロッパーが分譲したマンションのマンション総合管理を受託する会社。２０１３年に東急コミュニティが子会社化しているので、東急不動産グループ。日本総合住生活はＵＲ都市機構系である。

2020年版マンション総合管理

受託戸数会社別ランキング

順位	社名	管理戸数
1位	日本ハウズイング	459,551
2位	大京アステージ	429,576
3位	長谷工コミュニティ	366,793
4位	東急コミュニティー	341,041
5位	三菱地所コミュニティ	335,980
6位	大和ライフネクスト	273,011
7位	合人社計画研究所	217,075
8位	三井不動産レジデンシャルサービス	209,421
9位	住友不動産建物サービス	173,147
10位	野村不動産パートナーズ	164,126
11位	日本総合住生活	161,162
12位	コミュニティワン	160,377
13位	あなぶきハウジングサービス	127,990
14位	穴吹コミュニティ	108,757
15位	伊藤忠アーバンコミュニティ	106,680
16位	グローバルコミュニティ	98,513
17位	東京建物アメニティサポート	76,387
18位	近鉄住宅管理	66,258
19位	ナイスコミュニティー	63,746
20位	大成有楽不動産	57,560

グループ別ランキング

順位	社名	管理戸数
1位	大京グループ	538,333
2位	東急コミュニティーグループ	525,313
3位	日本ハウズインググループ	460,454
4位	長谷工管理ホールディングス	403,275
5位	大和ハウスグループ	371,524
6位	三菱地所コミュニティ	335,980
7位	三井不動産レジデンシャルサービスグループ	277,985
8位	合人社計画研究所グループ	244,856
9位	住友不動産建物サービスグループ	173,147
10位	野村不動産パートナーズ	164,126
11位	日本総合住生活	161,126
12位	あなぶきハウジングサービス	127,990
13位	伊藤忠アーバンコミュニティ	106,680
14位	日本管財グループ	96,834
15位	東京建物アメニティサポート	76,387

出所：マンション管理新聞2020年5月25日号

8 鉄道会社

上位は総合デベ並みの事業規模

不動産会社ではないけれど、不動産業界のメジャープレーヤーといえるのが鉄道会社。

最も事業規模が大きいJR東日本は、不動産事業の売上規模は総合デベ6位の東京建物と同水準だが、賃貸資産の含み益は財閥系3社に次ぐ水準。

沿線開発の必要性から、どの鉄道会社にも基本的に不動産部がある。不動産子会社を設立している場合は、親会社側が駅ビルなど保有資産の賃貸業務を手がけ、子会社側は沿線でマンションや戸建ての分譲、仲介などの事業に従事しているというパターンが多い。

鉄道会社は参入障壁が極めて高い許認可事業であり、経営する鉄道路線沿線に、昔から多額の含み益のある好立地の物件を多数保有している。

鉄道会社によって、不動産部門の人材を、鉄道部門とは別に採用している場合と、すべての部門を一括採用し、不動産部門に配属されるかどうかは運次第という会社に分かれる。

同じ鉄道会社でも、時期によって不動産部門の人材を個別採用する時期と、全部門を一括採用する時期とがあるので、志望前に十分注意が必要だ。

大規模開発
物件種類別 不動産業界最新事情
不動産ビジネスのしくみ
不動産業界のプレーヤー
不動産業界の仕事研究
待遇と勤務条件

鉄道各社の不動産部門の業績

（単位：億円）

	売上高			営業利益			資産			賃貸資産
	不動産	連結全体	構成比	不動産	連結全体	構成比	不動産	連結全体	構成比	含み益
ＪＲ東日本	3,485	29,466	11.8%	746	3,808	19.6%	15,723	85,370	18.4%	15,488
阪急・阪神ＨＤ	2,168	7,626	28.4%	415	951	43.6%	11,781	24,890	47.3%	2,684
東急	1,656	11,642	14.2%	290	687	42.2%	10,630	25,371	41.9%	5,979
ＪＲ西日本	1,651	15,082	10.9%	349	1,606	21.7%	7,172	32,752	21.9%	3,705
近鉄グループＨＤ	1,299	11,942	10.9%	179	493	36.3%	5,962	18,913	31.5%	3,728
京阪ＨＤ	949	3,171	29.9%	169	311	54.3%	4,083	7,328	55.7%	805
名古屋鉄道	903	6,229	14.5%	143	473	30.2%	3,055	11,649	26.2%	413
小田急電鉄	739	5,341	13.8%	129	411	31.4%	3,960	13,283	29.8%	500
相鉄ＨＤ	679	2,651	25.6%	161	264	61.0%	3,467	6,209	55.8%	1,429
西日本鉄道	592	3,894	15.2%	75	164	45.7%	2,455	6,671	36.8%	6,691
西武ＨＤ	572	5,545	10.3%	181	568	31.9%	3,931	17,077	23.0%	2,750
東武鉄道	510	6,538	7.8%	144	626	23.0%	3,439	16,560	20.8%	654
ＪＲ東海	474	18,446	2.6%	190	6,561	2.9%	3,649	96,031	3.8%	-
京浜急行電鉄	436	3,127	13.9%	61	294	20.7%	2,314	8,884	26.0%	2,049
京王電鉄	425	4,336	9.8%	91	360	25.3%	2,258	8,766	25.8%	1,068
南海電気鉄道	422	2,280	18.5%	138	352	39.2%	3,865	9,250	41.8%	1,175
京成電鉄	184	2,747	6.7%	84	283	29.7%	1,692	9,057	18.7%	463

すべて2020年3月期決算、ＨＤはホールディングスの略

ＪＲ東日本

不動産部門の売上高は総合デベ６位の東京建物に匹敵する水準。アトレ、ルミネなどの商業施設や、鉄道高架下のスペースから上がる賃貸収入が不動産部門の柱。賃貸資産の含み益は１兆５４８８億円。

賃貸オフィスはアーバン、賃貸住宅はアールリエットブランド、マンション分譲はガーデンクロスやシティテラスブランドで展開している。

ＪＲ東日本の不動産事業の概要

不動産部門売上高	3485 億円
不動産部門営業利益	746 億円
不動産部門総資産	1 兆 5723 億円
賃貸資産含み益	1 兆 5488 億円
不動産部門の主要グループ会社	ＪＲ東日本ビルディング 東京ステーションホテル ＪＲ東日本都市開発 鉄道会館 アトレ ルミネ

業績は2020年3月期

阪急阪神ＨＤ

駅ビルなど主要施設の所有は鉄道会社本体だが、阪急阪神不動産はマンション、戸建て分譲、オフィスビル賃貸、商業施設賃貸、都市再開発、仲介、リノベーションなど、総合デベのメニューが一通りそろっている。不動産部門の営業利益貢献度は連結全体の４割と高水準。

阪急阪神ＨＤの不動産事業の概要

不動産部門売上高	2168 億円
不動産部門営業利益	415 億円
不動産部門総資産	1 兆 1781 億円
賃貸資産含み益	2684 億円
不動産部門の主要グループ会社	阪急阪神不動産 阪急阪神ビルマネジメント 阪急阪神ハウジングサポート 阪急阪神エステートサービス 大阪ダイヤモンド地下街 アドバンス開発

業績は2020年3月期

東急

渋谷駅周辺の再開発真っただ中。2019年10月、東京急行電鉄から東急に社名を変え、不動産事業と持ち株会社機能を併設した組織に変更。

鉄道部門は分社化し、東急の子会社という位置づけにした。連結営業利益における不動産依存度は4割超と高水準。子会社の東急不動産とは別に分譲マンションは「ドレッセ」、戸建ては「ノイエ」のブランドで展開している。

東急の不動産事業の概要

不動産部門売上高	1656 億円
不動産部門営業利益	290 億円
不動産部門総資産	1 兆 630 億円
賃貸資産含み益	5979 億円

不動産部門の主要グループ会社
- 東急ファシリティサービス
- 東急設計コンサルタント
- 渋谷スクランブルスクエア
- 東急ジオックス
- 伊豆急コミュニティー
- 渋谷宮下町リアルティ

業績は2020年3月期

ＪＲ西日本

連結営業利益に於ける不動産依存度は約2割。住宅事業はＪＲ西日本不動産開発が「ジェイブラン」ブランドで展開しているほか、三菱重工との合弁会社であるＪＲ西日本プロパティーズが、「プレディア」ブランドで展開している。

商業施設は京阪神地区だけでなく、北陸、京都、岡山などＪＲ西日本の営業エリア全般で展開中。

ＪＲ西日本の不動産事業の概要

不動産部門売上高	1651 億円
不動産部門営業利益	349 億円
不動産部門総資産	7172 億円
賃貸資産含み益	3705 億円

不動産部門の主要グループ会社
- ＪＲ西日本不動産開発
- ＪＲ西日本プロパティーズ
- ＪＲ西日本住宅サービス

業績は2020年3月期

近鉄グループＨＤ

グループ内の不動産事業は近鉄不動産と、近鉄の連結子会社でもあるバス会社・三重交通グループで展開している。近鉄不動産はオフィス、商業施設の賃貸、住宅の分譲、不動産仲介などを一通り手がける。主要賃貸施設は鉄道本体所有という鉄道会社が多いなか、近鉄グループでは、あべのハルカスはじめ、賃貸施設は近鉄不動産の所有。

近鉄グループＨＤの不動産事業の概要

不動産部門売上高	1299 億円
不動産部門営業利益	179 億円
不動産部門総資産	5962 億円
賃貸資産含み益	3728 億円
不動産部門の主要グループ会社	近鉄不動産 三重交通グループＨＤ 三交不動産

業績は2020年3月期

京阪ＨＤ

連結営業利益における不動産依存度は54・3％と、相鉄ＨＤに次ぐ高水準。主要賃貸施設は基本的に鉄道本体所有。

京阪電鉄不動産はマンション、戸建ての分譲事業と仲介、リノベーションを手がける。分譲マンションは「ファイン」ブランドで、関西地区だけでなく、首都圏や札幌でも展開している。

京阪ＨＤの不動産事業の概要

不動産部門売上高	949 億円
不動産部門営業利益	169 億円
不動産部門総資産	4083 億円
賃貸資産含み益	805 億円
不動産部門の主要グループ会社	京阪電鉄不動産 京阪建物 京阪アセットマネジメント ゼロ・コーポレーション 京阪カインド

業績は2020年3月期

名古屋鉄道

主要施設は鉄道会社本体所有なので、賃貸事業も鉄道本体の事業。名鉄不動産はマンション、戸建ての分譲、注文住宅建設、仲介、マンション管理、リフォームを手がける。

分譲マンションは「メイツ」ブランドで、東海圏だけでなく首都圏、関西圏でも展開している。

名古屋鉄道の不動産事業の概要

不動産部門売上高	903 億円
不動産部門営業利益	143 億円
不動産部門総資産	3055 億円
賃貸資産含み益	413 億円
不動産部門の主要グループ会社	名鉄不動産 北陸名鉄開発 名鉄ビルディング管理 名古屋空港ビルディング 名鉄プロパティ

業績は2020年3月期

小田急電鉄

主要施設の名義は鉄道会社本体と小田急不動産に分かれており、鉄道本体所有施設は本体が賃貸している。

小田急不動産はマンション、戸建て分譲のほか、沿線の駅前再開発、仲介も手がける。分譲マンション、戸建てはリーフィアブランドで展開している。

小田急電鉄の不動産事業の概要

不動産部門売上高	739 億円
不動産部門営業利益	129 億円
不動産部門総資産	3960 億円
賃貸資産含み益	500 億円
不動産部門の主要グループ会社	小田急不動産 小田急ハウジング 箱根施設開発

業績は2020年3月期

相鉄ＨＤ

連結営業利益における不動産依存度はＪＲ各社、大手私鉄中トップの61％。

住宅分譲や住宅賃貸など住宅系の業務は相鉄不動産、オフィスビルや商業施設などの所有と賃貸は相鉄アーバンクリエイツが手がける。横浜市内や都内に所有する賃貸ビル多数。分譲マンション、戸建ては「グレーシア」ブランドで展開している。

相鉄ＨＤの不動産事業の概要

不動産部門売上高	679 億円
不動産部門営業利益	161 億円
不動産部門総資産	3467 億円
賃貸資産含み益	1429 億円
不動産部門の主要グループ会社	
相鉄不動産 相鉄不動産販売 相鉄アーバンクリエイツ 相鉄ビルマネジメント	

業績は2020年3月期

西日本鉄道

連結営業利益に於ける不動産依存度は45・7％と高め。主要施設は基本的に本体所有なので、賃貸事業も本体の業務。西鉄不動産はマンションや戸建ての分譲、仲介、賃貸マンション事業などを手がける。マンション分譲は「サンリヤン」、賃貸住宅は「ラクレイス」、シニア住宅は「サンカルナ」のブランドで展開している。

西日本鉄道の不動産事業の概要

不動産部門売上高	592 億円
不動産部門営業利益	75 億円
不動産部門総資産	2455 億円
賃貸資産含み益	6691 億円
不動産部門の主要グループ会社	
博多バスターミナル 西鉄ビルマネージメント 西鉄不動産	

業績は2020年3月期

Chapter 5

不動産業界の仕事研究

1 まずは必須の宅地建物取引士資格

重要事項説明に不可欠

不動産の販売、売買や賃貸の仲介に従事する不動産会社は、宅地建物取引業（宅建業）の免許を取得しなければならない。

その免許要件の1つが、宅地建物取引士（宅建士）の設置だ。この資格、以前は宅地建物取引主任者（宅建主任者）という名称だったが、2014年6月26日公布の改正宅地建物取引業法により、2015年4月1日以降、この名称に変わった。

具体的には、従業員5人に1人の割合で宅建士を置かなければならず、マンションのモデルルームなどの場合は、そこにいる従業員の人数が5人未満でも必ず1人は置かなければならない。

ビルをつくって自社で賃貸経営を行うだけ、それもテナント付けは不動産会社に任せている、というのなら宅建業免許はいらないが、子会社がテナント付けの営業を行うのなら、その子会社は宅建業免許がいる。

宅建士の主要業務は「重要事項説明書」の読み上げ、自身が署名捺印した「重要事項説明書」の交付、それに契約書への署名捺印である。

「重要事項説明書」とはまさしく読んで字のごとし。対象不動産に関する重要な事項がすべて書き込まれた書類だ。宅地建物取引業法35条に規定があるので、業界用語では35条書面と呼んでいる。

新築のマンションを買う、中古のマンションを個人や法人から買う、あるいは賃貸の入居契約を結ぶ。どの場面でも、我々は必ず、仲介の不動産会社から

代表的な重要事項説明書記載項目

・登記簿上の権利の種類、内容、名義人
・法令上の制限
・法令上の制限
・上下水道、電気、ガスの整備状況
・手付け金など代金以外の金銭に関する事項
・契約を解除する場合のペナルティ
・損害賠償の予定金額、違約金など
・手付け金の保管措置に関する事項
・ローンの斡旋に関する事項
・マンションの敷地の権利の種類、内容
・マンションの共用部分に関する規約
・マンションの専有部分の用途の制限
・マンションの駐車場、自転車置き場などの使用許可に関する規約
・マンションの修繕積立金に関する規約

「重要事項説明」を受ける。

仲介業者は、売り手が業者以外の一般の企業・個人か、業者かどうかに関係なく、買い手が業者である取引の仲介では、書面交付のみで足り、読み上げ義務を免れる（かつては業者同士の取引の仲介でも読み上げ義務があった）。

不動産取引はそもそもが高額であるうえ、複雑な権利関係を伴ったり、法的リスクを伴ったりする。高度な知識を持たない一般の購入者にとって、大変リスクが大きい取引だ。

このため、高度な専門知識を持ち、国家試験にも合格した有資格者が取引に介在することで、知識に乏しい一般の購入者が不測の損害を被ることを防止する目的で義務付けられている。

宅建士が説明義務を全うせず、相手方に損害を与えた場合は、宅建士自身も、その宅建士の雇い主である宅建業者も宅建業法違反を問われ、損害賠償責任を負う。

上の一覧は、代表的な重要事項説明項目だが、売買、賃貸ともに必要な項目と、売買のみ、賃貸のみ

宅地建物取引士試験の申込者数、受験者数、合格者数の推移

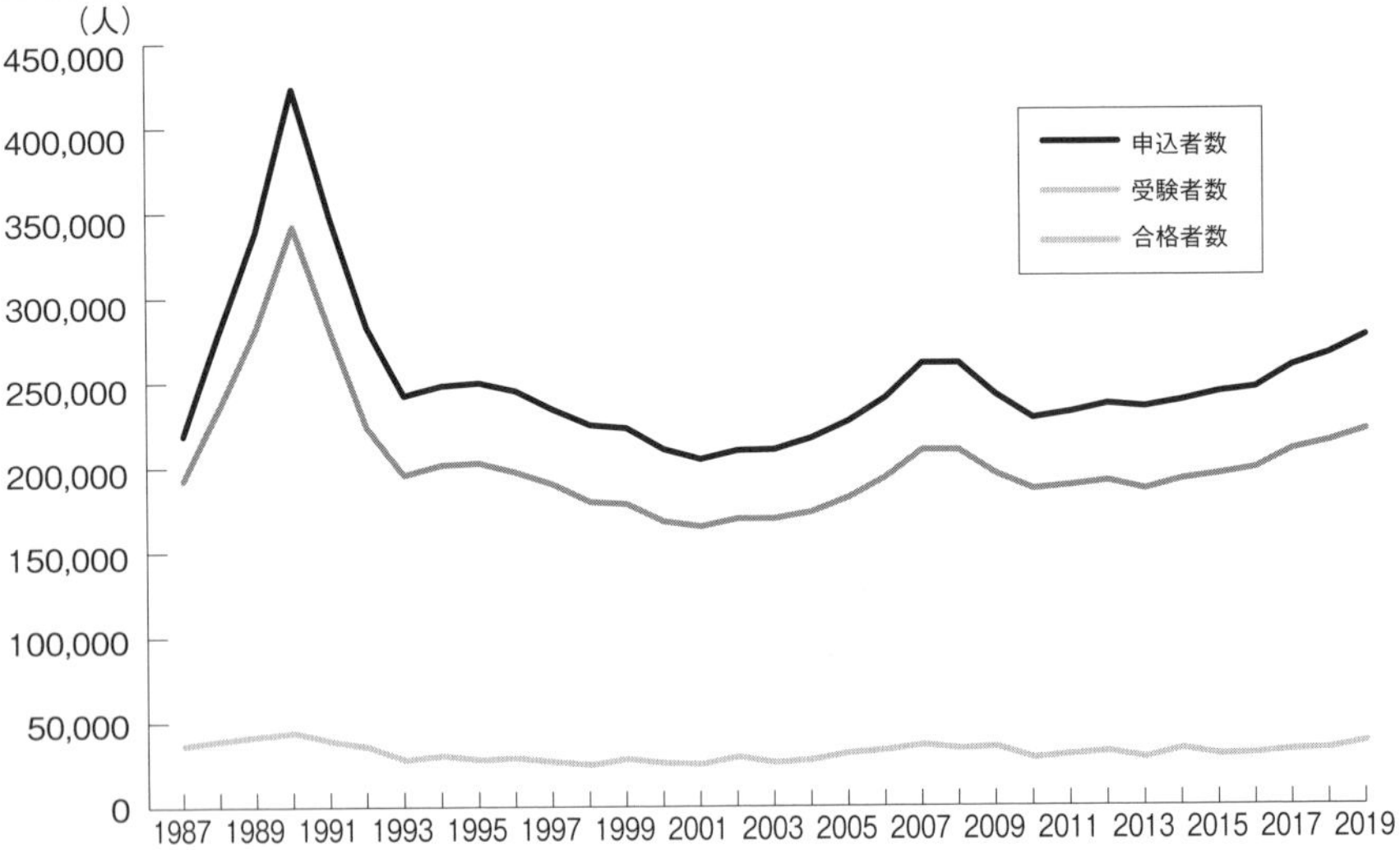

出所：一般財団法人不動産適正取引推進機構

に必要な項目がある。

ちなみに、後述する分譲マンションの管理業務を受託する際にも、管理会社は重要事項説明をしなければならないが、根拠法は宅建業法ではなくマンションの管理の適正化の推進に関する法律で、必要な国家資格も宅建士ではなく管理業務主任者という資格になる。

重要事項説明の項目は、細かい法改正がある都度、増え続けている。２０２０年7月17日公布の改正法では、水害ハザードマップを使った水害リスクの説明が追加された。

契約書への署名・捺印には宅建士の資格は必要ないが、営業マンが宅建士の資格を持っていないと、契約書締結の場面で、重要事項説明のときだけ、突然別の担当者を呼びに行き、重要事項説明を読み上げてもらうことになるので、かなりかっこ悪い。

2年目以降はヘタをすると後輩に読み上げてもらうことになりかねない。宅建士の試験は年に1回、毎年10月のみ。1回落ちると翌年まで受験チャンスはない。

市況に左右される受験者数

受験者数はそのときの不動産市況とパラレルにリンクする。１９７０年は約８万８０００人だったが、列島改造ブームがピークを迎えた１９７３年には17万人を超え、そのわずか２年後にはオイルショックの影響でまた７万人台に逆戻り。

次の波は平成バブル。１９８５年の10万人から１９８８年の23万人への大幅な増加の原因の１つは、宅建主任者の設置義務が、１９８７年に10人に１人から５人に１人に改正されたことにある。

ただ、１９８７年夏頃は、すでに平成バブルの兆候は現れていたから、その影響もあっただろう。

１９９０年の34万人からバブル崩壊で１９９２年に22万人に急減すると、その後は毎年１万人ペースで減り続け、ボトムは２００１年の16万５０００人。

２００５年からリーマンショックまでのミニバブルでまた20万人台まで盛り返すも、リーマンショックで20万人を切り、２０１７年に９年ぶりに20万人台に回復。２０１９年は22万人を超え、リーマンショック前を上回って、バブル崩壊直後の１９９２年並みまで戻った。

合格率のほうはこの30年弱の間、一貫して14〜17％。合格の難易度は上がっているという説もあるが、さほど変わっていないとする見方が一般的だ。そもそも申込者の８割しか受験しないし、受験者のなかにも何も勉強しないで受ける、記念受験者が毎年一定数いるので、ちゃんと勉強して受かる確率は、肌感覚で６〜７割といわれる。

大手総合デベロッパーの場合は、学生のうちにおおむね７割が取得、残り３割が入社から１〜２年以内に取得を終える。

ただ、試験そのものは決してやさしくはない。世の中の多くの資格試験同様、実務を知っていればとりやすいというものでもない。

採用段階での選考基準にはならないが、内定が出たら、学生のうちに何がなんでもとっておく、くらいの気構えでいてちょうどいいのかもしれない。

2 最も難易度が高く、辛い用地取得

不動産開発は土地がないと始まらない

オフィスビルも、マンションも、一戸建ても、建てる土地がなければ始まらない。デベロッパーにとって、用地の取得業務はすべての業務の起点だ。

不動産の開発業務のなかで最も難易度が高いのは、この用地の取得業務だといっても過言ではない。用地取得を担当する部署には、〝企画〟の名をつけている企業が多く、難易度が高い業務を手がける〝企画〟は花形部署でもある。

不動産は立地がすべて。駅からの距離、周辺の状況、地形のほか、道路付けも重要な要素だ。建物は4メートル以上の幅の道路に、2メートル以上接している土地の上でなければ建てることはできない。

最も重要なのは、その土地の北側には何があるのか、だ。北半球に位置する日本では、南側に高い建物が建つと、その北側の建物の日照条件が変わってしまう。とくに片側3車線もあるような主要幹線沿いの土地は、法令上かなり高層の建物を建てることができるが、主要幹線から一歩入ると低層の一戸建てが建ち並ぶ住宅街、というケースはけっこうある。そんな場所が、日照権の問題では一番モメやすい。

用地取得の世界は属人的

用地取得の担当者は、条件のよい土地の情報、そして取得できる可能性が少しでも高い土地の情報を日夜求め、持ち主と交渉を重ねて取得にこぎつける。

したがって、用地取得担当者にとって最も大切な

のは、土地の情報をもたらす情報ルート。情報ルートを一から構築しようとするときは、一般に信託銀行や自分が担当している地域の地元の不動産業者などと親しくなって情報をもらう。地元で長く営業している不動産業者は、その地域の資産家と密接な人間関係を結んでいる確率が高い。そういう業者と地道に人間関係を築く努力を必要とする、かなりクラシカルな世界である。

その一方で、仲介者をいっさい頼らず、所有者に直接アプローチする、ダイレクトマーケティング型の手法も同時並行的に使う。自ら担当地域を歩き回り、欲しい土地や、売りに出しそうな土地に目星をつけ、不動産登記簿謄本で所有者を割り出すのである。提案の中身次第では、まったく売る気などなかった地主に、気持ちよく土地を売らせてしまうこともある。

ある程度買えそうなメドがついた時点で、社内の設計関連の部署に依頼し、だいたいどのくらいの大きさの建物が建てられるのか、いわゆるボリュームチェックをかける。

その結果から、持ち主に提案できる買い値のハバを決め、上司から決済をとり、持ち主と価格交渉に入る、というのが基本的な流れだ。

土地情報の世界は総じて属人的な世界である。質の高い情報の出し手は、○○不動産の人だから情報を出す、のではない。用地取得担当者個人の資質を信じて情報を出す。この人なら必ず持ち主をオトせる、あるいはその後の計画遂行手腕も間違いない、といった信用は、所属する不動産会社にではなく、担当者個人につくもの。

ライバル会社の用地取得担当と競合することは日常茶飯事なので、他社に買い負けない目配りや、持ち主本人とのかけひきを有利に進めるための情報収集能力、度胸、そして社内に向けての調整能力もいる。

用地取得業務は花形業務だが、その一方でかなり辛い仕事でもある。相当なベテランですら、1年以上も土地が買えない状態が続いてしまうことも珍しくない。

大規模開発
物件種類別 不動産業界最新事情
不動産ビジネスのしくみ
不動産業界のプレーヤー
不動産業界の仕事研究
待遇と勤務条件

3 購入した土地に上物を建てる

用地取得担当が購入した土地に、実際に上物を建てるのが次のステップ。しなければならないことの種類はここが一番多い。用地取得と上物づくりを1人の担当者がやる会社もあれば、分業にしている会社もある。たいていのデベロッパーで、過去何度も議論され、その時々で同一担当者になったり分業になったりを繰り返している。

社内外のスタッフを総動員するプランニング

開発業務の第一歩はプランニング。用地取得交渉の段階でも極めて大ざっぱなプランニングは入れているが、それはあくまでボリュームチェックを入れる程度のもの。何階建てでだいたい延べ床面積でどのくらいとれて、という程度のもので、作業も設計事務所に頼むのではなく、社内の専門部署で行う。

これに対し、開発段階でのプランニングは社内外のスタッフを動員して立てる。設計事務所とゼネコンをどこにするかを決め、正式に発注。商品企画専門の部署や販売担当やグループ会社の管理会社が上げてくるエンドユーザーの声、設計事務所やゼネコンの意見をとりまとめる。開発担当者は専門家の意見のいわば調整役だ。

最も時間と手間暇がかかる許認可取得

プランができ上がったら、次は許認可取得。不動産開発で最も時間も手間暇もかかるのが、行政折衝がメインとなるこの業務だ。

開発許可をとったうえで建築確認申請という場合

と、開発許可を必要としない建築確認申請だけで建てられる場合とがある。

建築確認申請は原則、市町村に対し、今度この場所にこういう建物を建てます、という申請をする手続きだ。

市町村のなかにはこの業務を自前でやらず、都道府県に委託してしまっているところもある。

〝確認申請〟なので許認可ではない。必要な条件をクリアしていれば、行政側に建築確認申請の受理を拒否する権利はないのだが、条件の解釈の仕方次第の面もあり、簡単にはいかない。

建物を建てる敷地が１０００㎡を超える、あるいは１ｍ以上の切り土・盛り土をする場合は、都市計画法に定める〝開発行為〟に該当するので、建築確認申請ではだめで、都道府県から〝許可〟をもらわなければならない。

３大都市圏では敷地面積の基準が厳しく、１０００㎡以上ではなく５００㎡以上。23ｍ四方で超えてしまう広さなので、ファミリータイプのマンションだとかなりの確率で開発行為の対象になっているのが実態だ。

開発行為で許可をもらうには、まず許可申請を出す前に、都道府県と〝都市計画法32条に基づく事前協議〟を行わなければならない。

実際には〝事前協議〟の前に、お伺いを立てる事実上の〝事前の事前〟がある。〝事前の事前〟は用地取得直後から開始、行政の内諾を得たところで〝都市計画法29条に基づく本申請〟を出す。

したがって、32条の事前協議、29条の本申請はほぼ儀式。実際には〝事前の事前〟で行政側との協議はほぼ終わる。開発許可が無事取得できたら、建築確認申請という手順になる。

開発許可の基準で重要なのは大きく分けると2点。1つは上下水道の設備や防災設備、周辺道路をきちんと整備できる計画か。

もう1点は近隣対策。日照、電波障害、風害、眺望、そして工事車両の通行路の確保などだ。近隣に通学路があれば、かなりの配慮を求められる。

難易度が高い近隣対策

上物づくりの担当者にとって、最も難易度が高いのが近隣対策。

開発許可を取得するには、近隣への説明会を開催し、ある程度の理解が得られていることも必要になる。ただ、同意書までとることは義務付けられておらず、そもそも住民の意見はとことん聞いていたらキリがない。

そこで常識的になすべき対策を考え、計画に盛り込み、後は担当者が誠実に説明してわかっていただく、ということになる。

ぞんざいな説明をしたり、強引な進め方をして極端なモメ方をすれば、結局時間がかかり、かかった時間はデベロッパー側の建設コストにハネかえる。

近隣住民に〝わかってもらう〟ために誠心誠意、押したり引いたり、根気強く不満を聞いたり。

最後には「○○さんはいい人だから、間違いない」といわしめる、時間的なプロセスも必要になる。

工程管理・竣工・竣工検査・引き渡し

工事が始まったら、工程を管理し、竣工までのプロセスを見守る。用地取得から竣工までの期間は、戸建てなら半年、マンションなら1年半～2年、オフィスビルは平均5～6年。マンションは許認可がとれるとモデルルームでの販売が始まる。

マンションの場合は着工後に最初の計画を修正することはまずないが、オフィスビルは着工してからどんどん変更をかけていくのが普通。完成までの期間が長く、その間に情報インフラ、セキュリティや、管理しやすい技術もどんどん進化し、それにつれてテナントの要望も変わっていく。竣工時点で最も魅力のあるビルでなければテナントは付かない。

オフィスビルの場合は、もともとオフィスビルが集中している場所に建てるケースが多く、マンションのように近隣でモメる可能性はほとんどないが、着工してからの作業量の多さはマンションの比ではない、というのがオフィスビルの特徴だろう。

4 完成した物件をエンドユーザーに売却する

一次取得者が主要顧客層の時代の販売事情

完成した新規分譲のマンションや一戸建てをエンドユーザーに売却するのが社内の営業担当、または販売会社の仕事。職場はモデルルームなので、新規分譲担当の営業マンは、モデルルームと自宅の往復になり、会社にはほとんど顔を出すことはない。

かつては竣工の半年くらい前にモデルルームをオープンし、販売開始当日に完売する〝ソッカン〟（＝即日完売の略）を目指した。モデルルームオープンの日は購入を決断させる日なのだから、それ以前の準備が大変だった。

大手のマンションデベロッパーは、たいがい会員組織を持っている。過去にモデルルームに来たものの、買う決断をしなかった人など、マンションを買う意思を持っている人を対象に、情報提供をしていく会員組織なので、条件面などはある程度把握できている。

そういうプロセスで構築した顧客名簿をもとにアプローチをかけておき、オプション満載の魅力的なモデルルームを見せて、一気に決断をさせていた。

平成不況下では、企業の寮跡地や工場跡地などが売りに出たので、比較的好立地で、最も裾野が広い、初めてマンションを買う一次取得者層の手が届く価格帯の物件が大量に供給されていた。

住宅ローン審査も比較的緩かったので、居住用マンションの販売環境としては悪くなかったのだ。

その時代は、主な買い手が一次取得者層、つまり育ち盛りの子どもがいる層なので、引き渡しまでのサポートのなかに、不動産登記手続きを司法書士に依頼する手配や住宅ローンの申し込みなどだけでなく、子どもの学校の手配についての情報提供なども含まれていた。

近年の新築マンションの買い手は中高年

だが、近年は事情が一変。新築マンションの主要顧客は、郊外の一戸建てを売ってマンション住まいに代わろうとするシニア世代や、現役世代でも比較的経済的に余裕がある40歳台後半以上の中高年だ。

最大の原因はマンション価格の高騰だ。7～8年前から資材価格が高騰、マンションを建てる職人の人件費も鰻登り。そのコストは販売価格に転嫁せざるを得ない。

1住戸当たりの面積を狭くして総額を抑えたところで、若いファミリー層は一定程度の広さを求めるから、狭い物件では結局売れない。

結果、1住戸当たりの単価は一次取得者の手には届かない水準となってしまった。

シニアや中高年への新築販売は、今持っている物件の売却とセットだから、住宅ローン審査が通れば売れた時代とは必要な動作が違う。

発売の仕方も、全戸を一気に売り出すのではなく、過剰感が出ないよう、数戸ずつ、第1期、第2期などと区切って発売したり、価格も未定な段階で「事前案内会」と称してお披露目をする。この事前案内会に来た人たちから予算を聞き出し、販売価格を決めていく。

もっとも、不動産の販売は、その顧客のライフステージと向き合うこととイコールだ。その基本は主要顧客の年齢層が変わっても不変だといっていい。

なお、近年は国土交通省が強引な販売に対する規制を強化しているが、いまだに前近代的な強引な販売手法をとっている会社は残念ながらある。

国土交通省のＨＰには宅建業法が禁止している勧誘行為が列挙されているので、自分がやらされている仕事の仕方が、それに該当しないのかどうか、チェックしてみるべきだろう。

5 裾野が広い仲介業務

人柄がモノをいう個人住宅の売買仲介

　個人の中古住宅の売買を仲介する業務を主に扱っているのは、大手マンションデベロッパー系列の販売会社で、ターミナル駅の駅前にこぎれいなショップを構えている。

　売りたい人からの依頼で物件を査定し、買いたい人に紹介、売買に至ったら仲介手数料を得る。

　個人相手なので、かなり理不尽なワガママとも向き合わなければならない。新築であろうと中古であろうと、住宅を買うということは、その人の人生の一大事なので、そこにかかわる仕事だという理解が必要だ。大半の顧客は不動産の素人なので、結局は営業マンが信頼に足る人物だと思う気持ちが、最後に顧客の背中を押す。

　よくしゃべる押しの強い営業マンが好成績かというと、必ずしもそうでもない。おとなしく頼りなさげだが真面目で一生懸命というタイプの営業マンでしか攻略できないタイプの顧客もいる。会社側がさまざまなタイプの人材を求める理由はそこにある。

　実は近年、この個人住宅の売買の世界にも、新築マンション価格高騰の影響が及んでいる。新築を買えない一次取得者が、中古マンションを購入する動きが加速しているのだ。

　買ってからリフォームするケースもあるが、近年伸張著しいのは、中古マンションを買ってフルリフォームをかけ、最新鋭の設備を整えて売りに出すリノベーション業者だ。

　業者自身がいったん購入し、エンドユーザーに対する売り主になるので、売買仲介業者から見ると、物件の買い手、売り手両方に、リノベーション業者が登場する頻度が増えているということになる。

築30年、40年を経たマンションは全国に200万戸以上あり、好立地で管理状態も良好な物件は新築の半値ほどでしっかり流通している。

住宅ローンを完済し、経済的にも余裕のある中高年が、新築への買い換えのために売りに出し、それをリノベーション業者が取得。フルリフォームコストを乗せても若い世代に買える価格で提供するという循環が出来上がっている。

業者の質は玉石混淆だが、着実に実績を積み上げているのは、販売後に発生した不具合に親身に対応する業者である。

コンサルカ必須の法人対象の売買仲介

一方、法人仲介の世界は、個人の中古住宅の売買仲介とはまったく別世界だ。

企業が保有している遊休地の売却先を探したり、企業の本社用地や社宅用地などを探して紹介したりするのがそもそもの基本業務だ。

競争は激しいので、単純な売買仲介ではなく、保有資産の有効活用をアドバイスするコンサルティング業務やソリューション業務の一環で仲介業務を手がけるケースが主流になっている。

物件そのものの単価が個人住宅とは比較にならないほど高いので、扱う金額のスケールは大きい。自分がかかわった企業の幹部のプライベートな案件に関与する機会に恵まれることもある。庶民とは異なる価値観のエスタブリッシュメントの懐に飛び込める可能性を秘めた業務でもある。

提案力問われるオフィスビルの賃貸仲介

賃貸仲介も、ビル賃貸仲介とマンションやアパートの賃貸仲介ではまったく世界が違う。

大手のデベロッパーの場合は自社の保有ビルのテナント付けは基本的に自社の営業部隊が行っているが、テナント付けの営業部隊を自社内に抱えていないオーナーは、三鬼商事、ＣＢＲＥ、三幸エステートといったオフィス賃貸仲介専業の業者に依頼する。

テナント付け業務を委託してくれるオーナーに加え、オフィスを探している企業も、オフィス賃貸仲介業者にとって重要な営業チャネルだ。

オフィスを探している企業には、単に希望条件に合致する物件を紹介するだけでなく、オフィスの効率的な使い方の提案の一環で、オフィスのレイアウト分析や会議室の利用度調査なども請け負う。

顧客の窓口は基本的に法人の総務部。企業のオフィス移転の担当者は、どこのビルにいつから、いくらの賃料で入居するのかや、通信設備や内装工事のスペックやそれにかかるコストなどから、移転計画を立て、稟議書を書く。担当者が稟議書を書きやすい提案が求められるのはいうまでもない。

移転以外でも、賃貸借契約更新時の賃貸条件や賃料の交渉も業務範囲。

オーナーに対しては、空きスペースに入居してくれる店子を捜すだけでなく、独自の市場分析をもとに、稼働率を上げたり、収益性を高めるための提案をしたりする。プロパティマネジメント会社の目利き、選定も業務範囲。

誰もが知る大企業所有だと思っていた立派なビルが、実は同族経営の企業の所有だったりもする。

この仕事も隠れたエスタブリッシュメントの懐に飛び込める可能性を秘めた仕事といえるかもしれない。

大手デベの黒子・商業施設賃貸仲介

商業施設に入居する店舗をあっせんする商業施設の賃貸仲介は、専門業者の領域で、いわゆる大手のデベロッパーのグループ会社は手がけていない。

営業チャネルは、商業施設側からテナント誘致を依頼されるチャネルと、店舗側から入居できる物件探しを依頼されるチャネルの2通り。

大手のデベロッパーが開発する大規模な商業施設の場合、コンセプトを決めるのは基本的にデベロッパーの担当者ではある。

だが、商業施設仲介会社が周辺のマーケティング調査を請負い、コンセプト決定に重要な役割を果たし、そのコンセプトに見合う店舗の招致交渉からリーシングの条件交渉まで、ワンストップで手がける場合もある。

大手のデベロッパーの黒子という形で、地図に載る規模の仕事を陰ながら支えたという達成感を味わえる可能性もある仕事だ。

専門性が高いだけに基本的に少数精鋭。採用も中途中心でしかも不定期。広く門戸が開かれているとは言い難い。

アパート・マンションの賃貸仲介

これに対し、賃貸用アパートやマンションのオーナーに入居者をあっせんする賃貸仲介は、まったく世界が違う。

賃貸仲介を手がける大手の業者は、ほぼ例外なく大量のCMを流しているので、入居者を集めることがメインの仕事と思いがちだが、実際はマンションやアパートのオーナーから業務の委託を受けることを主眼に置いている。

オーナーから入居者募集業務や賃貸管理、建物管理の業務委託を受けるには、常時、確実に一定数の入居希望者を確保できる〝集客力〟がある業者だと思われなければならない。

ここへ任せれば間違いなく入居者を付けてくれる、という信頼感を勝ち取るためのツールが、大量のCMや各地のショップである。

ちなみに、賃貸仲介もまた、個人のワガママと向き合う仕事だ。とかく入居希望者は無理難題をいうもの。オーナーもまたしかり。うまく着地点を見つけ出し、ほどほどのところで折り合いをつけるには、結局は双方から人として信頼されることが、一番の近道。

大手の採用の門戸は、新卒にも中途にも広く開かれている。

6 出来上がった建物を管理する

取った取られたのオフィスビル管理

完成したビルにテナントを入れ、そのテナントから安定的に賃料収入を得る管理業務は、ストック型の商売だといわれる。

売ってナンボの分譲や仲介の世界がフロー型だから、管理業務はストック型のビジネスだといわれるのだが、ストック型という言葉の農耕的なイメージとは裏腹に、オフィスビル経営は空室率との戦いで、まさに「取った」「取られた」である。

テナントとの契約期間は普通2年間だが、テナントは借地借家法に守られているので、契約期間の途中でも、いつでも退去できる。

近隣に最新鋭のインフラを備えたビルでもできようものなら、何フロアも借りてくれていたテナントが、一挙に退去してしまう可能性もある。

このため、大手のデベロッパーの賃貸営業担当者は自分の担当エリア内のビルの情報を綿密に把握している。

事業の急拡大に伴い、近隣のビルにつぎはぎ的にオフィスを借り増ししている企業に、「1か所にまとめましょう」というアプローチをかけるのは基本中の基本。

ライバル会社のオフィスビルのテナントに片っ端から飛び込み営業をかけ、自社のビルへの転居を勧誘して歩く営業マンもいる。

当然入り口で追い返されるケースがほとんど。だが、首尾よく担当者に会えれば、ライバル会社のビルに対する管理上の不満くらいは聞き出せたりする。

大手デベロッパーが自社で開発、所有しているビルの場合、テナント誘致営業と全体の計数管理などの統括は本体が担当し、個々のビルごとに何をすべきかを具体的に考えるプロパティマネジメント業務はグループ会社が行うのが一般的。

日々テナントからのクレームを受け付けたり、滞納賃料の督促や値上げ交渉、空室状況の改善対策、年間にかかる管理コストとその削減方法、周辺ビルとの競合状況を配慮したテナント獲得戦略の立案などが主要業務。清掃業務など実際に手を動かす仕事は、プロパティマネジメント会社が専門会社に委託する。

本来の姿に戻る？オフィス賃貸管理の事業環境

ここ数年、東京都心5区のオフィスの空室率は1％台と、限りなくゼロに近い水準を保ってきた。

社員のパフォーマンスやクリエイティビティの向上を狙って、オフィス内にフリースペースを設ける企業が増え、1つの会社が借りるスペースは拡大傾向にあった。

だからこそ、次々と大規模なオフィスが供給され、1棟まるごと借りてくれていたテナントが出ていってしまっても、すぐにまた別のテナントの入居が決まる。

平均賃料も2014年1月から6年以上にわたって上昇を続けるなど、事業環境が極めて良好だったのは事実だ。

そこへいきなり降って湧いた新型コロナ禍。2020年8月、遂に80か月続いた平均募集賃料の上昇が止まり、空室率も3％台に上昇した。

まだまだ歴史的に見れば事業環境は絶好調に近い水準とはいえ、テレワークの急速な普及でオフィス不要論も囁かれるなか、コロナ前に立ち上がっていた大規模開発計画はほぼそのまま。本稿執筆時点で縮小する動きは見られない。

今後もオフィスの大量供給が続くことは間違いなく、オフィス賃貸管理業務の事業環境は、本来の姿に戻っていくと考えたほうが良いだろう。

最も身近な居住用分譲マンションの管理業務

マンション暮らしをしている一般の国民にとって、最も身近な不動産業界の住民は、分譲マンションの総合管理業者だろう。

自分で住むために買う分譲マンションの場合は、ほぼ100％管理組合が存在する。その管理組合と管理委託契約を締結しているのが管理会社である。

普通はそのマンションを分譲したデベロッパーの子会社が請け負っているが、対応が悪かったりで、他社に交代するケースはごくまれにある。

新規分譲時には管理規約を作成し、その後は管理費や修繕積立金の集金代行を請け負ったり、行政への届出事務の代行、エレベーターの保守点検、共用部分の植栽の伐採や、日常清掃をしてくれる業者の派遣、大規模修繕の計画立案や実際に修繕を行う際の工事業者の紹介、総会の開催フォローや決算報告書類の作成代行など、本来的には管理組合がやるべき業務を代行もしくはサポートする。

管理会社自体の休みは水曜ではなく、一般事業会社と同じ土曜、日曜、祝祭日だが、管理組合の理事たちと直接向き合うフロントマネージャー職に就いていると、土曜日や日曜日に開催されることが多い理事会や総会に出席しなければならない。

そうなると平日に代休をとることになり、休みは不規則になりがち。

1人平均10～20か所のマンションを担当するので、段取りが悪いとすぐに仕事は行き詰まる。

また、理事のなかには合理的な理由もなくフロントマネージャーをいびり倒す輩もいる。大規模かつ高級なマンションは管理会社にとっては大口取引先なので、そういうマンションの理事にやっかいな人物がいると、我慢を強いられることもある。

この仕事もマンションの住民個人と向き合う仕事なので、人としての信頼を得ることは重要だが、理不尽ないいがかりは聞き流すくらいのメンタルの強さ、したたかさは必要かもしれない。

管理業務主任者試験の申込者数、受験者数、合格者数の推移

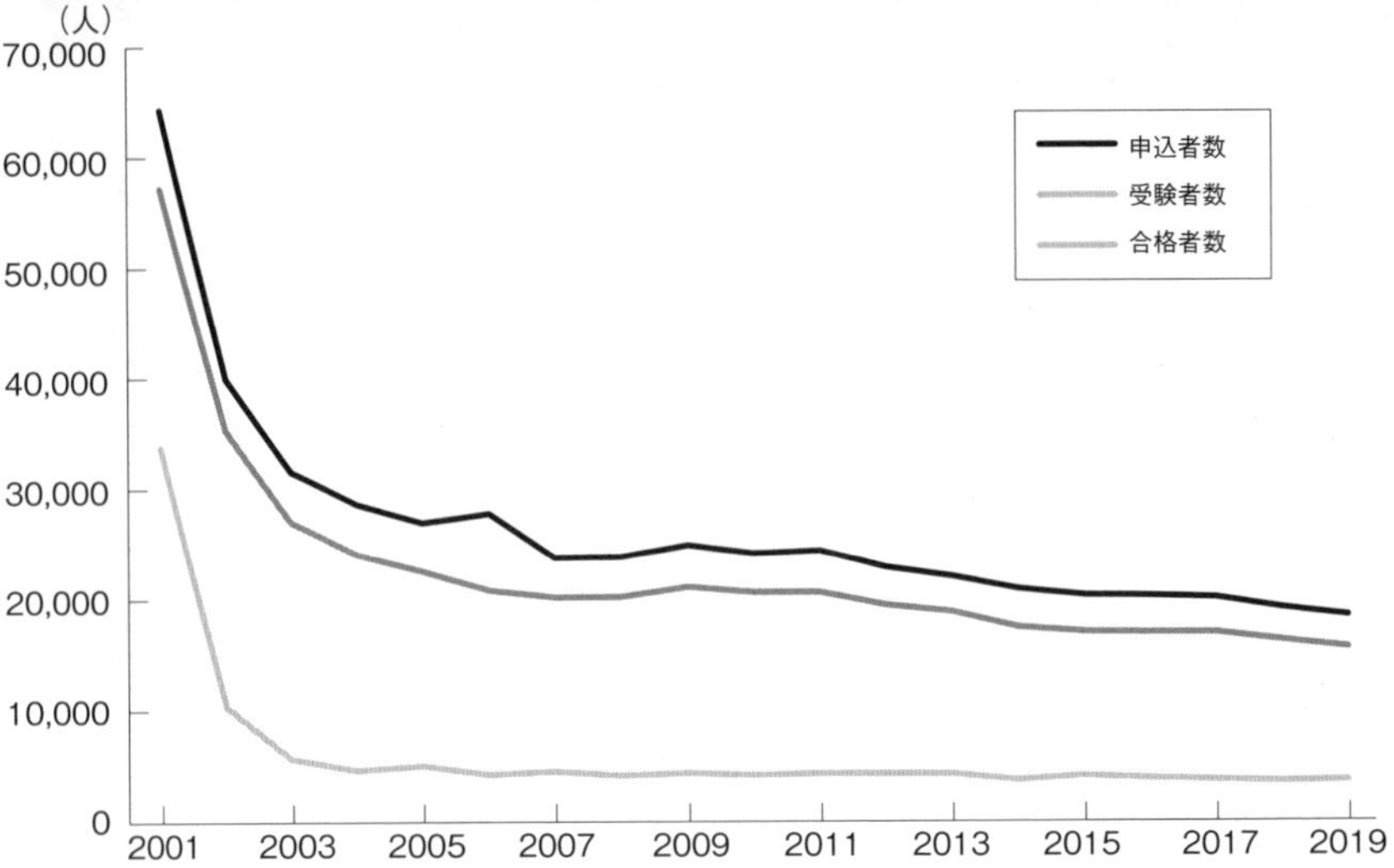

出所：一般社団法人マンション管理業協会

管理会社社員は管理業務主任者も必須資格

管理組合との委託契約締結前には重要事項の説明義務もある。

この場合の重要事項説明義務は、宅建業法ではなく2001年8月施行の「マンション管理の適正化の推進に関する法律（略称マンション管理適正化法）」に規定されている。宅建士には許されていない業務で、管理業務主任者という資格を持っていないとできない。

管理会社の社員、とりわけフロントマネージャー職に就いている社員にとって、この管理業務主任者は宅建と並ぶ必須資格だ。会社側も在学中の取得を強く奨め、内定が出るとすぐに、講習会を開くなどして、会社が取得をバックアップする。

試験日は宅建士が10月第3日曜日であるのに対し、管理業務主任者は12月の第1日曜。

受験申込者数は宅建が27万人超であるのに対し、その15分の1の1万8464人。受験申込をして実際に受験する人の割合は、宅建よりも若干高くて84～85％。合格者数は3617人と、宅建のおよそ10分の1（以上2019年度実績）。

制度導入初年度は異常値としても、受験者数、合格者数ともに年々減少している一方で、試験の難易度は上昇傾向といわれる。かつては宅建よりも易しいといわれていたが、今では間違いなく管理業務主任者のほうが難しい。

受験者数の減少は、管理会社の社員の合格がほぼ一巡し、受験者は当該資格を持たずに入社してくる新卒もしくは中途採用の社員に限られてきているから。試験の難易度上昇は、合格率を20～23％程度に設定している試験だからというだけでなく、出題内容自体が高度化してきている。

試験日程上はW合格を目指せるとはいえ、どちらも法律の試験であり、法律の勉強をしたことがないと、けっこうハードルは高い。

管理会社は重要事項説明ができないと話にならないので、初年度は最低限度管理業務主任合格、翌年の宅建合格を求める。

難関なのに独立開業は難しいマンション管理士

一時期大ブームとなったマンション管理士も、2001年8月施行のマンション管理適正化法に規定され、管理業務主任者と同時に誕生した国家資格だ。

不動産の素人集団である管理組合が、不動産のプロである管理会社に搾取されることがないよう、管理組合に雇われる専門知識を持ったコンサルタントという位置付けの資格なのだが、宅建士や管理業務主任者のような独占業務（この資格がないとやってはいけない業務）があるわけではない。

そもそも住民組織である管理組合が、対価を支払ってコンサルタントを雇うほど危機意識を持つことはまれで、独立したコンサルタントとして食えている人はごく一部でしかない。

しかも試験の難易度は宅建や管理業務主任者よりも格段に高く、行政書士試験とほぼ同レベル。

たまたまマンション管理組合の理事長になって、管理会社と戦った経験を持つと、受験に向かう傾向

マンション管理士試験の申込者数、受験者数、合格者数の推移

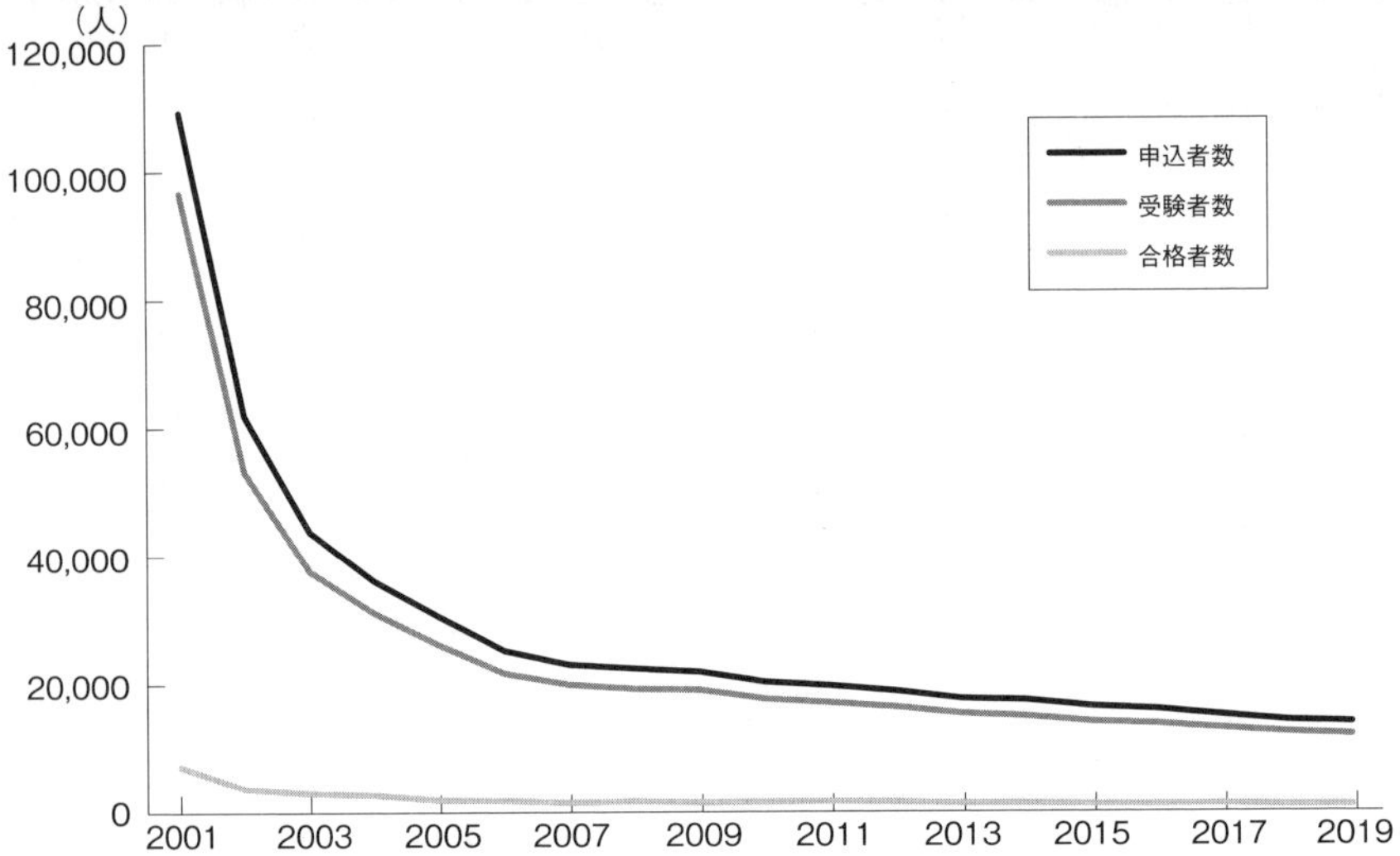

出所：公益財団法人マンション管理センター

があるのだが、首尾良く合格できても、他のマンションで雇ってもらえるわけではない。

　このため、初年度こそ受験申込者数は10万９５２０人と、６万４２７８人だった管理業務主任者を大きく上回ったが、翌年以降は右肩下がり。

　２０１９年度は受験申込者数は1万３９６１人、実際の受験者は1万２０２１人と、いずれも管理業務主任者を大きく下回った。

　合格率は管理業務主任者試験よりも遙かに低い７～９％程度を維持しているので、２０１９年度の合格者数は９９１人と１０００人以下だ。

　近年は独立開業目的の人ではなく、管理会社の社員が管理業務主任者とW受験するようになってきている。この試験は区分所有法やマンション管理適正化法、建築基準法など、マンション管理に必要な法令の知識を問うなど、管理業務主任者試験と出題範囲が重なる。

　うがった見方をするならば、いわば敵方であるマンション管理士の手の内を知る試験でもあるわけで、管理会社によっては昇進昇格の条件にしているところもある。

ちなみに、マンション管理士試験の実施機関は公益財団法人マンション管理センター。管理業務主任者試験は一般財団法人マンション管理業協会、宅建士は一般財団法人不動産適正化推進機構。いずれも国土交通省所管の組織である。

賃貸用アパート・マンションの管理

1棟まるごと1人のオーナーが所有している場合は、賃貸管理と建物管理両方を同じ業者に委託するケースが一般的。請け負う業者側でも、両方請け負う業者が多い。

レオパレス21の施工不備問題から一躍知名度が上がったサブリースは賃貸管理の発展系だ。賃貸管理は賃料に不払いが発生した場合、督促はしても肩代わりはしないが、サブリースは自ら賃借人となってエンドユーザーに転貸することで、オーナーへの賃料の支払い責任を負う。

建築工事業者がアパートの建築を請け負うだけでなく、完成後の賃貸管理、建物管理、賃料保証まで請け負うサービスである。

投資用のワンルームマンションでも分譲型のものの場合、1部屋ごとに所有者が異なるうえに、そもそも所有者はそこに住まないので、管理組合が発足していない、もしくは発足していても事実上機能していない場合がある。

管理組合がなければ、建物管理を委託する主体が存在しない。1住戸の所有者が全戸分の建物管理報酬を支払って、1棟全体の建物管理を業者に委託する道理もない。

このようなケースでは、業者側も賃貸管理だけの受託を目指すことになる。入居者の募集、審査、契約の代行に入居時の立ち会い、エアコンが壊れた、水が出ない、といった入居者からのクレーム処理のほか、近隣からのクレーム処理や家賃滞納者への督促。

ありとあらゆる煩雑な業務をオーナーになり代わって務めるのが、賃貸用アパート・マンションの賃貸管理の仕事。段取りは経験で身につくが、根本的な忍耐強さは必要な仕事かもしれない。

大規模開発
物件種類別 不動産業界最新事情
不動産ビジネスのしくみ
不動産業界のプレーヤー
不動産業界の仕事研究
待遇と勤務条件

Chapter 6

待遇と勤務条件

1 コロナで採用市場環境一変

「前年なみ」が大幅後退

ここ数年超売り手市場が続いてきた採用市場だが、新型コロナ禍で様相は一変した。

リーマンショック直後のような、内定を取り消す企業が続出するような状況にはないが、水面下で市場環境は一変している。

就職情報提供会社の㈱ディスコは毎年2月と7月の年2回、「新卒採用に関する企業調査」を実施している。

今年7月実施の調査によれば、現在採用活動中の2021年卒者対象の市場について、企業の採用担当者のうち、「完全に売り手市場だと思う」「やや売り手市場だと思う」と考える人が約4割にとどまることがわかった。

昨年の同じ時期には「完全に」と「やや」の合計は96・3％に達していたのだから、大変な変化だ。

業界別で見てもあまり大きな差は見られない。この調査では、不動産業界は建設業とともに製造業のなかに分類されているが、不動産業界のみを抽出したデータは公表されていない。

次年度の採用予定人数についても、8割が当年度並みとしていた昨年から一変し、5割前後へと大幅に後退している。

不動産業界は今のところ、飲食業界やホテル業界などのような、壊滅的な打撃を受けている形跡はないが、その飲食業界やホテル業界の不振の影響はいずれ賃貸市場に影響を及ぼしてくるだろう。

就職環境は一変したと覚悟すべきだろう。

採用市場についての考え方　―売り手市場だと思うかどうか―

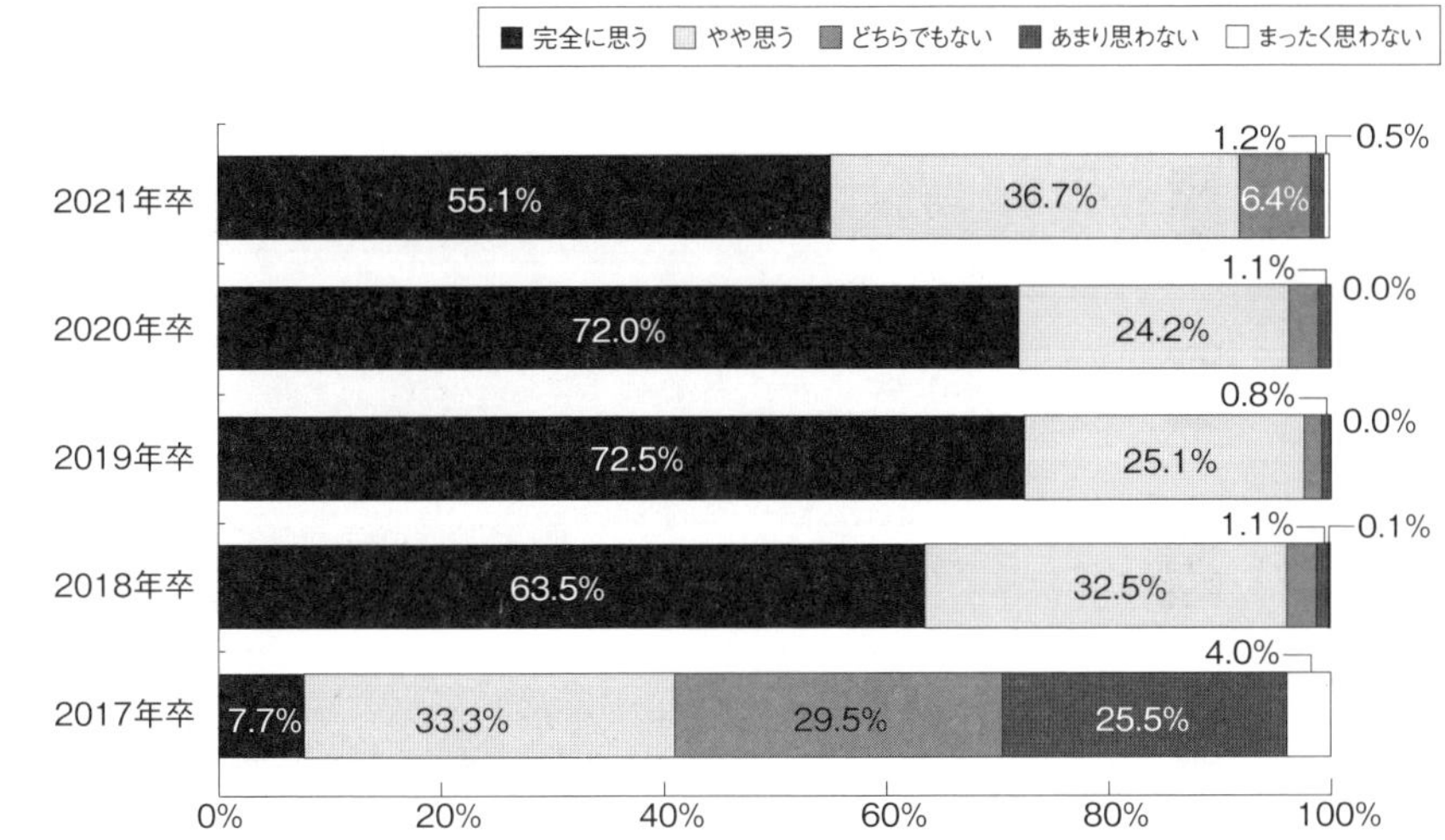

出所：㈱ディスコ　キャリアリサーチ2021年卒・新卒採用に関する企業調査中間調査

2022年卒者の採用人数見込み（業界別）

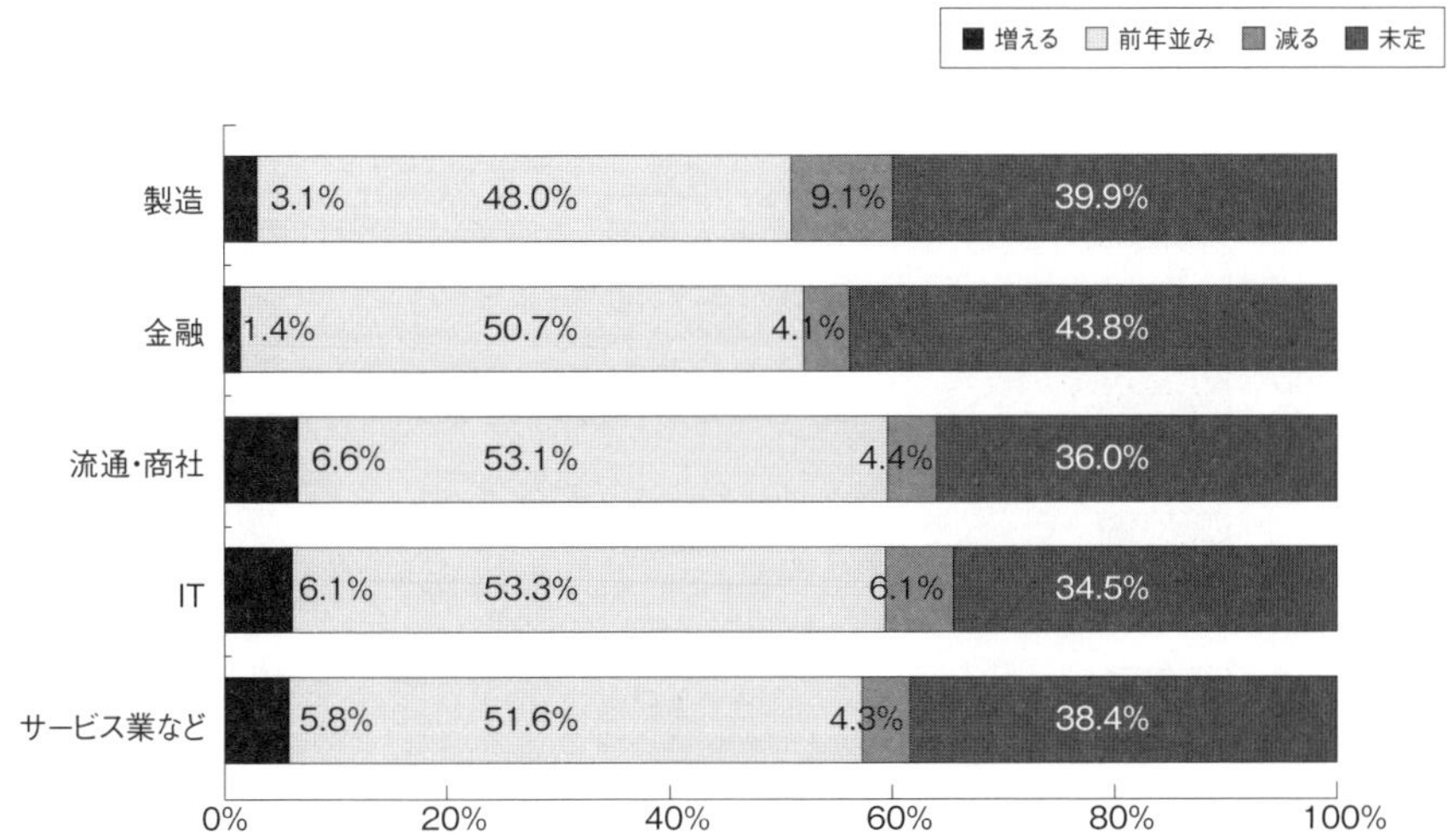

出所：㈱ディスコ　キャリアリサーチ2021年卒・新卒採用に関する企業調査中間調査

2022年新卒者の採用人数見込み(従業員規模別)

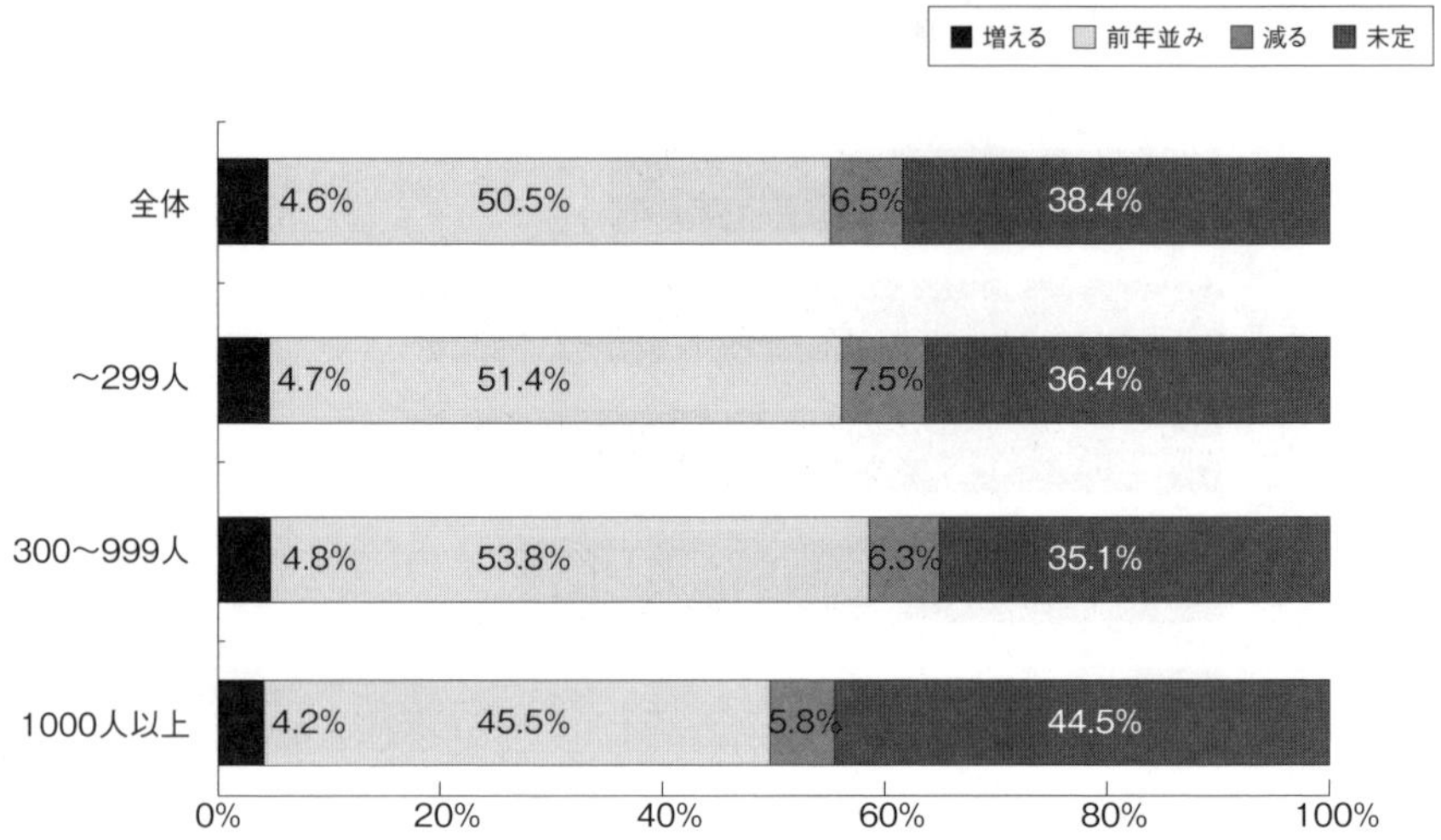

出所:㈱ディスコ　キャリアリサーチ2021年卒・新卒採用に関する企業調査中間調査

2021年新卒者の採用人数見込み（従業員規模別）

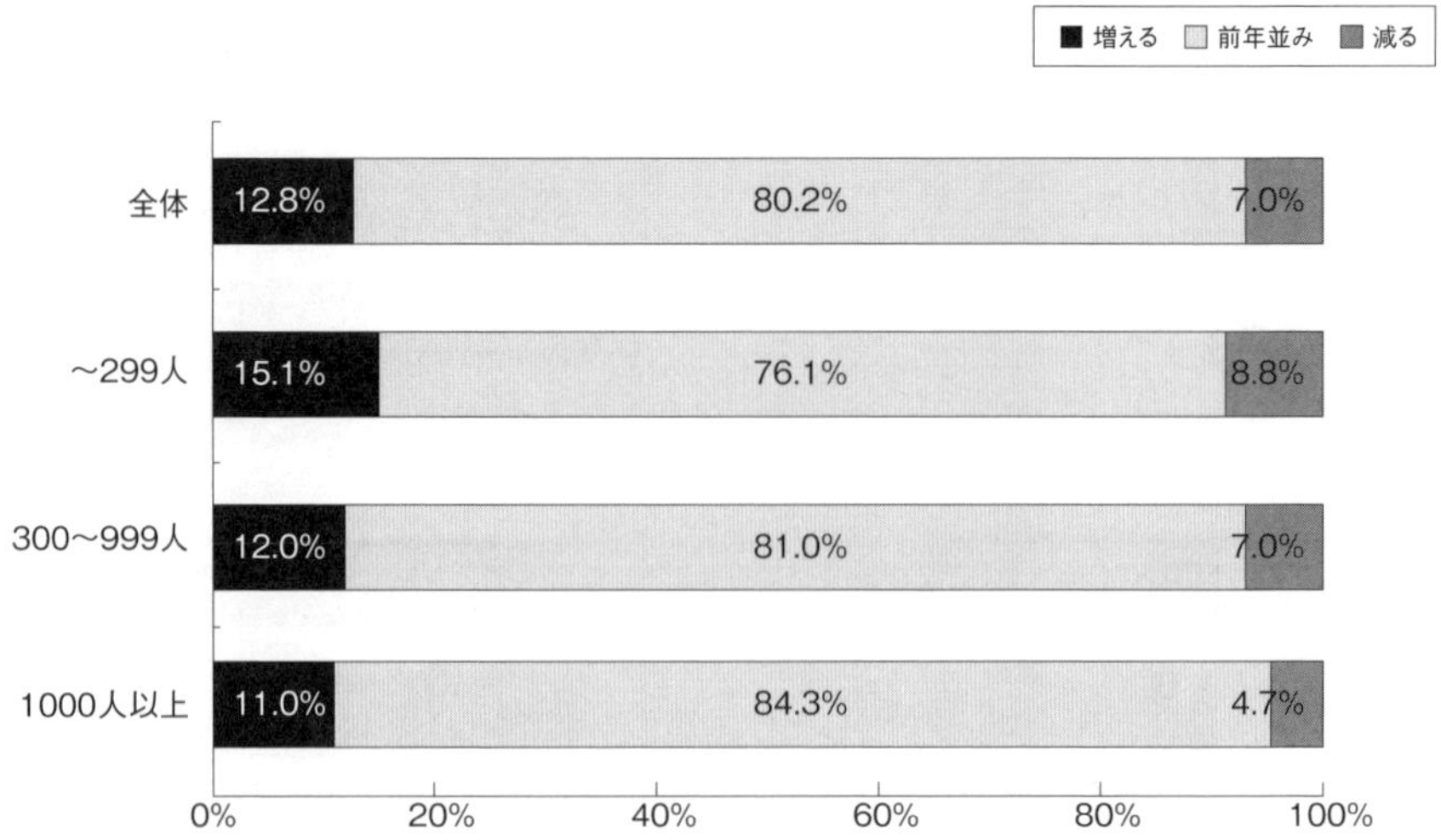

出所:㈱ディスコ　キャリアリサーチ2020年卒・新卒採用に関する企業調査中間調査

2 初任給と平均給与

男女ともに全産業平均より高め

厚生労働省が2020年3月に公表した「令和元年賃金構造基本統計調査」によると、2019年春の大卒・院卒の新入社員初任給は、全産業平均で大卒男子が21万2800円、院卒男子が23万9000円。

大卒女子は20万6900円、院卒女子は23万8300円。男女平均すると、大卒が21万200円、院卒が23万8900円だ。

一方不動産業界は、大卒男子で21万8100円、院卒男子で24万9000円。大卒、院卒ともに全産業平均よりは若干高め。

リーマンショック前と比較すると、大卒男子はほぼリーマンショック前に戻り、院卒男子は1万1900円上回った。

また、女子も大卒、院卒ともに全産業平均よりも若干高い。リーマンショック前との比較では、漸くリーマンショック前の水準を上回るようになり、大卒は2100円ほど、院卒は2万1600円高い。

ただ、女子の場合は総合職採用だけでなく事務職採用の人も含んでの統計なので、総合職女子は男子と同水準と考えていい。

また、この金額は残業代や各種の手当てを除いた金額なので、実際の手取りにはかなりのバラつきが出る。

一般に開発業務に携わる従業員に歩合制を導入しているケースはほとんどなく、デベロッパーの販売部隊や販売子会社でも歩合制を導入しているケース

大卒・大学院卒の初任給

年度	不動産業					
	男		女		計	
	大卒	大学院卒	大卒	大学院卒	大卒	大学院卒
2003	215.3	−	221.7	−	217.7	−
2004	203.7	−	190.6	−	198.6	−
2005	206.5	222.4	195.5	234.4	202.2	226.2
2006	241.2	226.9	206.2	229.5	230.5	227.6
2007	218.2	237.1	205.5	227.3	213.5	235.5
2008	216.9	222.8	204.9	221.6	212.8	222.5
2009	213.3	221.1	197.4	225.2	207.2	221.9
2010	212.5	218.7	197.4	215.1	207.1	217.8
2011	239.5	224.3	191.7	224.7	224.7	224.3
2012	212.9	235.8	193.1	214.2	204.7	232.1
2013	213.2	223.9	195.5	218.9	206.5	223.0
2014	212.5	225.6	199.3	218.1	207.7	223.2
2015	212.7	229.9	202.7	230.4	208.0	230.0
2016	214.9	231.5	204.8	219.0	210.8	226.6
2017	215.9	233.8	204.2	230.7	210.7	233.1
2018	216.4	245.4	202.6	224.9	210.6	238.6
2019	218.1	249.0	207.3	248.9	213.9	249.0

年度	全業種平均					
	男		女		計	
	大卒	大学院卒	大卒	大学院卒	大卒	大学院卒
2003	201.3	−	192.5	−	198.1	−
2004	198.3	−	189.5	−	195.0	−
2005	196.7	221.0	189.3	216.6	193.9	220.4
2006	199.8	224.6	190.8	226.0	196.3	224.8
2007	198.8	224.6	191.4	226.7	195.8	225.0
2008	201.3	226.2	194.6	223.6	198.7	225.9
2009	201.4	228.6	194.9	227.1	198.8	228.4
2010	200.3	224.5	193.5	221.2	197.4	224.0
2011	205.0	233.9	197.9	237.3	202.0	234.5
2012	201.8	225.6	196.5	228.4	199.6	226.1
2013	200.2	227.7	195.1	230.0	198.0	228.1
2014	202.9	227.7	197.2	230.7	200.4	228.3
2015	204.5	228.5	198.8	228.5	202.0	228.5
2016	205.9	231.7	200.0	229.7	203.4	231.4
2017	207.8	233.6	204.1	232.4	206.1	233.4
2018	210.1	239.9	202.6	234.2	206.7	238.7
2019	212.8	239.0	206.9	238.3	210.2	238.9

厚生労働省令和元年賃金構造基本統計調査。単位千円。金額は月額

は大手ではほとんどない。世間が「歩合制の体育会系企業」だと誤解している会社でも、実際には歩合制は採用されていない会社は多い。

歩合制をとると、ともすれば営業マンが短期的かつ利己的な利益追求のために強引な販売手法に走り、顧客とのトラブルに発展しかねない。顧客とのトラブルがマスコミなどで報じられれば、有形、無形の多大な損失を被るおそれがある。

最近はSNSで瞬く間に風評が広がるので、強引な販売は会社の命取りになりかねない。このため、大手のデベロッパーでは、歩合に代わる営業手当てもかなり以前に廃止されている。

これに対し新興の不動産会社のなかには、今も強引な販売手法をとり続けている会社がある。強引な販売手法をとる会社は、用地の取得も強引にならざるを得ない。

このため、そういった会社では営業マンにはもちろん、用地取得担当者にも歩合制がとられているので個人差は大きい。

給与水準が高そうなのは大手の総合デベロッパー

賞与は年2回という会社が圧倒的多数を占めるが、四半期ごとの業績に連動して支給される会社もある。

昇給・昇格はほぼ各社とも年に1度。年2回のボーナス前に実施されている査定の結果が、直近のボーナスの額を決めるだけでなく、年に1度の昇給昇格の判断資料としても使われる。大手は歩合制を採用していない分、成果はボーナスや昇給昇格に反映される。

大手総合デベロッパーの場合は、最初の10年間は育成期間と認識しているため、基本的に最初の約10年は同期で差がつくことはほとんどないが、なかには4～5年めあたりから差がつき始める会社もある。

初任給はどの会社でもほぼ横並びだが、当然その後の昇給ペースは会社ごとに異なる。

208～211ページの一覧は、国内の株式市場に上場している不動産会社の従業員の平均年齢と平均年収を高い順に並べたものだ。

上場している会社のデータなので、持株会社で上場していると、持株会社に所属している社員の年齢層が高くなるので、中核会社の実態を現していない会社もある。

リーマンショック前までは、このランキングの上位はファンド運営会社が占めたが、リーマンショックによって経営が破たんしたり、業績が悪化したりしたため、近年は優良な賃貸資産を多数保有している大手の総合デベロッパーやビル経営会社が上位を占めてきた。

そのなかにあって、建物が建っているところの底地に投資するという、難易度の高い特殊な業務を手がける日本商業開発が近年は上位の常連になっている。

上場不動産会社のなかで圧倒的多数を占める、マンションデベロッパーの場合はまさにピンからキリ。販売会社もあまり高水準ではないが、販売会社こそ成績による個人差が大きい。毎月の給料にはさほど差はなくても、ボーナスで大きく差が出る。

同じ不動産業界でも、販売会社と賃貸管理会社では、以前は当たり前に販売会社のほうが給与水準は高かったが、最近は年代によっては逆転現象も起きている（212ページからの表参照）。

ここには誌面の関係上掲載できなかったが、実は会社の規模が大きければ所得水準が高いというわけでもない。少数精鋭の会社だと、営業マン1人当たりのパフォーマンスが高く、小さい所帯ゆえに本人への還元率も高くなるということもある。

歩合制の会社はビジョンと販売方針の確認を

一般に敬遠されがちな歩合制も、仕事の成果をすぐに給与の形で評価・還元してほしいという人には適した制度といえる。固定給部分が大きく、歩合給の割合が小さい会社もある。

いわゆる駅前不動産屋や、一部の新興系の投資用マンションデベロッパーなどは、販売に歩合制を導入している。ただ、この十数年で法整備が成されたことや、日本の国民性が大きく変わったことで、かつてまかり通った強引な押し売り商法はかなり淘汰が進んでいる。

歩合制を導入している会社に対し、偏見を持つことは避けるべきだが、歩合制をとる会社を志すのであれば、その会社のビジョンや販売方針はきちんと確認すべきだろう。

顧客に対する対応が強引で苛烈な会社は、社員に対するノルマ達成圧力も強い。ブラック企業の定義はまだあいまいではあるが、消費者センターに苦情が多数届いているような販売方法をとっている会社は避けるべきだろう。

ＯＢ訪問などで会社に行った際、冷静に見さえすれば雰囲気は必ずわかる。入れてほしいという気持ちが強すぎると目は曇る。

不動産業界は参入障壁が低く、またたく間に成長をしたかと思うと、市況の悪化で一瞬にして倒産に至る会社が少なくない。

今や昔話になっているが、２００７年夏のサブプライムショックの後あたりから新興業者の倒産が増え始め、２００８年夏のリーマンショック後は倒産ラッシュとなり、当時、こういった会社に内定をもらっていた学生は卒業間際になって内定を取り消されたりした。

新型コロナ禍を理由とした内定取り消しの動きはごく一部の業界に限られているようだが、潰れたり、入社を目前に控えて内定を取り消されたのでは元も子もない。

目先の給与水準だけに惑わされることなく、きちんとしたビジョンを持っているかどうかや、他社にＯＢ訪問で行った際には、情報収集も怠らないようにしよう。

上場不動産会社従業員の平均給与

社名	平均給与（万円）	平均年齢（歳）	平均勤続年数（年）	従業員数（人）	
				単体	連結
日本商業開発	1,921	41.8	4.0	48	73
ヒューリック	1,760	39.9	6.1	181	1,878
三井不動産	1,273	40.9	11.0	1,678	20,864
三菱地所	1,273	41.3	16.1	903	9,619
ケネディクス	1,160	41.3	6.9	67	339
東急不動産ホールディングス	1,137	44.3	18.3	67	22,953
ランドビジネス	1,099	47.1	9.4	22	22
プロパスト	1,055	38.1	5.9	47	47
いちご	1,020	42.2	5.7	110	323
ＪＡＬＣＯホールディングス	997	49.8	8.0	6	6
平和不動産	992	43.0	15.5	106	237
ダイビル	953	39.3	10.0	79	2,588
野村不動産ホールディングス	946	47.8	2.8	24	7,176
東京建物	940	42.3	11.3	655	5,396
リーガル不動産	933	39.2	2.3	158	158
ロードスターキャピタル	921	40.6	1.8	57	57
京阪神ビルディング	913	47.2	10.8	44	45
エスリード	899	32.1	6.4	213	314
レーサム	899	44.8	6.2	113	208
霞ヶ関キャピタル	891	35.3	1.5	38	38
アーバネットコーポレーション	878	40.9	4.3	39	47
青山財産ネットワークス	862	39.4	5.8	183	236
エフジェーネクスト	862	32.4	8.0	326	521
サムティ	818	36.2	6.6	121	244
エスポア	810	48.7	11.7	5	5
プレサンスコーポレーション	805	31.5	4.0	355	665
ディア・ライフ	800	31.9	3.2	26	32
トーセイ	792	37.2	5.8	191	457
プロパティエージェント	787	30.6	3.8	119	119
フォーライフ	784	41.0	3.2	69	69
ランド	763	44.7	6.3	9	9
クローム・ホールディングス	762	44.5	0.7	19	59
インテリックス	759	38.8	6.4	228	318
飯田グループホールディングス	752	42.5	2.4	109	9,693
新日本建物	752	41.7	6.2	44	44
サンウッド	740	42.5	11.2	52	52
ＡＤワークスグループ	739	40.9	4.6	109	185
ファーストブラザーズ	737	37.8	4.6	21	60
アルデプロ	735	45.5	6.0	17	17
シノケングループ	731	40.8	4.2	11	831

空港施設	725	42.8	13.5	109	116
コスモスイニシア	722	37.5	9.9	583	864
ムゲンエステート	717	39.9	5.9	135	193
セントラル総合開発	713	42.8	13.3	93	154
ＬＡホールディングス	709	42.0	4.5	35	44
テーオーシー	705	39.7	15.3	69	156
東京楽天地	705	41.8	17.6	54	125
タカラレーベン	700	35.6	5.8	334	973
日本空港ビルデング	698	38.6	9.8	290	3,095
ＴＨＥグローバル社	695	44.6	4.8	19	161
エリアリンク	694	37.6	5.7	79	79
センチュリー２１・ジャパン	693	46.5	9.2	86	86
サンセイランディック	691	37.4	7.4	154	182
グローバル・リンク・マネジメント	689	31.8	3.9	105	114
ＳＲＥホールディングス	688	40.3	2.8	110	114
リベレステ	687	49.0	13.5	36	36
GA technologies	682	30.5	1.6	314	347
プロスペクト	681	47.0	14.1	38	84
住友不動産	679	43.1	7.6	5,960	13,676
和田興産	679	43.2	9.9	123	123
パーク２４	672	36.8	6.4	452	5,490
サンフロンティア不動産	672	34.5	5.3	313	612
三重交通グループホールディングス	666	41.1	18.7	35	3,434
明和地所	665	35.7	6.9	291	470
アグレ都市デザイン	660	36.0	4.0	78	78
アスコット	659	40.4	3.6	46	66
イオンモール	659	40.9	6.8	1,788	3,447
テンポイノベーション	656	36.2	3.8	84	84
デュアルタップ	643	33.7	4.0	44	124
オープンハウス	642	29.0	3.0	825	2,642
ビーロット	642	33.9	2.9	61	194
フージャースホールディングス	634	37.7	2.3	68	782
日本エスコン	632	39.1	4.3	159	234
スター・マイカ・ホールディングス	631	34.6	3.4	36	144
ランディックス	614	34.1	3.2	40	46
ＲＩＳＥ	609	57.0	10.9	3	12
シーアールイー	603	41.4	10.0	151	218
ハウスフリーダム	597	41.4	5.7	128	218
エムティジェネックス	595	48.2	7.6	27	35
ゴールドクレスト	591	31.1	7.2	62	195
フェイスネットワークス	584	41.1	3.4	145	145
マリオン	583	45.7	8.1	22	22
ウィル	582	29.6	6.1	108	152
スターツコーポレーション	582	35.7	12.6	162	4,575

アズマハウス	573	44.9	5.0	185	272
毎日コムネット	569	34.8	9.0	157	262
穴吹興産	568	35.1	7.8	349	1,425
AVANTIA	561	33.9	8.3	341	479
ＡＰＡＭＡＮ	556	40.4	8.2	51	1,047
イントランス	553	39.8	3.9	20	39
エムジーホーム	552	40.2	10.2	26	72
日本管理センター	547	32.0	4.2	143	172
パラカ	546	32.3	6.2	80	80
リログループ	546	40.7	6.3	109	4,280
コーセーアールイー	544	36.8	6.9	66	94
ウッドフレンズ	543	37.2	6.4	167	252
フジ住宅	541	40.1	8.5	682	795
香陵住販	539	36.9	6.8	177	205
グッドコムアセット	533	31.0	3.4	91	99
日本ハウズイング	528	36.2	8.0	1,999	2,790
明豊エンタープライズ	522	37.7	5.2	32	75
グランディハウス	521	38.0	7.2	417	769
パルマ	518	37.7	3.9	38	38
ファーストロジック	518	30.5	3.9	48	48
ヨシコン	513	40.4	12.8	102	132
誠建設工業	511	47.5	14.1	25	34
レオパレス２１	504	38.6	10.5	5,820	7,043
大英産業	502	35.1	6.0	231	244
イーグランド	502	32.9	4.5	107	107
ケイアイスター不動産	501	33.2	3.9	530	1,253
アズ企画設計	498	37.3	2.9	59	59
サンネクタスグループ	498	39.6	7.3	285	635
ホウライ	495	47.3	11.2	203	203
日住サービス	492	40.6	11.5	324	327
ハウスドゥ	491	38.4	4.4	380	621
トラストホールディングス	490	37.3	5.8	7	237
ジェイ・エス・ビー	484	40.6	9.5	213	972
エコナックホールディングス	475	48.0	17.5	7	18
ツクルバ	474	30.1	1.8	121	121
三栄建築設計	473	33.3	4.8	533	759
ハウスコム	473	34.4	6.4	1,020	1,039
ファースト住建	470	38.1	5.8	329	356
ＡＳＩＡＮ　ＳＴＡＲ	464	41.2	5.2	46	60
東武住販	453	39.4	5.9	129	129
日本グランデ	450	47.4	6.7	37	57
ストライダーズ	443	34.7	2.8	11	198
アールエイジ	440	31.0	5.9	26	29
カチタス	435	36.5	6.3	609	778

ＡＭＢＩＴＩＯＮ	432	31.4	3.0	115	276
ビジネス・ワンホールディングス	432	49.1	3.1	33	161
グランディーズ	429	39.0	4.5	29	34
エストラスト	429	36.6	5.8	59	74
日本アセットマーケティング	425	36.3	3.2	163	163
エリアクエスト	420	27.4	2.9	12	39
ティーケーピー	415	35.3	3.9	1,235	1,712
G-FACTORY	414	32.2	2.1	56	138
アズーム	409	27.0	1.6	132	132
REVOLUTION	405	39.1	7.5	29	29
日神グループホールディンｇス	398	37.3	9.5	8	678
マーチャント・バンカーズ	382	43.0	3.8	21	50
グッドライフカンパニー	377	31.1	2.7	52	58
日本駐車場開発	344	27.7	4.3	396	1,053
太平洋興発	343	57.6	8.9	248	710
燦キャピタルマネージメント	300	28.0	2.0	1	17

各社2020年８月末時点で提出済みの最新有価証券報告書より作成
ファンドクリエーショングループは実質金額不明のため不掲載
ＡＤワークスグループ、ＬＡホールディングスは持株会社化直前期の実績で記載

不動産業界の大学・大学院卒の年齢別平均賃金（男）

	年齢層	平均年齢	勤続年数	賃金等		
				年間	所定内給与	賞与等
男／不動産取引業	20～24	23.5	1.1	3,366.6	256.1	293.4
	25～29	27.4	3.7	4,941.7	306.9	1,258.9
	30～34	32.5	6.3	6,567.8	382.4	1,979.0
	35～39	37.3	9.3	7,885.4	460.3	2,361.8
	40～44	42.3	12.3	8,467.3	498.2	2,488.9
	45～49	47.4	14.3	8,876.0	531.1	2,502.8
	50～54	52.4	20.1	10,978.1	654.1	3,128.9
	55～59	57.3	19.1	9,312.1	569.3	2,480.5
	60～64	62.4	15.4	6,123.9	397.5	1,353.9
	65～69	66.9	9.1	4,589.9	341.5	491.9
	70～	71.7	11.9	4,522.9	354.3	271.3
	平均	38.8	9.7	7,157.5	434.2	1,947.1
男／不動産賃貸管理	20～24	23.6	1.2	3,076.3	226.4	359.5
	25～29	27.6	3.8	4,188.2	272.0	924.2
	30～34	32.4	6.2	4,733.6	301.6	1,114.4
	35～39	37.4	9.1	5,904.4	366.5	1,506.4
	40～44	42.6	12.6	6,705.2	411.0	1,773.2
	45～49	47.3	15.1	7,494.3	452.9	2,059.5
	50～54	52.3	17.9	8,252.2	495.0	2,312.2
	55～59	57.4	18.2	8,041.0	493.0	2,125.0
	60～64	62.5	12.2	4,694.2	330.2	731.8
	65～69	67.4	9.7	2,703.0	211.3	167.4
	70～	71.7	10.5	2,379.2	189.2	108.8
	平均	45.0	11.0	5,809.0	367.4	1,400.2
男／全産業平均	20～24	23.7	1.3	3,097.3	229.2	346.9
	25～29	27.5	3.6	4,070.8	266.4	874.0
	30～34	32.5	7.0	5,047.4	321.8	1,185.8
	35～39	37.5	10.2	5,948.5	376.6	1,429.3
	40～44	42.5	13.6	6,817.0	429.5	1,663.0
	45～49	47.5	17.7	7,652.2	475.8	1,942.6
	50～54	52.4	22.3	8,750.9	535.2	2,328.5
	55～59	57.4	24.0	8,445.7	522.9	2,170.9
	60～64	62.3	20.7	5,770.7	385.1	1,149.5
	65～69	67.0	16.4	5,182.7	362.2	836.3
	70～	73.1	16.1	5,333.5	401.5	515.5
	平均	42.6	13.4	6,318.6	400.5	1,512.6

厚生労働省令和元年賃金構造基本統計調査より作成。単位は年齢が歳、金額は千円
所定内給与額は月当たり。年間金額は所定内給与額の12倍と賞与等の合計で算出

不動産業界の大学・大学院卒の年齢別平均賃金（女）

	年齢層	平均年齢	勤続年数	賃金等		
				年間	所定内給与	賞与等
女／不動産取引業	20～24	23.7	1.3	3,085.6	231.3	310.0
	25～29	27.3	3.4	4,101.7	277.3	774.1
	30～34	32.5	5.6	4,282.6	284.9	863.8
	35～39	37.2	8.8	4,743.6	306.9	1,060.8
	40～44	42.3	9.3	4,787.6	318.9	960.8
	45～49	47.2	10.3	5,768.1	374.1	1,278.9
	50～54	52.4	15.4	5,135.9	365.6	748.7
	55～59	57.3	20.1	5,958.3	382.3	1,370.7
	60～64	62.6	12.7	4,344.8	273.1	1,067.6
	65～69	67.8	15.2	2,900.7	198.5	518.7
	70～	77.5	50.5	2,400.0	200.0	0.0
	平均	32.9	5.7	4,241.9	287.4	793.1
女／不動産賃貸管理業	20～24	23.5	1.3	3,105.1	225.7	396.7
	25～29	27.5	3.4	3,598.2	238.0	742.2
	30～34	32.7	5.8	3,606.1	248.4	625.3
	35～39	37.4	8.2	3,855.9	260.6	728.7
	40～44	42.5	12.1	4,780.9	303.8	1,135.3
	45～49	47.6	12.4	5,056.6	333.6	1,053.4
	50～54	52.2	13.5	5,056.7	339.6	981.5
	55～59	57.3	13.6	6,109.9	411.4	1,173.1
	60～64	62.3	13.5	3,537.7	241.0	645.7
	65～69	66.9	11.6	3,246.2	243.3	326.6
	70～	71.8	7.0	2,488.0	182.0	304.0
	平均	35.4	6.7	3,900.8	263.2	742.4
女／全産業平均	20～24	23.7	1.3	3,054.3	224.8	356.7
	25～29	27.3	3.7	3,765.1	249.9	766.3
	30～34	32.4	6.5	4,244.4	280.4	879.6
	35～39	37.5	9.2	4,616.9	303.8	971.3
	40～44	42.5	11.2	5,190.5	339.6	1,115.3
	45～49	47.4	12.8	5,524.8	359.7	1,208.4
	50～54	52.3	15.3	6,147.1	399.2	1,356.7
	55～59	57.3	17.1	5,983.5	391.2	1,289.1
	60～64	62.2	17.1	5,092.4	344.3	960.8
	65～69	67.0	15.4	5,293.6	367.7	881.2
	70～	75.4	21.1	5,509.4	393.9	782.6
	平均	36.3	7.8	4,454.0	296.4	897.2

厚生労働省令和元年賃金構造基本統計調査より作成。単位は年齢が歳、金額は千円
所定内給与額は月当たり。年間金額は所定内給与額の12倍と賞与等の合計で算出

サブプライムショック以降破たんした上場不動産会社

社名	破たん時期	原因
レイコフ	2008 年 3 月	民事再生
スルガコーポレーション	2008 年 6 月	民事再生
キョーエイ産業	2008 年 7 月	民事再生
ゼファー	2008 年 7 月	民事再生
アーバンコーポレイション	2008 年 8 月	民事再生
創建ホームズ	2008 年 8 月	民事再生
Ｈｕｍａｎ２１	2008 年 9 月	民事再生
シーズクリエイト	2008 年 9 月	民事再生
ランドコム	2008 年 9 月	民事再生
ダイナシティ	2008 年 10 月	民事再生
ノエル	2008 年 10 月	破産
ディックスクロキ	2008 年 11 月	民事再生
モリモト	2008 年 11 月	民事再生
ダイア建設	2008 年 12 月	民事再生
クリード	2009 年 1 月	会社更生
東新住建	2009 年 1 月	民事再生
日本総合地所	2009 年 2 月	会社更生
ニチモ	2009 年 2 月	民事再生
エスグラントコーポレーション	2009 年 3 月	民事再生
アゼル	2009 年 3 月	破産
パシフィックホールディングス	2009 年 3 月	会社更生
ジョイント・コーポレーション	2009 年 5 月	会社更生
コマーシャル・アールイー	2010 年 5 月	民事再生
プロパスト	2010 年 5 月	民事再生
大和システム	2010 年 6 月	民事再生
セイクレスト	2011 年 5 月	破産
サンシティ	2011 年 9 月	民事再生

3 中途採用

定期的に実施している大手も対象年齢は意外に幅広い

大手のデベロッパーは狭き門ではあるが、一応門戸は開かれている。ほぼ定期的に募集していることを表明している会社もあれば、対外的に公表はしていないが、事実上定期的に採用を実施している会社もある。

採用ページに登場する社員たちのプロフィールから、その会社の中途採用に対する方針はある程度わかる。新卒採用のページに中途採用の社員が登場している会社は決して中途採用に消極的ではないので、定期的にその会社のＨＰの採用サイトをチェックしているとタイミングを逃さず応募できる。

大手は多様な人材を採用して社内の活性化を図ることを目的にしているため、まったく異業種からの応募を歓迎する反面、同業他社からの転職はあまり歓迎していない。

かつては中途採用の応募年齢は30歳あたりが上限だったが、近年はかなり柔軟になっており、本人のスペックや意欲次第では40歳以上でも採用になるケースがある。ただ、今も中途は第二新卒扱いが可能な年齢に限定している会社もあるので、その点は会社に確認をとるべきだろう。

販売会社は人材の流動性が激しいので、企業の規模に関係なくほとんどの会社が常時実施している。

経験の有無については各社方針はさまざま。未経験者ＯＫの場合も、まったく営業経験がなくてもＯＫの場合もあれば、他の業種での販売経験を要する場合もある。

4

勤務時間・休日・休暇制度・福利厚生

土曜、日曜がかき入れ時で平日が休みの部署も

勤務時間は、開発業務からプロパティマネジメント、仲介業務に至るまで、基本的に定刻制が多い。始業は9時または9時半、終業は5時半が主流だがフレックスタイムを導入している会社もある。

販売は原則定刻制だが、顧客の都合で深夜でも応対を余儀なくされるので、いわゆる時間カウントでの残業代支給ではなく、それに相当する営業手当てで報いるケースが多い。ターミナル駅周辺に店舗を構える販売会社の多くは10時が開店時間なので、9時半出社が一般的。

休日は週休2日が定着、週休1日はまれ。個人対象の不動産売買仲介、賃貸仲介は土曜、日曜がかき入れ時なので、2日のうち1日は店舗の定休日である水曜日。もう1日は火曜日というケースが多いが、土日以外から選択可としているところもある。

大手では5年、もしくは10年スパンで、長期間休めるリフレッシュ休暇制度や育休制度も整備されてきている。独身寮、社宅の借り上げ制度や家賃補助制度も基本的にある。上場会社のほとんどは従業員持株会があり、ストックオプション制度を導入しているケースもある。だが、中堅以下では制度はあっても取得しにくかったり、制度そのものがない会社は少なくない。

テレワークについては、新型コロナ禍の影響で導入を余儀なくされたとはいえ、対面志向が強い業界であることは否定できず、中堅以下での定着度合いは限定的だ。

5 研修制度・教育体制

宅建取得は会社もバックアップ

入社直後からの新入社員向け導入研修は、座学と社会人としてのマナーレベルのものが2～3週間というのが平均的。その後に、実務研修も導入している会社では研修期間が2か月程度になる。

実務を覚えるのは現場、という点では各社共通しているので、基本はOJT。どこの会社でも指導係の先輩社員が1対1でつく。先輩社員の年次はおよそ3～4年目というケースが多い。

2020年4月入社組は、新型コロナ禍で緊急事態宣言が出されたため、いきなりリモート研修を余儀なくされた。

だが、新型コロナの状況が深刻化しなければ、2021年入社組は集合研修に戻る可能性が高い。もっとも、全国に拠点を持つ会社が、2年目以上の社員対象の研修を、全国から東京に呼び集めて実施する形は当面復活しそうにない。

資格についてはどこも宅建は必須。宅地建物取引士の資格試験は毎年10月、年に1回実施されるので、ほとんどの会社が内定段階で取得を促す。教材や教材費を会社が支給するケースも多い。

開発業務に宅建は必要ないが、賃貸仲介や販売業務に宅建は必要不可欠。しかも宅建は持っている社員が一定割合いないと業務の執行そのものに支障をきたすので、各社とも1人でも多い合格者を望んでいる。

大手では入社2年目までにほぼ全員が取得し、取って当然の資格なので資格手当ては出ない。

管理会社は管理業務主任者も必須資格

そのほか、管理会社であれば、管理業務主任者は宅建と並ぶ必須資格。マンションの管理業務を手がけるフロントマネージャーは、この資格を持っていないと、管理受託契約を管理組合と締結する際に行う重要事項説明ができない。

会社側も在学中の取得を強く奨め、内定が出るとすぐに、講習会を開くなどして、会社が取得をバックアップする。

一時期脚光を浴びたマンション管理士試験は、区分所有法やマンション管理適正化法、建築基準法など、マンション管理に必要な法令の知識を問う試験で、宅建や管理業務主任者よりも格段に難易度が高く、行政書士試験とほぼ同じレベルだ。

このため、さすがに会社側も学生時代に受かっておけとまではいわない。

マンション管理士は、本来は管理会社に搾取されないよう、住民の利益のために、専門知識をもって管理組合をサポートするのが本分だ。

にもかかわらず、管理会社の社員が管理業務主任者とダブル受験するケースが少なくないのは、この資格の取得を昇進・昇格の基準にしている会社があったり、何よりもこの試験がマンションに係る法令の知識を問う試験であり、その知識は管理会社の社員として身につけておくべきものだから。

加えて、管理業務主任者と試験範囲が重なる部分があるので、受けやすいという事情もある。

いずれにしても、その会社の業務遂行に必要な資格について、取得をバックアップするというのが一般的な傾向。

大手は不動産鑑定士や一級建築士といった、取得に時間も費用もかかる超難関資格は業務遂行上直接は関係ない、と見る傾向にあるが、選抜試験を実施して合格した社員だけをバックアップの対象にしている会社もある。

【著者紹介】
伊藤 歩（いとう・あゆみ）

金融ジャーナリスト。

1962年神奈川県生まれ。横浜国立大学教育学部卒業。ノンバンク、外資系銀行など複数の企業で融資、不良債権の回収、金融商品の販売などを経験。主要執筆分野は法律と会計だが、球団経営の視点からプロ野球の記事も執筆している。

近著に『ドケチな広島、クレバーな日ハム、どこまでも特殊な巨人 球団経営がわかればプロ野球がわかる』（星海社新書）。

不動産業界大研究

初版 1刷発行●2021年2月25日

著 者
伊藤 歩

発行者
薗部 良徳

発行所
㈱産学社
〒101-0061 東京都千代田区神田三崎町2-20-7 水道橋西口会館
Tel.03（6272）9313 Fax.03（3515）3660
http://sangakusha.jp/

印刷所
㈱ティーケー出版印刷

ISBN 978-4-7825-3557-8 C0036